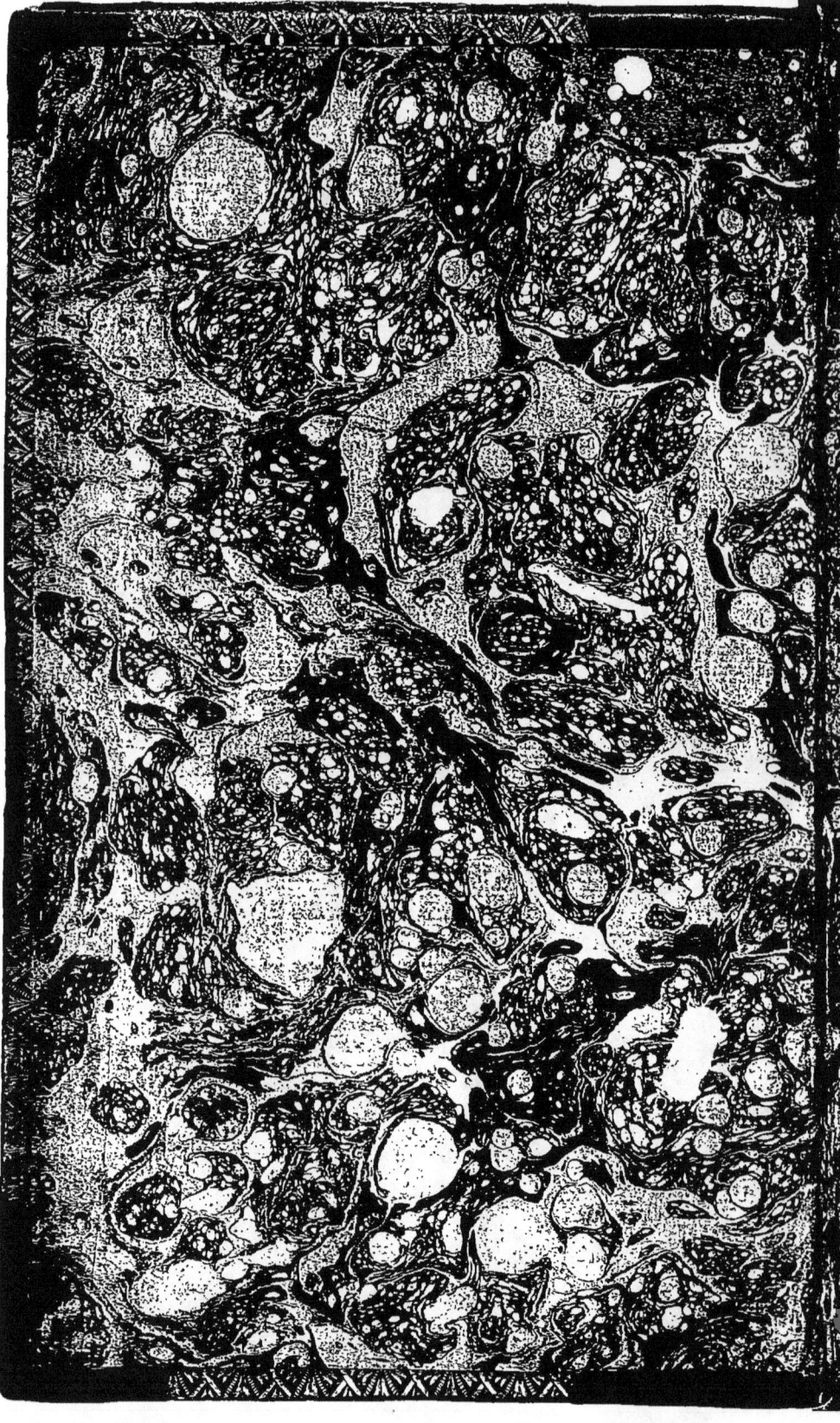

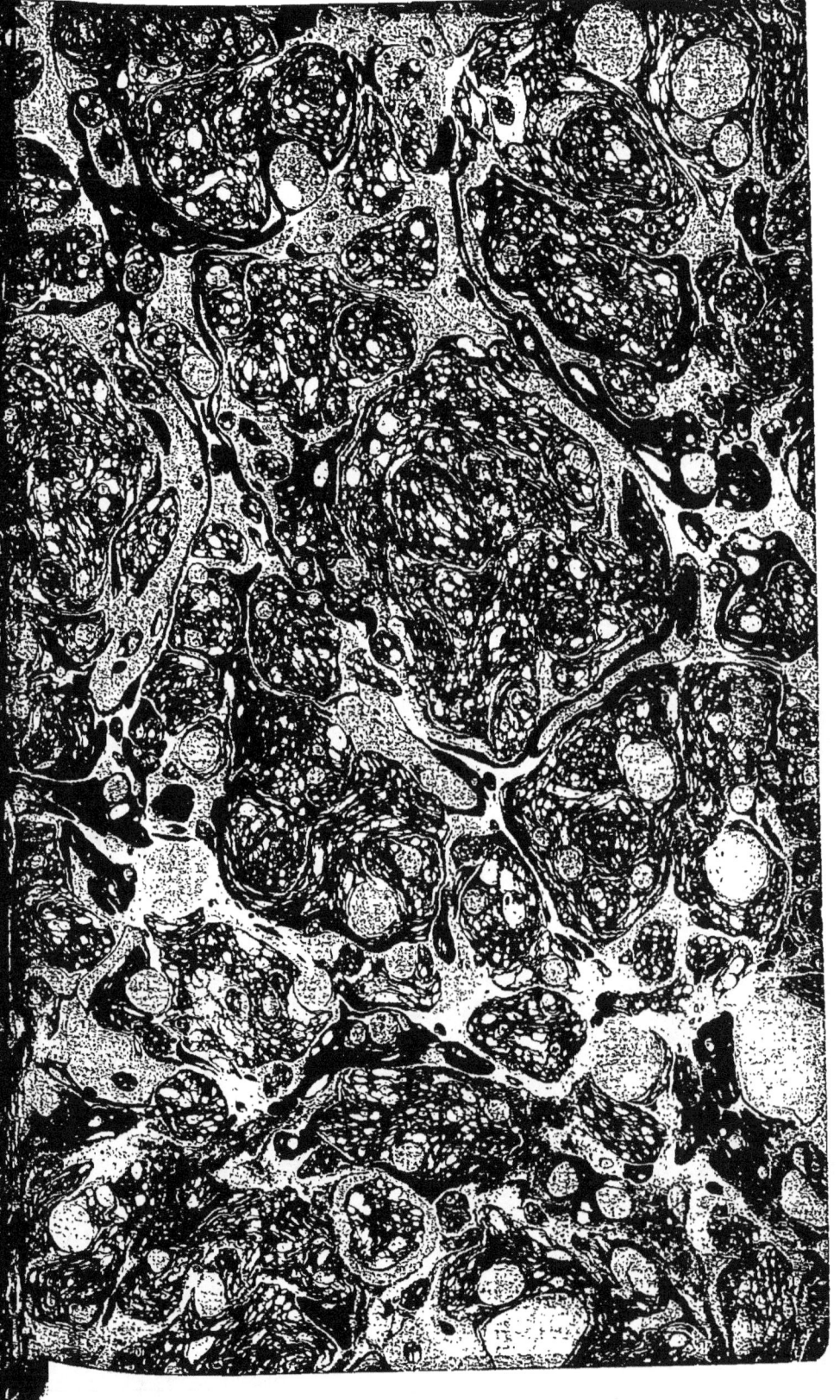

R. 2992.
B.b.9.

Ⓒ

ANNALES
DE L'ÉDUCATION,

RÉDIGÉES PAR F. GUIZOT.

TOME PREMIER.

PARIS,
LE NORMANT, IMPRIMEUR-LIBRAIRE,
RUE DE SEINE, N°. 8, PRÈS LE PONT DES ARTS.

1811.

ANNALES
DE L'ÉDUCATION.

DE L'ÉDUCATION EN GÉNÉRAL,
ET DES DIFFICULTÉS QU'ELLE PRÉSENTE AUJOURD'HUI.

« C'est à l'homme, dit un sage, qu'il appartient
» de former l'homme à l'image de Dieu. » Tel est
le but de l'éducation ; on n'en sauroit donner une
plus juste et plus belle idée. L'enfant vient de naître ;
déjà il existe, il respire, et il ne se doute pas de
son existence : il a des mains, et il en ignore l'usage ;
des pieds, et il ne sauroit marcher ; des yeux, et
ils lui servent plutôt à pleurer qu'à voir le jour :
sa raison ne pense pas, son cœur n'aime point encore ; il ne sait rien, il ne dit rien, il ne fait rien :
à peine commence-t-il à sentir.

Perdez-le de vue, ne revenez à lui que quarante
ans plus tard ; c'est un homme vertueux et raisonnable ; sa tête est meublée de connoissances étendues et d'idées profondes, son cœur est plein d'affections fortes et de sentimens généreux ; il a étudié la nature humaine et sondé les secrets de la
Providence ; il sait ce qu'avant lui ont fait les peuples
et pensé les sages : sa vie a peut-être été pénible et
agitée, mais il aimoit la vertu ; elle l'en a récom-

pensé en ne l'abandonnant pas au milieu même de ses fautes, et son ame s'est élevée parfois jusqu'à cette hauteur où tout est pur, même les desirs : tel est l'homme de bien éclairé. Qui calculera la distance qui le sépare de l'enfant au berceau?

Quarante années ont fait ce changement : l'éducation en a rempli au moins vingt. Est-ce donc à elle qu'est dû le prodige ? Non sans doute : l'homme se fait lui-même vertueux ; c'est de sa propre volonté que dépend en dernier ressort son mérite ; mais de toutes les circonstances qui peuvent y concourir, de tous les moyens qui peuvent nous aider à remplir cette tâche, une bonne éducation est le plus efficace. Nous naissons aveugles et incapables de choisir notre chemin : que nos parens nous placent dans celui du bien ; qu'ils y soutiennent nos premiers pas; qu'ils fassent servir constamment le développement graduel de notre cœur à nous inspirer le desir de le suivre, celui de notre raison à nous indiquer comment on s'y conduit, et celui de nos forces à nous prouver qu'en dépit des obstacles, on s'y maintient : je doute que l'homme, parvenu à l'âge où c'est à lui de choisir, s'écarte jamais long-temps de la route de la vertu ; car il l'aimera, saura y marcher, voudra y rester puisqu'il l'aime, et sera convaincu que cela dépend de sa volonté.

Malheureusement une bonne éducation n'est guère plus facile à donner qu'une bonne conduite à tenir : pour bien enseigner comment on devient vertueux il faut l'être, comme il faut savoir le latin pour être régent de collége ; aussi l'éducation des pères seroit-elle souvent à faire avant celle des enfans. Mais sans insister sur cette difficulté, on peut dire, je crois, que la tâche des parens et des maîtres devient de jour en jour plus embarrassante. Dans une civilisation peu avancée, quand tout est encore simple dans l'existence de l'homme et dans ses relations, lorsque les connoissances et les idées ne sont pas encore fort étendues, quand la raison humaine qui creuse toujours dans l'espoir de poser des fondemens immuables, n'a pas encore ébranlé, par son travail, les fondemens de ce qui paroissoit solide, alors les enfans sont plus aisés à élever; on a moins de choses à leur apprendre et beaucoup moins à prévoir pour eux. C'est la crainte de l'avenir qui occupe le plus les parens attentifs : elle est peu tourmentante quand l'avenir doit apporter à l'enfant devenu homme peu d'idées nouvelles, peu de changemens de situation; mais aujourd'hui le monde est plein de connoissances et d'idées qui arriveront nécessairement, ou qui du moins peuvent arriver à l'esprit de nos enfans. Que sera-ce, s'ils ne sont pas préparés à les recevoir? elles les frapperont comme des nouveautés singulières ; et dans la jeunesse, ce qui étonne, entraîne ou séduit. Vous avez élevé votre fils dans la religion de ses pères, il y croit sincèrement; mais que deviendra sa croyance, si vous ne l'avez pas prémuni contre les objections qu'elle aura à essuyer, si vous n'êtes pas descendu avec lui jusque dans le fond de la nature humaine, pour lui montrer que la religion y a une base inattaquable? Autrefois vous n'auriez pas eu besoin de lui apprendre à ne pas craindre le ridicule; c'est un soin nécessaire aujourd'hui. Les dangers contraires sont également à redouter. Un autre père a donné à son fils des idées saines sur la tolérance, sur les droits de la raison, sur l'avantage des lumières; le jeune homme n'imagineroit pas que l'on pût traiter d'absurdités dangereuses ces principes qui lui paroissent si utiles et si vrais; c'est cependant ce qu'il verra dans plus d'un livre, ce qu'il entendra dans plus d'un lieu : si sa tête n'est pas forte et capable de juger par elle-même la foiblesse de tant de déclamations, ne sera-t-il pas ébranlé, entraîné? n'en viendra-t-il pas à faire comme le commun des hommes, qui prennent toujours le prétexte pour la raison, et l'abus pour la vérité? Qui ne sent enfin que les sentimens moraux eux-mêmes ont besoin d'être plus profondément ancrés dans le cœur, à la suite d'un temps où la morale publique et privée a été si indignement méconnue et foulée aux pieds?

Ce sont là les difficultés que présente aujourd'hui l'éducation la plus simple; encore n'ai-je parlé que de celles qui se rapportent aux principales idées que l'on doit donner à l'enfant. Que seroit-ce si j'entrois dans plus de détails? On ne peut tout faire soi-même : les parens les plus éclairés ont une famille, des domestiques, et seront obligés d'avoir des maîtres. Comment l'uniformité nécessaire s'établira-t-elle dans ce conflit d'idées encore confuses qui règne aujourd'hui, dans ce bizarre assemblage de lumières nouvelles et de vieux préjugés, de raisonnemens et de routines? Les pères et les mères qui y portent un intérêt de cœur, auront soin de ne présenter à leurs fils que des idées raisonnables, de bonnes habitudes; ils profiteront avec empressement de tout ce que nous ont appris l'expérience et les réflexions d'un siècle; mais des parens plus âgés prendront-ils les mêmes précautions? et les domestiques qui appartiennent aux classes inférieures de la société encore si ignorantes, si superstitieuses ou si immorales, ne mettront-ils pas sans cesse sous les yeux des enfans l'image de l'immoralité, de la déraison et de l'ignorance? et les maîtres qui sont presque tous, en province surtout, si peu instruits au-delà de l'objet particulier qu'ils enseignent, auront-ils même une méthode fixe? Ces difficultés n'existeroient pas ou seroient bien moins considérables dans des temps qui n'auroient pas été, comme le nôtre, témoins de grands bouleversemens dans les opinions, dans les situations, dans les relations publiques et privées. Lorsqu'un siècle a reçu une impulsion bien déterminée, lorsqu'il est entré dans une route quelconque, les hommes y marchent assez long-temps sans que rien change autour d'eux, du moins en apparence; les idées, les habitudes, les établissemens ont un caractère de fixité et de calme qui épargne à l'éducation beaucoup d'embarras et d'incertitude. Ce siècle est-il religieux? L'enfance n'est entourée que de pensées pieuses: depuis le vénérable aïeul jusqu'aux gens de la maison, tous lui montrent les mêmes sentimens, se livrent sous ses yeux aux mêmes exercices. Prenez au contraire un enfant de nos jours; ses grands parens, qui ont vécu dans le dernier siècle, sont incrédules; son père et sa mère croient qu'il ne faut pas l'être, et peut-être même ont dans le cœur une disposition religieuse qui n'est cependant pas le fruit d'une conviction ferme; les domestiques sont ignorans, mais sans foi, car tel est, presque partout, le déplorable état de cette classe. Voilà comment l'enfant est entouré. Que doit-il résulter de là? De l'incertitude et de l'indifférence, ce qui est le plus grand des maux; car il en arrive que l'on se soucie peu d'acquérir des idées fixes, bien que l'on n'en ait que d'incertaines. Peut-être le père et la mère persuaderont-ils à leurs enfans qu'il est convenable de respecter une religion qu'ils n'ont pas assez examinée pour la rejeter ou pour y croire; de là, des habitudes d'hypocrisie sur des choses dont ceux même qui n'y croient pas ne sauroient méconnoître le caractère sacré, car elles se rattachent, pour ceux qui y croient, à toute la moralité de l'homme. Telle est, sur ce point particulier, l'influence d'un temps où toutes les opinions sont en désordre, chancelantes, incomplètes; où rien n'est encore devenu principe, parce que la vérité n'a pas encore pris sa place entre les préjugés anciens tombant en ruines, et les idées nouvelles d'abord dénaturées ou exagérées.

Ceci ne concerne que l'éducation morale de l'enfant; son instruction est exposée à des inconvéniens du même genre. Les anciennes méthodes, à tort ou à raison, ont été trop souvent attaquées pour que leur bonté ne soit pas devenue au moins un objet de doute ; certaines gens veulent y revenir aujourd'hui par le seul motif qu'elles sont anciennes, et cependant les méthodes nouvelles ne cessent de se multiplier. Comment prendre un point fixe entre ces deux mouvemens dont l'un est progressif et l'autre rétrograde ? D'une part, nous avons un peu oublié la marche que l'on suivoit autrefois pour élever et pour instruire : dans les efforts que nous faisons pour y revenir, nous ressaisissons plutôt ce qu'elle avoit de mauvais que ce qu'elle avoit de sage ; c'est ainsi que l'excessive sévérité et la pédanterie de collége sont ce que l'on semble surtout en regretter. Ainsi se font les réactions. D'une autre part, comment sortir de ce labyrinthe de livres élémentaires, qui s'étend et s'embarrasse chaque jour davantage ? Comment y distinguer, y choisir ceux qui peuvent être d'une utilité réelle ? Comment y prendre ce qui est déjà bon, quoique nouveau, pour le combiner avec ce qui est encore vrai, quoiqu'ancien ? Les études classiques ont été long-temps négligées ou traitées superficiellement ; on est revenu à en sentir l'importance, et nous avons le droit d'espérer qu'elles sont près de refleurir. Mais pourquoi ne chercheroit-on pas à appliquer à leur enseignement ce qu'ont d'utile les nouvelles idées sur l'instruction élémentaire, par exemple, à en ôter ce qui en prolonge trop la durée ? C'est par une excellente raison que l'on savoit mieux le latin, il y a deux cents ans, que nous ne le savons aujourd'hui ; on avoit plus de temps pour l'apprendre. Nos idées se sont trop multipliées; elles se sont étendues sur un trop grand nombre d'objets pour que nous devions raisonnablement consacrer à l'étude des langues mortes toute notre jeunesse; cela avoit peut-être quelques avantages, mais nous ne saurions les conserver en entier. Ce que nous devons tâcher, c'est de concilier la bonté de cette étude avec les nécessités de notre temps, et de faire en sorte qu'elle soit toujours solide, bien qu'elle ne puisse plus être exclusive. Reprenons donc ce qu'avoient de solide les anciennes méthodes, sans renoncer à ce que les nouvelles ont de plus prompt et de plus facile. Il est, dans l'instruction classique comme dans toute autre instruction, un point où elle cesse d'être un objet d'étude pour l'enfant qui a bien appris ce qu'il a besoin de savoir toujours, et devient un objet de travail pour l'homme qui veut y vouer sa vie. Autrefois on prolongeoit les études classiques fort au-delà de ce point, et l'on faisoit des latinistes : de notre temps on ne les a pas conduites jusque-là, et l'on a fait des élèves qui oublioient bientôt le latin qu'ils avoient appris superficiellement. Efforçons-nous aujourd'hui de faire des hommes éclairés qui sachent bien le latin et ne l'oublient pas.

Mais cette alliance de principes anciens un peu effacés, avec des idées modernes poussées trop loin, est fort difficile à conclure, et les parens ou les maîtres qui veulent maintenant éviter les deux écueils, ont presque toujours une marche incertaine et changeante. Cela ne sauroit être autrement, lorsque les individus sont obligés de faire eux-mêmes des combinaisons que le temps n'a pas encore mûries, et de se créer ainsi une sagesse anticipée dont rien ne leur offre au-dehors l'image et l'exemple. En parcourant les diverses branches de l'éducation, nous verrons partout renaître cette difficulté. Arrêtons-nous à l'étude de l'histoire ; elle s'unit dans l'enfance à celle des langues mortes. Lorsque rien n'avoit encore ébranlé en Europe l'organisation des Etats, l'histoire ancienne n'étoit pour les élèves qu'une narration de faits absolument étrangers au Monde moderne, propres seulement à intéresser l'esprit et à exciter dans le cœur des émotions nobles. Maintenant ces émotions se rattachent à des idées qui, bonnes ou non, ne sauroient être bannies de la terre où elles ont pris place. Les laisserons-nous ignorer à l'enfant qui grandit et se développe ? Sinon, comment les lui ferons-nous connoître ? En quelle sagesse oserons-nous avoir confiance pour mettre de la raison dans sa tête, sans éteindre l'élévation dans son cœur ? Nous craindrions sans doute de refroidir ce généreux enthousiasme que lui inspirent les vertus publiques des Romains et des Grecs ; comment le ferons-nous croire aux vérités qui se lient à ces vertus, tout en prémunissant son esprit contre les erreurs qui peuvent se cacher derrière elles ? L'histoire est bien difficile à enseigner dans les temps où l'on a appris à la lire !

Il est, je le sais, un moyen fort simple de sortir de cet embarras ; c'est de n'y avoir point d'égard, et de ne rien faire ; cela est toujours commode, quelquefois même bon. On ne sauroit donner à l'enfant des idées tout achevées : il doit se faire ses opinions comme ses vertus, et peut-être vaut-il mieux ne lui parler guère de certains sujets. Cependant l'intelligence humaine n'est pas subdivisée en cases dont on puisse remplir quelques-unes en laissant les autres complétement vides; tout ce qu'on y met se touche, s'unit, se mêle, et détermine ou modifie ce qui y arrive plus tard. Comment donc des parens éclairés négligeroient-ils de chercher à influer par la manière dont ils en cultivent le développement, sur ce qui doit y venir un jour? Si l'on vous confioit un aveugle-né avec le pouvoir de lui rendre par degrés la vue, ne prendriez-vous pas soin, dès que ses yeux commenceroient à s'ouvrir, de les accoutumer à la lueur de l'aube naissante? Ne lui offririez-vous pas chaque jour une clarté un peu plus grande, jusqu'à ce qu'enfin vous pussiez avec confiance le placer en face de l'orient pour y épier le lever du soleil et jouir de tout l'éclat de ses premiers rayons? Tel est le rôle des pères avec leurs enfans; ils leur font entrevoir la vérité, tournent peu à peu leur esprit (*the eyes of the mind*) vers elle, afin que, lorsqu'elle se lèvera pleinement pour eux, ils puissent la reconnoître et la contempler. Gardons-nous donc de croire que tout ce qui doit être pendant la vie l'objet des pensées de l'homme, ne doive pas être aussi dans son enfance, l'objet de son éducation. Ce ne sont que des semences confiées à la terre, mais encore faut-il les y mettre, si l'on veut avoir ensuite des fruits.

Ceux même qui croiroient pouvoir négliger cette vérité, quand il ne s'agit que des grands principes sur lesquels repose le bonheur social, et d'après lesquels on doit juger l'histoire, seroient forcés de la reconnoître d'ailleurs; car c'est de son influence que naissent la plupart des difficultés qu'offre aujourd'hui l'éducation. Pourquoi est-elle si longue, si surchargée et si dispendieuse ? C'est que l'état actuel des sciences, des lettres, des arts, oblige un homme bien né à posséder une multitude de connoissances et d'idées qui ne se placeront jamais convenablement dans sa tête, s'il n'y a été bien préparé dès l'enfance. Les communications se sont multipliées entre les peuples de l'Europe : un grand nombre d'entre eux, réunis aujourd'hui dans une même patrie, soumis aux mêmes lois, contractent chaque jour des relations plus étroites : ce ne sont point, comme les sujets de l'Empire romain, d'ignorans Barbares; ce sont des peuples civilisés, éclairés, dont la langue, l'histoire, la littérature, la philosophie, les mœurs valent la peine d'être connues, étudiées. Il ne nous est plus permis, j'ose le dire, d'être ignorans, ou d'avoir des vues bornées : de l'instruction et de l'étendue dans l'esprit sont des devoirs pour tout Européen qui veut être au niveau de son siècle, comme la politesse en est un pour tout homme qui veut être admis en bonne compagnie. Il y a aussi une bonne compagnie moins resserrée et plus honorable pour ceux qui y vivent; c'est celle des gens éclairés et amis des lumières : ce seroit, si je ne me trompe, une sorte de honte que de ne pouvoir les comprendre et s'en faire écouter, comme c'en est une que d'avoir mauvais ton dans le monde. Tant que les parens qui peuvent donner à leurs enfans une éducation soignée et libérale ne seront pas convaincus de ce que je viens de dire, l'instruction ne se propagera pas de classe en classe, et n'ira pas répandre ses bienfaits jusque dans les derniers rangs de la société.

Je conviens que, dans cet état de choses, elle est longue et difficile à donner ou à acquérir; mais ce sont des difficultés qu'il faut combattre, car on perd tout à y céder, et l'on gagne tout à les vaincre. Mettons de côté les plaisirs, les besoins de l'esprit, et ne considérons que ceux de la vie: une foule de carrières sont ouvertes aujourd'hui à l'activité de l'homme; elles se sont multipliées à mesure que les connoissances et les idées en circulation dans le monde se sont accrues. Si nous pouvions les examiner successivement, nous verrions que chacune d'elles nécessite des études variées, approfondies. Celui qui se voue à l'administration s'y hasardera-t-il sans en connoître les principes, ce qui la rend heureuse ou funeste; sans avoir examiné, soit par des réflexions, soit par des lectures, les sources de la prospérité publique; sans avoir mis enfin à contribution toutes les lumières dont il peut s'éclairer pour rendre ses travaux utiles? Le manufacturier se dispensera-t-il d'être au fait des progrès de l'industrie et de tout ce qui peut la conduire à de nouveaux progrès? Le médecin ne cherchera-t-il pas à puiser dans la connoissance de toutes les branches des sciences naturelles, des moyens de guérison plus efficaces et plus sûrs ? C'est à vingt-cinq, à trente ans qu'un homme devient médecin, administrateur, chef d'une manufacture; c'est alors qu'il a à soigner la vie, la fortune de chacun de nous; comment s'acquittera-t-il d'une tâche si importante, s'il l'a entreprise légèrement, si toute son éducation n'a pas tendu à l'en rendre capable ?

Je dis *toute son éducation*, non que je croie qu'il faille lui donner, dès l'enfance, une tendance déterminée et exclusive, mais parce que nos connoissances sont aujourd'hui tellement liées entre elles, qu'il n'en est aucune qui ne puisse avoir partout une certaine utilité : nous en sommes à ce point où il faut presque n'ignorer de rien pour bien savoir une seule chose. Dans des temps plus simples et moins surchargés de travaux de tout genre, cette universalité de lumières avoit paru nécessaire; chez les anciens, l'artiste faisoit les études du philosophe, et le philosophe celles de l'artiste. Lorsque Paule Émile fit demander aux Athéniens un précepteur pour élever ses enfans, et un peintre pour peindre son triomphe, ils lui envoyèrent Métrodore seul. Il y auroit, je le sais, de grands inconvéniens à disséminer, pendant toute sa vie, son temps et ses facultés sur une foule de matières sans en approfondir aucune; une instruction superficielle n'est pas plus une véritable instruction qu'en géométrie une surface n'est de l'étendue. Mais qu'une éducation un peu prolongée présente aux yeux du jeune homme le tableau complet des connoissances humaines ; qu'elle lui montre clairement leur nature, leurs grands résultats, leur marche et leur direction ; que, sans s'y croire tout-à-coup savant, il sente en lui-même la possibilité de le devenir s'il le falloit ; et qu'après cela, arrivé au moment de se choisir une carrière, il rassemble ses forces sur un seul point, et se contente de porter parfois ses regards sur les progrès de ceux qui suivent des carrières différentes, plus ou moins voisines de la sienne ; il sentira, je crois, chaque jour, l'inappréciable avantage de cet ensemble d'études, qui agrandit son horizon, et le sauve de nombreux écarts. Tel qui propage une erreur ou poursuit une chimère, seroit détrompé, et emploiroit mieux son temps s'il savoit que les mathématiques, ou la physique, ou l'histoire ont prouvé depuis long-temps l'impossibilité de ce qu'il cherche, ou la fausseté de ce qu'il soutient. Ce n'est pas à la médiocrité seule que le défaut d'instruction est funeste ; il a plus d'inconvéniens encore pour les hommes doués d'ailleurs de belles facultés, et plus d'un a perdu ainsi une vie qu'il auroit pu rendre utile et glorieuse.

Tant de nécessités d'une part, tant de difficultés de l'autre, font de l'éducation une tâche pour laquelle ceux qui ont à la remplir ne sauroient s'aider de trop de lumières, et recevoir trop de secours. L'éducation morale plus délicate, et plus indispensable cependant qu'elle ne l'ait jamais été, exige une attention si soutenue, des soins, tantôt si graves, tantôt si petits en apparence, et toujours si multipliés, qu'aucune des idées que peuvent suggérer

DE L'EDUCATION.

l'observation ou l'expérience ne sauroit être inutile pour les pères. L'instruction élémentaire, embarrassée de ses propres richesses, incertaine sur ce qu'elle doit choisir parmi les nombreux moyens qui lui sont offerts, a besoin d'être dirigée et conseillée par des gens éclairés qui s'appliquent à simplifier et à assurer sa marche en indiquant les bonnes méthodes, en signalant ce que les mauvaises ont de superficiel ou d'impraticable. Enfin les hautes études, embrassant chaque jour un plus grand nombre d'objets, et prenant aussi chaque jour plus d'importance, ne sauroient être trop recommandées, trop remises sous les yeux des parens qui sont souvent portés à les négliger, parce qu'elles occupent cet âge de la vie où les enfans capables déjà de s'appliquer à certains travaux, d'entrer, bien ou mal instruits, dans certaines carrières, peuvent à la rigueur prendre place parmi les hommes, et abréger ainsi, pour ceux qui les élèvent, une tâche devenue encore plus vaste et plus difficile.

Les *Annales de l'Education* seront consacrées à fournir, sur ces importans objets, des idées et des matériaux utiles. L'homme n'est jamais sûr que de ses intentions : je crois pouvoir répondre des miennes. On ne verra rien dans cet ouvrage qui ne les explique et ne les prouve. L'intérêt des enfans, qui est le même que celui des parens, ne sera jamais perdu de vue. Qu'on ne s'étonne pas de me voir souvent répéter ce que d'autres ont déjà dit : je le ferai lorsque je croirai apercevoir quelqu'avantage dans le développement de vérités connues peut-être, mais présentées d'une manière incomplète ou peu propre à les populariser sans danger. La plupart des écrivains qui ont traité de l'éducation, Rousseau par exemple, ont rendu parfois méconnoissables, nuisibles même, les principes les plus sains, en les énonçant de ce ton absolu qui écarte toute modification, et trompe ainsi sur l'application que l'on en doit faire. A la vérité, ils ont énoncé quelquefois d'un ton aussi absolu ces modifications mêmes; mais il résulte de là des contradictions apparentes très propres à faire tomber dans des contradictions réelles ceux d'entre les parens qui seroient peu capables de rétablir la vérité au milieu de ces assertions également positives, et qui semblent opposées. C'est donc une chose utile et même nécessaire que de présenter de nouveau certains principes fondamentaux de l'éducation, en les entourant de tout ce qui les explique, les modifie, les rend applicables. Les hommes ont besoin qu'on leur donne, si j'ose le dire, la vérité toute mâchée : dans sa crudité première, elle leur fait souvent plus de mal que de bien ; réduite à sa juste valeur, appropriée à notre nature, elle n'en est que plus vraie pour nous ; et la rendre sage est, si je ne me trompe, le meilleur moyen de la rendre utile. De bons esprits, soit dans l'Etranger, soit en France, ont commencé ce travail; des traductions ou des extraits feront connoître ce qu'ils en ont achevé. Peu importe que leurs ouvrages ne soient pas très nouveaux s'ils sont peu répandus, et méritent de l'être.

Qui ne prendroit intérêt à des travaux dont le but est le bien de la génération naissante? La mémoire de nos vieux ancêtres nous est chère; nous ne pensons pas sans émotion à la gloire qu'ils nous ont léguée, aux fruits que nous avons retirés de leurs soins et de leurs fatigues, aux vérités, aux établissemens utiles que nous tenons d'eux; et nous ne serions pas jaloux de laisser dans le cœur de nos enfans une mémoire aussi honorable, de rattacher auprès d'eux notre nom à des bienfaits encore plus immédiats? La vie de l'homme est si courte, qu'elle ne seroit rien, s'il ne la prolongeoit par les souvenirs qu'il laisse de lui; et ce n'est pas aux grandes gloires seules qu'appartient l'avenir: chacun de nous peut avoir le sien, et y exercer son influence. Celui qui a élevé des enfans instruits et vertueux peut se flatter d'avoir donné naissance à une longue suite de vertus, car ceux-ci ne manqueront pas de transmettre à leurs enfans les mêmes principes: est-il une pensée plus douce, plus propre à consoler le vieillard de la perte de tous ces biens de la vie qu'il regrette presqu'aussi vivement, que le jeune homme, à son entrée dans le monde, les désire et les espère? Ce n'est qu'aux sentimens désintéressés que nous devons des joies sans mélange; et celui qui nous porte à prendre soin des hommes qui doivent vivre sur nos tombes, ne peut amener pour nous que de bonnes actions et des plaisirs purs. Comment ne seroit-on pas sensible d'ailleurs, indépendamment de toute affection paternelle, au charme inséparable de l'enfance? Ces êtres si foibles, si inutiles pour nous, qui ne peuvent nous être d'aucun secours, qui nous coûtent tant de peines et de soins, qui nous aiment si peu encore, ont dans leur voix, dans leurs regards, dans leurs mouvemens, dans leurs paroles les plus insignifiantes, quelque chose de puissant qui nous charme par un mélange de foiblesse et de confiance, de vivacité et de douceur. Nous ne prévoyons pas que peut-être la beauté, le talent, l'esprit, la vertu brilleront un jour dans ces mêmes traits; ce n'est rien de ce qui nous plait ou nous attache dans nos amis, dans nos relations; c'est un sentiment confus, né des sentimens les plus profonds et les plus honorables de l'ame, qui parle au vieillard près de mourir, comme à la jeune fille qui sera mère un jour; sentiment où semblent se confondre le besoin de rendre ce que nous avons reçu de nos pères, l'espoir de prolonger notre existence dans le cœur de ceux qui vivront encore lorsque nous ne pourrons plus rien faire pour être aimés d'eux, et toutes ces émotions secrètes dont l'homme ne sauroit se bien rendre compte, parce qu'elles embrassent trop de choses graves et touchantes à la fois.   F. G.

JOURNAL

ADRESSÉ PAR UNE FEMME A SON MARI, SUR L'ÉDUCATION DE SES DEUX FILLES, AGÉES D'ENVIRON SIX ET HUIT ANS.

Premier Numéro.

Vos questions me font apercevoir, mon ami, qu'en croyant vous parler de tout ce qui m'occupe, il y a une foule de choses dont je ne vous ai rien dit, et ce sont précisément celles dont je m'occupe le plus constamment, celles qui se sont tellement unies aux habitudes de ma vie, que les idées, les sentimens qu'elles me donnent, les actions qui en sont le résultat, se suivent naturellement comme le cours de mes journées et de mes heures, sans que je songe à les remarquer, ni par conséquent à vous en instruire, pas plus que je ne songe à vous dire que deux heures viennent de sonner, et que c'est aujourd'hui mardi. Ainsi je vois, par exemple, qu'en vous parlant sans cesse de vos filles, je vous laisse ignorer la plupart des idées de détail qui me dirigent dans leur éducation, des observations que je fais sur leur caractère, des réflexions qu'elles me suggèrent, et du parti que je cherche à en tirer pour m'éclairer moi-même et pour les conduire. J'ai pensé que le seul moyen de vous en donner une idée nette qui vous mît à portée de m'aider et de me redresser, étoit de consigner mes pensées dans une espèce de journal où je vous les présenterai, comme elles s'enchaînent dans ma tête, selon que les occasions les font naître et les développent; j'y gagnerai de me les rendre à moi-même plus claires et plus précises, en me mettant dans la nécessité de m'en rendre compte. Nous autres mères, nous agissons un peu par une espèce d'instinct, qui nous rend, sur l'éducation de nos enfans, plus habiles que nous n'aurions jamais cru l'être, et que nous ne le sommes sur tout le reste. Cependant il ne faut pas trop nous y fier ; il nous arrive quelquefois, trompées par un grand intérêt, d'attacher trop d'importance au résultat du moment, d'appliquer nos soins à l'état présent plutôt qu'à l'état futur de l'enfant, de nous occuper à détruire les défauts de son âge qui doivent passer d'eux-mêmes, mais qui nous frappent beaucoup actuellement, plutôt que ceux de son caractère qui doivent rester et se fortifier, mais qui aujourd'hui s'aperçoivent à peine. L'éducation doit tendre, non pas à la perfection de l'enfant, qui ne seroit jamais qu'une perfection factice et inutile, puisque l'enfant doit changer d'état et cesser d'être enfant, mais à la perfection de l'homme ou de la femme qui doit prendre la place de cet enfant. Cette vue éloignée ne peut être que le fruit de la réflexion, et je vais m'y exercer avec vous.

Vous me demandez: *vos filles s'aiment-elles ?* Oui, mon ami, autant qu'elles peuvent s'aimer à leur âge, élevées par une mère qui, leur consacrant sa vie, est nécessairement le premier objet de leur affection. L'éducation plus sévère que nous recevions autrefois, amenoit plus promptement et plus naturellement entre frères et sœurs une union dont ils avoient plus besoin. Plus éloignés de leurs parens, traités avec moins d'indulgence, ils s'appuyoient l'un sur l'autre, se défendoient l'un l'autre, et formoient une espèce de parti contre une autorité à craindre pour tous. Mais aujourd'hui que cette autorité n'offre plus guère qu'un refuge, que l'enfant qui recourt à sa mère peut espérer d'en obtenir protection sans craindre d'attirer sur son frère ou sa sœur un châtiment sévère, l'affection fraternelle est un sentiment qu'il faut soigner; elle n'est pas entretenue par la nécessité de s'aider, et peut être troublée par le desir de se supplanter, beaucoup plus naturel que celui de se nuire. Un homme qui se croiroit déshonoré d'en dénoncer un autre à la justice ou à la rigueur des lois, ne se fera point scrupule de lui enlever la faveur du prince, ou même de le faire tomber dans la disgrâce s'il espère le remplacer. Il en est de même des enfans. Lequel d'entre eux pourroit se résoudre à en faire mettre un autre en pénitence, à le faire gronder sévèrement? S'il s'y laissoit emporter une fois, les douleurs, les larmes dont il seroit la cause lui causeroient de tels remords, qu'à moins d'être bien mal né, il n'y reviendroit pas à une seconde reprise. Mais ma surveillance habituelle ne laisse guère à mes filles la possibilité de s'accuser entr'elles que de ces fautes légères qui ne peuvent mériter qu'une foible réprimande; l'impression n'en étant pas bien forte sur celle qui la reçoit, ne peut être bien pénible à celle qui la cause. Louise, comme la plus petite et la plus foible des deux, est plus sujette que sa sœur à ce défaut. Je cherche à l'en corriger; mais je ne puis jamais l'en gronder bien sévèrement, puisque son accusation n'a jamais pu attirer beaucoup de mal sur Sophie, et que si la faute n'est pas grave, on ne peut avoir fait une grande faute en me la rapportant; car on n'auroit fait aucun mal en me rapportant une action indifférente.

Cette partie de l'éducation qui inculque le devoir et la nécessité d'une charité mutuelle entre frères et sœurs, ne peut donc s'imprimer de long-temps bien profondément dans leur esprit et dans leur cœur, lorsque rien ne leur fait sentir les inconvéniens du contraire. Elles n'ont aucune crainte, aucun sentiment assez fort pour arrêter l'effet des petits dépits qui les animent l'une contre l'autre, de la petite ambition qu'elles ont de se surpasser à mes yeux; je suis donc, malgré moi, et nécessairement toujours entre elles, l'arbitre de leurs différends, et le point par lequel elles se tiennent.

Je crois que cette disposition pourroit me donner beaucoup plus de facilité pour m'en faire obéir. *Divisez pour régner*, disoit Louis XI qui n'étoit pas à la vérité un roi précisément paternel. Je tâche au contraire de fortifier l'union entre mes petits sujets, dût-elle leur donner des desirs et des moyens de révolte: je m'efface le plus que je puis, afin de les rendre plus nécessaires l'une à l'autre. Je tâche de faire dépendre les plaisirs de Louise de la complaisance de sa sœur aînée, et d'attacher Sophie à Louise par le mérite de la complaisance et le plaisir qu'elle y trouve. Si l'une des deux a bien dit sa leçon, m'a procuré quelque surprise en remplissant son devoir plus tôt, ou en faisant sa tâche plus forte que je ne m'y attendois, je le dis bien vite à sa sœur, non comme un exemple, je m'en garderois bien, mais comme une bonne nouvelle dont je veux qu'elle partage la joie, et que j'accompagne d'une caresse pour elle-même; en sorte qu'elle s'en réjouit avec moi, et qu'elle a du plaisir à l'apprendre aux autres : c'est là déjà que commence à se placer son amour-propre. Si je punis l'une, je me garde pendant ce temps d'amuser l'autre ; les jeux cessent, du moins de ma part; sans imposer silence, je n'encourage plus la gaité ; tout devient sérieux, et le chagrin de la coupable a pour sa sœur l'effet d'une calamité publique. Aussi j'évite les punitions qui pourroient séparer leurs intérêts ; il ne m'arrivera jamais d'imposer à l'une de rester à la maison, tandis que sa sœur ira à la promenade ; le chagrin de celle qui resteroit se tourneroit en amertume et en envie contre sa sœur ; l'autre souffriroit beaucoup trop d'une punition qui ne la regarde pas, ou ne la sentiroit pas, ce qui seroit encore pis.

J'espère, par de semblables soins, avoir posé entre elles les fondemens d'une affection qui se fortifiera chaque jour avec le reste de leurs penchans. Si je me trompois à cet égard, je regarderois leur éducation comme manquée. Car je pense, mon ami, que l'affection fraternelle, ou ce qu'on peut mettre à la place, est la plus importante de toutes pour le caractère des enfans. Les sentimens les plus tendres d'un enfant pour sa mère ne peuvent jamais, tant qu'il a besoin d'elle, être totalement désintéressés. Accoutumé à tout tenir d'elle sans pouvoir rien faire pour elle, il prend l'habitude de croire que tout doit aboutir à lui, et se fait l'objet continuel de ses propres soins et de ses propres pensées. C'est lui-même qu'il aime dans sa mère. Sa tendresse est de l'exigeance; sa sensibilité, de la susceptibilité. Il ne souffre pas qu'on soit trop long-temps sans s'occuper de lui, pleure si l'on s'en va, ne sait s'amuser qu'avec la mère ou la bonne qui est l'objet de ses affections; ne s'embarrasse pas si le jeu amuse celle qu'il oblige à le partager, sait même qu'il l'ennuie, vous le dira quand vous voudrez, car il trouve tout simple que sa mère ou sa bonne s'ennuie pour l'amuser. Il est tout accoutumé à leur voir faire des sacrifices. Un enfant demande à sa mère les choses qu'elle mange ou qu'elle a prises pour elle ; il ne les demandera pas à sa sœur, non-seulement parce qu'il sait bien que sa sœur ne les lui donnera pas, mais encore parce que cette certitude acquise l'a empêché de faire entrer dans ses idées de justice que sa sœur doive se priver pour lui. Cependant il a déjà l'idée qu'il peut se priver pour sa sœur, parce qu'il a éprouvé que par ce moyen il peut lui faire plaisir. La première pensée de Sophie, si on lui donne quelque chose, est de le partager avec Louise; elle ne songeroit jamais à se retrancher la moitié de sa pomme pour me la donner; et cependant elle m'aime plus qu'elle n'aime sa sœur, mais elle ne peut m'aimer pour moi, parce qu'elle ne peut se flatter de me procurer par ses soins quelqu'avantage dont je puisse faire cas. Si elle me rend quelque petit service, l'idée du plaisir que j'en reçois, la touche beaucoup moins que la pensée que c'est elle qui me le procure ; ce qui la flatte, c'est l'importance qu'elle acquiert en se rendant utile. Le plaisir qu'elle

DE L'EDUCATION.

cherche à me donner en étant *bien sage* est encore un plaisir personnel qui la fait jouir de la satisfaction d'elle-même. Dans les mouvemens qu'elle éprouve pour sa sœur, tout est généreux et abandonné. Si l'une des deux pleure, l'autre apporte tout ce qu'elle possède pour la consoler, et de bon cœur, sans aucun retour sur elle-même, dût-elle ensuite se fâcher pour le ravoir l'instant d'après. Un présent se fait entr'elles pour le plaisir de donner, pour la joie qu'il causera; le plaisir d'en parler ne vient qu'ensuite, et l'on en parle moins pour s'en vanter que pour prolonger ou renouveler une sensation qui a été agréable. Si une de mes filles me faisoit un présent, ce ne seroit assurément que pour pouvoir le dire.

De cette manière dont un enfant aime sa mère, il peut résulter un sentiment beaucoup plus exclusif, comme le sont, pour peu qu'ils aient de force, les sentimens personnels. Celui qui aime les autres pour eux, peut répandre également sur plusieurs individus un sentiment de tendresse dont leur bonheur est le principal objet, parce qu'il peut s'occuper avec une égale vivacité du bonheur de plusieurs. Celui qui, en aimant, songe principalement à son propre bonheur, ou aime bien peu, ou ne peut guère le trouver que dans un seul objet, car s'il a besoin de plusieurs, aucun ne lui est absolument nécessaire. L'amour d'un enfant pour sa mère (je ne dis pas pour ses parens, car s'il les aime également, tout est bien, et il aimera également ses frères et ses sœurs), mais l'amour qui attache particulièrement un enfant à son père ou à sa mère, peut, si vous ne prenez soin de l'en distraire par un autre sentiment, devenir passionné et jaloux; ce qu'on ne voit point arriver dans l'amour fraternel. Et une mère ne sait pas tout ce qu'elle risque personnellement, en accoutumant sa fille aux affections exclusives. Peut-elle donc espérer d'en être toujours l'objet? et s'imagine-t-on, parce qu'on est aimé uniquement, qu'on le sera éternellement? C'est précisément le contraire: l'amour est inconstant, parce qu'il est exclusif. Un lien moins absolu peut se relâcher quelques instans et se resserrer ensuite; comme le roseau, il cède, *il plie et ne rompt pas*. Mais, pour ces sentimens qui n'ont qu'une manière d'être, qui sont tout d'une pièce, pour ainsi dire, dont on ne peut rien distraire sans les entamer, et rien entamer sans les briser; le choc qui les force à céder les fait rompre, et sans retour, ou du moins aperçoit-on toujours l'endroit de la cassure. Je vois quelquefois une femme que l'on me cite comme la plus heureuse des mères. Elle est, me dit-on, *adorée* de sa fille, et en obtient par affection tout ce que d'autres obtiennent des leurs par autorité. En effet, elle n'a jamais permis qu'une réprimande approchât de sa fille, elle la défend même contre son père. Elle s'en est fait aimer ainsi avec une sorte de passion, et s'en fait obéir beaucoup plus qu'on ne devroit l'attendre d'un enfant élevé de cette manière. Mais cette petite fille grandira, elle se mariera un jour. Dès qu'elle s'apercevra qu'elle peut aimer autre

DE L'ÉDUCATION.

chose que sa mère, être heureuse d'une autre affection, elle reprendra cette indépendance dont une passion nous prive : il faudra tout recommencer sur nouveaux frais. La mère n'aura rien d'acquis, puisque ce qu'elle possédoit, ce sentiment exclusif lui sera ôté, et il faudra que de nouvelles complaisances pour le nouveau sentiment qui viendra lui ravir ses droits, lui en acquièrent d'autres moins absolus, mais plus solides.

Je ne veux rien perdre au mariage de mes filles ; ainsi, je suis bien aise que d'autres objets d'affection les accoutument de bonne heure à me faire une part à l'épreuve des autres sentimens. D'ailleurs, comme il n'y a rien de plus pénible dans la vie que le combat de deux devoirs, il faut apprendre de bonne heure aux enfans à les concilier, ce qui ne se peut si un enfant n'est environné que de personnes à qui il doive obéissance ; car leurs ordres allant tous au même but, il n'a jamais qu'un seul devoir à remplir ; mais un enfant, partagé entre sa mère et sa sœur, sent déjà cette anxiété que nous ne terminons guère qu'en prenant sur nous-mêmes, autant qu'il nous est possible, pour ne rien ôter à deux objets également chéris. Louise, encore toute ingénue dans ses mouvemens, si je gronde sa sœur, ne sait que l'embrasser pour la consoler ; mais Sophie commence à comprendre le devoir qui le lui défend. Assise et tranquille auprès de moi, elle cherche les yeux de l'affligée, d'un regard elle la console, et de l'autre elle me prie, lui dit peut-être un mot, mais furtivement, et je me garde bien de m'en apercevoir. Ordinairement plus sage, plus empressée à bien faire dans ces momens-là que dans d'autres, elle semble, par sa bonne conduite, vouloir me mettre en meilleure disposition, et chercher à remplir des devoirs pour deux; puis elle me demande ensuite comme pour récompense la permission d'aller reprendre avec sa sœur le jeu suspendu.

De cette manière, je suis sûre qu'il ne restera de la punition que j'inflige, ni humeur ni bouderie. Quelqu'un se charge de la faire oublier; et moi, je me prête le plus promptement que je puis, au retour de la bonne humeur, pourvu que je n'aie pas été obligée de travailler moi-même à la ramener. J'ai d'ailleurs mon parti entre mes filles : si l'une se plaint à tort, l'autre qui se trouve de sang-froid en ce moment, la redresse, la moralise, lui étale des principes que celle-ci ne manquera pas de lui rendre à la première occasion. Ainsi, ces principes sont devenus les leurs, ils n'ont plus l'inconvénient des miens toujours suspects d'intérêt personnel, car les enfans croient généralement que les devoirs que nous leur imposons ont pour objet notre plaisir ou notre caprice. Ils n'imaginent jamais que ce soit pour eux que nous les ennuyons à apprendre des leçons, et ne doutent pas que ce ne soit parce qu'ils nous ont personnellement offensés, que nous les punissons d'un accès de colère. Les enfans, nous dit-on, connoissent à merveille si l'on est juste ou injuste à leur égard. Injustes, je le crois; personne ne s'est jamais trompé sur l'injustice qu'on a pu lui faire. Mais pour reconnoître toujours la justice de

DE L'EDUCATION.

nos motifs, il faudroit que les enfans fussent infiniment plus raisonnables que nous, si disposés à croire qu'on nous fait une injustice dès qu'on nous cause un mécontentement. D'ailleurs, il est très difficile de donner à un enfant élevé seul l'idée de la justice. Sur quoi la fondera-t-on? Sur le droit des parens? Mais il faudra donc lui faire sentir la légitimité de ce droit, entrer avec lui en discussion. On n'aura rien à lui expliquer, lorsqu'il verra d'autres enfans traités comme lui, punis pour les mêmes fautes, participant aux mêmes soins et aux mêmes plaisirs. Les hommes disputent peu avec leurs supérieurs, mais beaucoup avec leurs égaux; ils supportent assez tout ce qu'on veut, pourvu qu'ils voient d'autres hommes en supporter autant qu'eux; là se bornent pour la plupart les idées de droit et de justice, et c'en est bien assez pour des enfans.

Je bénis donc tous les jours le ciel, mon ami, de m'avoir donné deux filles; s'il ne m'en eût accordé qu'une, j'aurois cherché à remplacer la seconde par quelque compagne. Mais que cela eût été difficile ! Ma sœur n'a que des garçons, et je ne connois guère qu'une fille de ma sœur que j'eusse voulu donner pour sœur à la mienne. Il y a, je crois, de grands inconvéniens à permettre une liaison intime entre deux jeunes filles dont les parens ne sont pas dirigés absolument, et sur tous les points, par les mêmes principes, les mêmes idées, les mêmes habitudes. Au lieu d'appuyer, l'une près de l'autre, les principes de leurs parens, elles

les comparent, les discutent, et pourroient même venir à les blâmer. Il est d'ailleurs à desirer, ce me semble, que, s'il est possible, une jeune fille se lie toujours de préférence avec des personnes de sa famille; plus ses affections se trouvent circonscrites dans le cercle tracé par ces liens naturels, plus elle s'accoutume à les diriger par des idées de devoir, et moins elle conserve de cette indépendance de cœur, de cette liberté de choix qui m'a toujours un peu effrayée dans l'éducation publique pour les filles.

On emploie dans quelques pensions, pour y remédier, une méthode qui me paroît bonne; je ne sais si elle est adoptée dans toutes. Dès qu'une pensionnaire atteint l'âge où une petite fille commence à se croire raisonnable, on confie à ses soins une autre pensionnaire plus jeune, à laquelle elle donne le nom de *fille*, dont elle doit surveiller la conduite, soigner les intérêts et les plaisirs. Son autorité soumise aux autorités supérieures ne permet pas l'oppression; ainsi il lui est nécessaire de se faire aimer pour obtenir de sa *fille* une complaisance dont elle-même a encore besoin; son penchant naturel est de s'attacher à celle qui doit être l'objet de ses soins; et cet objet qu'elle n'a pas choisi elle-même, qu'elle ne peut changer, l'accoutume à reconnoître des lois pour ses sentimens, sans les laisser errer au gré de l'inconstance de ses goûts, des variations de son intérêt, ou des caprices de son imagination. Il faut fixer les principes et diriger les passions des hommes; pour les femmes,

le point le plus important est de régler leurs affections.
P. M.

LETTRE AU RÉDACTEUR,

CONTENANT UN RÉSUMÉ DES PRINCIPES DE L'ÉDUCATION PHYSIQUE, POUR LA PREMIÈRE ÉPOQUE DE LA VIE.

Vous voulez, Monsieur, que je vous parle de l'éducation physique des enfans. Le sujet est vaste et rebattu ; il est également difficile de ne pas se noyer dans d'immenses recherches, de ne pas devenir trivial, et de ne pas rester incomplet. En me demandant quels pourroient être les besoins de vos lecteurs, je me reporte à l'époque où, il y a près de vingt ans, je commençois à exercer la médecine. Chaque cas particulier me faisoit faire des recherches, et je trouvois ordinairement, ou des théories dont la pratique ne pouvoit encore tirer aucun profit, ou une pratique qu'il n'étoit guère possible de généraliser. Je rencontrois rarement des données propres à guider mon jugement, et à me faire apprécier le degré d'importance qu'il faut mettre aux procédés que la mode fait quelquefois discuter à l'infini, et suivre ou abandonner avec une égale légèreté. Un simple exposé du but que l'éducation physique doit se proposer, et des moyens qu'elle a employés jusqu'ici pour y parvenir, est peut-être ce qu'il y a de plus utile à présenter aujourd'hui ; c'est aussi ce que je vais entreprendre.

La première époque de la vie est ce qui doit nous occuper d'abord. Elle commence à la naissance et dure à peu près sept mois, c'est-à-dire, jusqu'à la première dentition. J'ai vu souvent, et jamais sans intérêt, une jeune mère, après les fatigues et les agitations de sa délivrance, jeter des yeux inquiets sur cet enfant, qui désormais doit l'enchaîner éternellement. Dans le tourbillon des sentimens qui l'agitent, comment pourroit-elle réfléchir froidement sur ses devoirs ? Que faut-il faire ? Comment conserver une vie si chère ? On dit qu'il existe en Afrique des peuplades où l'on donne des leçons aux jeunes mariés sur la manière dont ils doivent se conduire à l'égard de leurs enfans ; cet usage n'est point établi parmi nous ; et au milieu d'amis et de nourrices trop empressés, l'impatience fait souvent faire plus que ne commande la sagesse, en faisant oublier ce que les intérêts de l'enfant exigent le plus impérieusement.

Dès la naissance, ces jeunes êtres offrent dans leurs traits des différences remarquables. Une certaine disproportion dans les parties les distingue de l'adulte comme de leurs semblables. La tête et le bas-ventre sont naturellement plus grands par rapport aux extrémités. La couleur de la peau, ordinairement jaune au commencement, conserve sa teinte, ou bien elle se trouve rouge ou pâle. Les enfans ont en général le système des glandes prédominant, mais ils sont quelquefois assez gras, d'autres fois assez maigres, ou comme enflés par l'air ou par une lymphe peu épaisse. Le système

DE L'ÉDUCATION.

des os, celui des muscles et des artères, ont également plus ou moins de développement et de fermeté dans leur organisation : on s'en aperçoit dès le premier moment, par plus ou moins de sensibilité ou de vivacité. Tous ces êtres peuvent arriver à un âge très avancé, acquérir et développer des facultés très différentes; leur éducation physique exigera, comme leur éducation morale, diverses modifications, déterminées par les dispositions de l'individu (1). Il est cependant des agens semblables qui influent sur eux tous, sans influence ultérieure sur ce qu'ils seront un jour. Entrés dans ce nouveau monde, ils ont également besoin d'y être acclimatés. Une nou-

---

(1) Veut-on avoir une preuve plus frappante de la différence individuelle ? on n'a qu'à jeter un coup d'œil sur le tableau du poids des enfans à l'hospice de la Maternité. De 7077 enfans qui ont été pesés avec le plus grand soin depuis le milieu de l'an 10 jusqu'au 31 juillet 1806,

	℔	℔
34 se sont trouvés de	1	à 1 et demie.
69	2	2 et demie.
164	3	3 et demie.
398	4	4 et demie.
1,317	5	5 et demie.
2,799	6	6 et demie.
1,956	7	7 et demie.
463	8	8 et demie.
82	9	9 et demie.
3	10	10 et demie.

On en a vu dans d'autres pays qui pesoient jusqu'à 12 ℔.

La longueur de l'enfant varie, selon d'autres observations, de 8 à 22 pouces.

velle atmosphère les environne, pénètre dans leurs poumons, et pèse sur toute leur surface ; l'enfant respire et il crie. Ce cri, si déchirant et si doux en même temps, est-ce l'effet de la douleur ? est-ce plutôt un appel à la tendresse maternelle ? N'importe, préparons au nouveau-né l'air le plus pur de notre atmosphère; qu'aucune vapeur, aucune fumée, aucun méphitisme ne puissent atteindre ses tendres poumons ; que la température soit douce et agréable, et que sa poitrine commence par respirer librement.

Cet air qui vient de pénétrer dans les poumons y établit en même temps une circulation nouvelle, dont la surface du corps doit également se ressentir. Sans examiner si cette peau qui est percée de petits pores, est aussi destinée à pomper une nourriture dans le fluide ambiant, nous sommes bien sûrs du moins qu'elle doit exhaler les fluides superflus qui seroient nuisibles à l'intérieur. Une transpiration imperceptible agit continuellement, et diminue sensiblement le poids du corps : les petits tubes capillaires qui couvrent la peau doivent en même temps y former cet enduit si doux qui lui donne de la mollesse et en fait la beauté. Tout ce qui peut boucher ces pores, ces orifices, s'oppose à l'exercice de ces fonctions; tout ce qui leur donne de la vie et de l'activité leur communique aussi de l'énergie pour résister à des impressions nouvelles, souvent nuisibles ; c'est là le but de la propreté et des frictions légères qui deviennent nécessaires.

DE L'ÉDUCATION. 37

L'eau tiède est sans contredit le moyen le plus simple pour atteindre à ce but ; elle est par elle-même capable de dissoudre beaucoup de substances, et les modifications qu'on pourroit apporter dans son usage ne peuvent être nécessaires que dans certains cas, et utiles que dans quelques autres ; c'est ici que le discernement doit indiquer l'emploi de divers mélanges. Une peau dure et peu sensible se ramollit quelquefois par une légère solution de savon ; la peau fine et très-irritable exigera, au contraire, une pâte d'amande huileuse ; la peau flasque et tuméfiée pourra demander un mélange de vin et d'aromates ; une peau rouge a besoin d'être rafraîchie par une eau moins tiède. Un enfant gras et fort parvient peu à peu à supporter un peu d'eau froide. Il conviendra mieux à la peau jaunâtre d'être toujours lavée avec de l'eau d'une température douce. On doit donner une attention particulière à certaines parties du corps plus sujettes à s'enflammer, à s'irriter par des matières âcres, ou à s'excorier ; telles que l'intérieur des cuisses, le derrière des oreilles, les plis du cou, etc. La tête, quelquefois couverte d'une petite croûte, supportera également bien alors de légères frictions.

Si ces moyens de propreté doivent s'employer aussi souvent que cela est possible, on ne peut pas en dire autant des bains tièdes, dont l'usage immodéré pourroit affoiblir la constitution de certains enfans, et devenir fort nuisible à d'autres. Deux ou trois bains par semaine, d'une eau chauffée à la température de 24 à 26 degrés de Réaumur, conviendroient à la plupart des enfans ; la couleur de la peau peut rendre nécessaires quelques modifications, comme de mêler à l'eau un peu de vin ou un aromate pour ceux qui sont foibles et peu irritables, et du lait pour ceux qui sont foibles et irritables à l'excès. Les bains tièdes sont souvent un excellent remède pour les enfans sujets aux affections nerveuses : ils rétablissent en général cet équilibre de sensation et de circulation qui contribue tant au bien-être. Mais il est essentiel, à la suite de chaque bain, de bien sécher l'enfant avec du linge chaud, pour ne l'exposer à aucun refroidissement. Leur avantage, au reste, est si connu en France, qu'il seroit superflu d'en parler avec plus de détails.

Plus on avance vers le nord, plus on trouve l'usage des bains froids généralement établi ; on en sent le motif. Il devient plus essentiel encore, dans ces climats, d'habituer de bonne heure le corps au changement de température. Des chambres chauffées à un haut degré, dans un hiver rigoureux, doivent exposer à un passage brusque, qu'il faut pouvoir supporter ; peut-être une disposition à la longévité qu'on remarque dans le nord, trouve-t-elle déjà son principe dans une enfance moins vive, mais d'une force vitale plus durable. Le temps n'est pas éloigné encore où l'on préconisoit fort en France l'usage de l'eau froide ; on a modifié cette opinion, et établi qu'un enfant peut fort bien être habitué à une eau plus ou moins froide, mais en diminuant la température d'une manière progressive. J'ai vu cette pratique assez en usage dans le nord de l'Allemagne, où cependant on lave plutôt les enfans avec une éponge trempée dans de l'eau froide, qu'on ne les met dans le bain. Une fois accoutumés à cela, les enfans s'en trouvent bien ; la réaction exalte la circulation. Mais si le climat rend déjà moins nécessaire de les habituer d'aussi bonne heure au froid ; il faut encore plus de réserve à l'égard de ceux qui se trouvent de leur naturel très susceptibles ; et cette époque de leur vie est peu favorable aux expériences. Il est cependant bon de fortifier, avant l'époque de la dentition, ceux qui peuvent subir ces épreuves sans danger, afin qu'ils soient moins sujets aux accidens. En général, c'est aux enfans gras, et forts de constitution, que cette méthode s'applique avec succès. Nous avons, par l'atmosphère, de grands rapports avec le monde extérieur ; elle est la source d'une multitude de maladies : il est donc naturel qu'on ait cherché de tout temps à se préserver de ce que son influence peut avoir de fâcheux. L'affection des poumons est surtout à craindre : les enfans n'ont pas la force de cracher les glaires qui s'en détachent lorsqu'ils sont irrités ; et, dans les adultes eux-mêmes, c'est ce qui enlève en général le quart de ceux qui meurent de maladie. On ne sauroit donc attacher trop d'importance à tout ce qui favorise la libre transpiration des poumons et du corps entier ; cette considération nous conduit à parler des vêtemens, qui contribuent au même effet, en ce qu'ils conservent la chaleur du corps.

Le vêtement devroit réunir plusieurs avantages difficiles à rassembler; il devroit tenir l'enfant chaudement, le rendre facile à manier, facile à changer et à laver, et ne pas gêner ses mouvemens. Le maillot satisfaisoit aux deux premières conditions, mais non aux autres : s'il étoit permis d'étendre ses conjectures à ce sujet, ne pourroit-on pas dire que les progrès extraordinaires que nous avons vu faire à la danse, à l'exécution en musique, et à d'autres arts qui exigent de l'adresse, depuis la fin du dernier siècle, sont dus en partie aux changemens dans l'habillement, qui datent à peu près de cette époque ? La mode a son génie comme toute autre chose ; elle a utilement exercé son pouvoir sur la manière de vêtir les enfans, et peut-être ne lui manque-t-il que de connoître le véritable but du vêtement pour faire des choses utiles sans mélange ; ces lourdes figures qu'on voit parmi les gens des campagnes peuvent bien avoir pris leur forme dans le premier maillot. Si l'on compare les enfans d'un tableau de Jordans avec ceux de nos temps modernes, on sera frappé de la différence. La force pourroit très bien se trouver réunie à la dextérité ; et s'il y a de l'exagération à mettre trop d'importance aux progrès qu'a faits sur ce point l'éducation physique, on ne sauroit se dispenser d'y reconnoître une bonne direction. Au reste, tous les médecins et tous ceux qui ont de l'expérience sont d'avis qu'il est bon de tenir la tête couverte jusqu'à ce que les cheveux aient poussé, mais en prenant quelques précautions pour la manière d'attacher le béguin sous le menton, afin que la circulation du sang vers la tête ne soit point gênée au passage ; de légères frictions répétées suffiront pour nettoyer cette crasse qui la couvre, et faciliter la transpiration. Voilà à peu près à quoi se réduit tout ce qu'on peut faire pour conserver cette température chaude, si nécessaire au développement des êtres organisés. Quoique sorti de son œuf, l'enfant a encore besoin, si j'ose m'exprimer ainsi, d'une espèce d'incubation pour son accroissement ultérieur.

Nous avons parlé jusqu'ici de l'influence de l'atmosphère qui environne l'enfant, et de ces deux fonctions nouvelles, respirer et transpirer, qui ont besoin d'être favorisées ; un autre grand rapport s'établit avec le monde extérieur par les nouveaux alimens que l'enfant va prendre, et les modifications que le suc nourricier doit subir, pour que le superflu soit régulièrement chassé par des excrétions naturelles. Cet aliment consiste, à cette époque, dans le lait seul. Il paroît assez simple de sa nature ; mais, quoique la chimie l'ait souvent examiné, on est bien loin de connoître toutes les petites modifications qu'y apporte la différence de nourriture ou de complexion, et qui pourroient expliquer pourquoi tel lait convient bien à l'enfant, et pourquoi tel autre lui est contraire. Par un certain rapport naturel, le lait de la mère est le plus convenable à son enfant ; nourri dans son sein, il est en quelque sorte habitué aux sucs qu'elle a élaborés elle-même : le lait ne se forme qu'après la délivrance, et prend de la consistance à mesure que les voies digestives de l'enfant se fortifient. Cet avantage et bien d'autres encore ont été si éloquemment développés par Rousseau, qu'on s'est trouvé dans la nécessité d'insister d'autre part sur les inconvéniens qui ne manqueroient pas d'avoir lieu, si des mères foibles, trop ardentes, malades, ou nées avec des dispositions funestes, vouloient cependant se livrer à des devoirs si doux. On s'est occupé d'exposer les qualités que doit avoir une bonne nourrice, et d'en tracer un tableau qui ressemble à un être idéal. Elle ne doit être ni trop jeune ni trop âgée ; avant vingt ans elle n'a pas achevé son propre développement ; après trente-cinq ans elle est sur son déclin. Elle doit être bien constituée ; qu'elle ne soit ni trop grasse ni trop maigre ; qu'elle ait un teint frais, de belles dents, des lèvres vermeilles, une haleine douce ; que ses cheveux ni trop noirs ni trop roux n'indiquent aucune passion violente. Le sein doit être d'une grosseur moyenne, avec un mamelon facile à saisir et donnant du lait à la moindre succion ; le lait doit n'être ni trop épais ni trop clair, et d'une saveur douce et agréable. Une goutte qu'on laisse tomber sur l'ongle doit s'étendre en forme de nuage ; l'expérience fait reconnoître le degré d'intensité et de blancheur convenable à l'âge de l'enfant. Ajoutez une disposition morale propre à seconder ces utiles qualités ; qu'elles ne soient altérées par aucune passion, aucun grand défaut de caractère ; qu'elle règle son régime uniquement pour le bien-être de l'enfant ; qu'elle boive si son lait s'épaissit ; qu'elle mange s'il vient à s'apauvrir. Une pareille nourrice pourroit bien valoir mieux qu'une mère ; mais si celle-ci n'en peut remplir les devoirs, elle peut surveiller celle qui la remplace. Disons au reste que, malgré la réunion de ces qualités, il y a encore des cas où le nourrisson ne profite pas comme on devroit s'y attendre, quoique généralement la nature ne mette pas d'entraves à la nutrition des enfans.

Une foule de circonstances faciles à pressentir rendent parfois nécessaire l'allaitement artificiel, c'est-à-dire la nutrition avec du lait d'animaux et d'autres substances ; ce moyen réussit assez souvent, surtout après l'âge de trois ou quatre mois, où il devient même prudent d'habituer peu à peu l'enfant à une autre nourriture que le lait de sa nourrice. On se sert communément de lait de chèvre ou de vache, coupé avec de l'eau : on y mêle différentes farines, de la fécule de pomme de terre, du biscuit, et l'on fait toutes sortes de bouillies. Les Anglais ont aussi, les premiers, je crois, employé du jus de viande ; diverses causes ont fait modifier ces essais ; et la grande mortalité des enfans-trouvés a engagé des hommes animés d'un noble zèle à se livrer à ce genre de recherches. Des circonstances locales ont fait trouver à l'allaitement artificiel des panégyristes et des détracteurs ; la difficulté de le faire réussir en grand l'a fait décrier d'un côté, tandis que de l'autre, la nécessité en a maintenu l'usage dans beaucoup de cas particuliers. Ce mode de nutrition exige plus de discernement de la part de la nourrice; il s'agit d'accoutumer l'enfant à une nourriture moins liquide, dans un temps où ce petit estomac ne supporte pas encore de grands changemens. Il sera toujours heureux de ne point avoir besoin d'y recourir dans les deux premiers mois; mais alors, si la constitution de l'enfant le permet, on fera bien de commencer à varier un peu sa nourriture une ou deux fois dans la journée. La quantité des alimens n'est guère moins à considérer que la qualité; mais il n'est pas aisé de la déterminer dans les commencemens; seulement l'enfant ne doit manger que lorsqu'il a faim. On l'allaite ordinairement dans le jour à deux heures et demie ou trois heures d'intervalle, sans cependant l'éveiller pour cela; et la nuit, toutes les cinq ou six heures, afin que les veilles n'altèrent pas le lait de la nourrice. Si les cas particuliers apportent des dérangemens, il n'en est pas moins utile d'avoir une règle quelconque; au défaut de nourrice, on a fait teter des enfans au pis des animaux; et je pourrois donner plusieurs recettes des plus accréditées pour faire des bouillies; on en fait en Valachie avec du lait et des carottes. La manière de l'administrer fait beaucoup; le biberon est ce qu'il y a de plus commode et de plus en usage lorsqu'il est question d'allaitement artificiel. Un peu de lait mêlé avec de l'eau, chauffé au bain-marie dans une petite fiole fermée, au lieu de bouchon, par une éponge que l'enfant peut sucer, a l'avantage de le forcer à la mastication qui exprime la salive si nécessaire à la digestion. La force de l'enfant indique la quantité de nourriture dont il a besoin. Mais, qu'on se garde bien de croire qu'il a toujours faim lorsqu'il crie, et qu'on ne cherche pas non plus à l'apaiser en lui donnant à manger; il est même bon, à mesure qu'il avance en âge, de lui faire acheter par de petits efforts le plaisir qu'il va prendre à teter. Un examen attentif ne laissera pas ignorer les autres causes qui excitent les cris, comme une pose peu commode, la pression d'un bourrelet, le froid, etc. Une mère tendre sera plus que personne dans la confidence de ce petit être qui, par ses divers cris, se forme bientôt une langue à lui-même; dès la troisième ou la quatrième semaine il commence à sourire, et dès-lors il peut lui témoigner sa petite satisfaction, comme jusque-là il lui faisoit connoître ses plaintes.

Ce n'est pas à l'éducation physique à passer en revue cette série de fonctions auxquelles donne lieu la digestion, et qui exigent même de légers traitemens; ce n'est que des mesures de précaution qu'elle doit essentiellement s'occuper. Tout le monde connoît, au reste, les inconvéniens qui résultent des indigestions, des excrétions naturelles, supprimées ou augmentées; de légères frictions, répétées sur le bas-ventre, peuvent exciter les intestins, et leur donner l'énergie nécessaire.

Telles sont les considérations générales auxquelles donnent lieu les alimens dont l'enfant a besoin pour son développement, et qui deviennent pour lui, comme pour le reste des hommes, une source de maladies. A mesure qu'il avance en âge, il prend des habitudes qui contribuent à fixer les règles de conduite. La nature se plaît aux habitudes. La périodicité est une loi qui se laisse apercevoir dans les êtres organisés comme dans le mouvement des mondes : le rapprochement et la répétition de certains objets, de certaines sensations, finissent par déterminer cette manière d'être particulière que présente la nature de chaque individu, et qui perce encore à travers les modifications qu'amène plus tard le libre arbitre. Jusqu'à quel point doit-on favoriser ou troubler les habitudes pour conserver autant de mobilité que cela est possible, sans détruire cette espèce d'équilibre des forces si nécessaire à la vie ? C'est là le problème qu'a à résoudre l'éducation : elle a des moyens pour y parvenir, et sa puissance n'est pas une chimère. La nature ne cesse à la vérité de réclamer ses droits ; une foule d'agens nous entourent et luttent contre le développement à l'infini des espèces, développement que la Providence a voulu borner, mais dont les limites nous sont inconnues, et peuvent être reculées par l'homme. Si l'on considère combien il périt de semences tombées à terre ; si l'on songe que nous foulons aux pieds les débris d'une multitude d'êtres dont on ne connoît plus les modèles vivans, on sera tenté de croire que la nature met peu d'importance à la conservation même de l'espèce. Si l'on examine d'un autre côté ce que devient la plante que le jardinier prend soin de renfermer dans ses serres et de mettre en bon terrain, on s'étonne du pouvoir qu'a l'homme pour conserver et perfectionner les individus. D'un million d'enfans qui naissent sur le sol de la France, il n'en reste au bout d'un an, selon M. Duvillard, que 767,525 ; plus d'un cinquième a péri, et certes il faudroit plus d'une découverte comme celle de la vaccine pour remédier à une aussi effrayante mortalité. Mais que l'on réfléchisse aussi à tout ce qu'ont dû faire la civilisation et la tendresse maternelle pour que la probabilité de vie et la population aient pu parvenir au point où nous les voyons en France, et que l'on ne désespère plus du pouvoir de l'éducation. S'il entroit dans nos vues d'en écrire l'histoire, nous pourrions faire ressortir d'une manière brillante les heureux résultats de l'impulsion donnée dans le siècle dernier par Locke, Rousseau et Basedow, qui ont appelé l'attention sur les objets d'éducation physique.

L'air ambiant et la nourriture sont les deux agens qui méritent presque seuls d'occuper à l'époque dont nous parlons. L'enfant se trouve encore attaché au sein de la mère, comme la plante l'est par ses racines à la terre qui doit la nourrir. Le caractère distinctif de la vie animale, et la faculté de locomotion ou le pouvoir de changer librement de place, ne font que commencer à naître, et les fonctions qui doivent établir des rapports entre l'homme et les êtres vivans, n'ont qu'un foible développement. Le sens du goût est peut-être celui qui a le plus d'activité; le tact, l'odorat, la vue et l'ouïe ne reçoivent que des impressions isolées, involontaires, que la mémoire ne sauroit retenir, ni le jugement combiner, ni l'imagination reproduire : chacun de ces organes exige cependant déjà quelques mesures de précaution. Il n'est pas bon, par exemple, d'exposer l'enfant à des odeurs fortes ; la sensibilité, comme la circulation, n'est déjà que trop excitée dans ce jeune être par tous les agens nouveaux, sans qu'on vienne encore en augmenter le nombre, et affoiblir les forces de la nature, si nécessaires pour l'accroissement de la masse. Il n'est pas bon non plus de l'exposer à un grand bruit, ou à une forte lumière. Il est très utile de le tenir dans une barcelonnette ou un petit lit à roulettes, pour que la lumière puisse toujours être dirigée en face ou par derrière, afin d'éviter que les rayons qui tomberoient de côté, le fassent loucher ou clignoter, même en dormant. On peut sans doute lui donner un peu d'exercice, et si la saison le permet, en plein air; mais qu'on ne le fatigue jamais trop. La situation qui lui convient le mieux au commencement, est la position horizontale, la tête peu élevée, pour qu'elle ne penche pas en avant, et qu'aucune partie d'un être aussi foible ne puisse presser l'autre. On ne devroit pas essayer, avant deux ou trois mois, de le mettre sur son séant, et la moindre tentative pour le placer sur ses pieds ne peut être alors que très nuisible. Lorsque l'époque est venue, on le porte quelquefois sur le bras; il faut avoir soin de le changer de bras fort souvent, et prendre garde que les genoux ne soient pressés, car cette pression est quelquefois cause que les pieds se tournent en dedans. Ces petits préceptes, qui ne sont pas aussi insignifians qu'on pourroit le croire, deviennent l'habitude de la nourrice, lorsqu'elle se met de bonne heure à les suivre.

J'oserai faire à cette occasion une remarque qui m'a frappé depuis mon arrivée en France. Il m'a paru que les mères jouoient trop avec leurs enfans dans la première époque de la vie, et qu'elles excitoient trop tôt leur vivacité. Elles pensent trop peu sans doute qu'à cette époque, et dans la suivante même, il ne doit être question que du développement physique. Cette observation saute encore plus aux yeux, si l'on compare les différens genres d'éducation à une époque plus avancée. En Angleterre, où l'éducation physique est arrivée à un point de perfection assez rare, les mères ne m'ont paru penser qu'à la beauté physique de l'enfant. En Allemagne, on entend souvent les mères recommander à leurs enfans de se tenir tranquilles : ne songeroient-elles point trop tôt à la modération et à la sagesse? En France, les soins d'une mère semblent plutôt dirigés vers un autre point, c'est d'empêcher que l'enfant ne devienne maussade, et qu'il ne manque un jour de promptitude d'esprit. Ces tendres mères n'ont cependant rien à craindre à cet égard dans un pays où les facultés intellectuelles et l'amabilité sociale sont si libéralement répandues. Les enfans n'ont long-temps besoin que de propreté, d'un air chaud et pur, de lait et de sommeil : aussi,

4

quand ils se portent bien, ne font-ils que manger et dormir.

Il est à propos de coucher l'enfant sur le côté, afin que la salive, trop abondante, puisse s'écouler sans gêner la respiration. Le mouvement du berceau a été le sujet de beaucoup de critiques : on dit qu'il donne lieu à un exercice immodéré, qu'il expose à des accidens fâcheux, et que si les enfans persistent à crier, au lieu d'examiner les causes de leurs plaintes, on les engourdit au point de les rendre stupides. Les barcelonnettes et les petites voitures ont au contraire l'avantage qu'on peut aisément les transporter, les changer de place ou de direction pour éviter les courans d'air, un faux jour, ou une mauvaise odeur. Le chant endort souvent les enfans ; et les poëtes, ainsi que les compositeurs, devroient bien s'occuper un peu plus à chanter tout ce qui a rapport aux devoirs et aux soins des mères. Ces sujets touchans consoleroient une mère fatiguée, et auroient l'avantage de rappeler sans cesse de bons exemples. On s'exerce beaucoup en Allemagne à ces sortes de chansons.

Je me suis proposé dans cette lettre de présenter dans un ordre naturel tout ce qui peut intéresser l'éducation physique dans la première époque de la vie. Les préceptes généraux sont fondés sur un calcul de probabilités pour lequel il est difficile de rassembler un assez grand nombre d'élémens, et l'on est toujours exposé, dans la pratique, à tomber dans les exceptions. Nous pouvons consulter les meilleurs principes, nous pénétrer du sentiment de nos devoirs, nous servir utilement des expériences des autres, mais le bon sens saura seul profiter de tous ces moyens, et en faire l'application avec discernement. C'est ce que j'aurai lieu de répéter bien des fois en parlant des soins qu'exigent les époques suivantes de l'enfance.

FRIEDLANDER.

PHRASES GRADUÉES,

EXTRAITES DE CICÉRON, DE CÉSAR, DE SALLUSTE, D'HORACE, DE VIRGILE, etc., par L. Gaultier; *pour donner aux commençans le goût de la bonne latinité et pour les familiariser avec le mécanisme des inversions latines, réduites à quatre espèces, d'après la méthode de construction du même auteur.*

Un vol. in-16. Prix 1 fr. — A Paris, chez l'Auteur, rue de Grenelle-Saint-Germain, n°. 50 ; chez A. Renouard, libraire, rue Saint-André-des-Arts ; et chez le Normant, imprimeur-libraire, rue de Seine, n°. 8, près le pont des Arts.

EN éducation, comme ailleurs, on cherche souvent à reculer les difficultés plutôt qu'à les lever : une tâche pénible se présente ; par exemple, il s'agit de faire comprendre à l'enfant qui commence à étudier le latin, les nombreuses inversions que se permet cette langue, et de lui apprendre à replacer dans l'ordre logique les mots qui composent une phrase, afin qu'après cela il puisse arriver directement au sens de la phrase entière : que fait-on ? On compose quelques phrases de latin moderne où l'on a soin de ne mettre aucune inversion, ou bien l'on détruit l'inversion dans quelques phrases anciennes ; on les construit à la française, et l'on met sous les yeux de l'enfant ces phrases qui ne sont plus des phrases latines, mais simplement des phrases françaises traduites en latin : qu'arrive-t-il de là ? L'enfant explique ces phrases : y apprend-il quelque chose sur la construction latine, sur les inversions, sur le génie particulier de la langue, c'est-à-dire sur ce qu'on veut lui enseigner ? Non sans doute ; pour cela il auroit fallu qu'il vît lui-même la phrase originale, telle qu'elle a été faite par César ou par Cicéron ; qu'il remarquât comment les mots y sont placés ; de quelle manière l'ordre logique est interverti, etc. Le maître a pris soin de détruire tout ce qui auroit pu instruire l'enfant ; il a fait lui-même le travail qu'il auroit dû faire faire à son élève ; et après avoir expliqué de la sorte un grand nombre de ces phrases, celui-ci sait peut-être quelques mots latins de plus, mais il ne sait pas davantage comment se construit une phrase latine ; il n'a point pris l'habitude de démêler l'ordre logique et le sens, à travers les transpositions de mots ; cette étude n'est pas même commencée.

En revanche, il s'est probablement fait des idées fausses sur la forme des phrases latines, sur l'arrangement des mots, sur le caractère de la langue ; s'il n'y a pas encore réfléchi, il a pris du moins, à cet égard, de mauvaises habitudes ; on ne lui a offert qu'un latin barbare ou défiguré ; il a cru que c'étoit là du latin : il faudra bien lui dire un jour

que ce n'en est pas. Voilà donc une ancienne étude à défaire, et une nouvelle à faire : « Une telle mé-
» thode, dit avec beaucoup de raison M. Gaultier,
» ressemble, selon moi, à celle d'un maître de
» français qui, pour faciliter la connoissance de
» notre langue aux peuples du Nord, en banniroit,
» pendant un espace de temps assez considérable,
» tous nos principaux idiotismes, notamment les
» inversions de nos pronoms, comme trop fati-
» gantes pour eux, et qui se contenteroit de leur
» faire parler une nouvelle langue française, comme
» plus analogue à leur langue maternelle ; par
» exemple : *il voit me, — je regarde le*, pour *il
» me voit, je le regarde*, etc. »

Et c'est dans l'enseignement d'une langue comme la langue latine, où la place de chaque mot est d'une telle importance, que si on la change, l'effet de la phrase selon les anciens est souvent détruit, que l'on veut user d'une pareille méthode ! Elle rend les premiers pas plus faciles, dit-on ; mais à quoi cela sert-il, si ces premiers pas ne font point avancer, et s'il faut recommencer ensuite ce qui est difficile ? Dans l'instruction comme dans l'éducation morale, on ne doit jamais faire ce que l'on sera obligé de défaire un peu plus tard. Les instituteurs semblent quelquefois regarder les leçons qu'ils donnent, les moyens dont ils se servent, comme ces échafaudages à l'aide desquels on construit les maisons, et que l'on abat ensuite ; ils se trompent : ces leçons, ces moyens sont les pierres, la charpente, le ciment même avec lesquels on bâtit l'édifice, qui y restent lorsqu'il est achevé, et de l'arrangement et de la bonté desquels dépendent sa beauté, sa commodité, sa durée. On a trop souvent sacrifié la solidité des études considérées dans leur ensemble à la facilité des études élémentaires; c'est sacrifier le but aux moyens; c'est oublier où l'on veut arriver, pour marcher plus commodément pendant quelques heures : le maître a moins de peine d'abord, mais l'élève qui veut bien apprendre en a davantage ensuite; or, ce n'est pas pour l'aisance des maîtres, c'est pour l'utilité des élèves que doivent être faites les méthodes d'instruction.

M. Gaultier n'a jamais perdu cette vérité de vue; on en retrouve l'influence dans tout ce qu'il a écrit sur l'éducation, et en particulier dans son Recueil de *Phrases latines graduées.* Je viens d'indiquer les inconvéniens de la méthode qui n'offre aux commençans que des phrases d'un latin défiguré, sans inversion, et qui croit pouvoir faire *rétablir ensuite la construction par degrés,* pour y accoutumer l'élève. M. Gaultier s'est proposé de substituer, à une méthode si inutile et si mauvaise, une méthode plus raisonnable et plus féconde en bons résultats : « Je voudrois, dit-il, que pour ne pas
» faire contracter aux enfans, dès leur premier
» début, la déplorable habitude d'un style insi-
» gnifiant, et à coup sûr contraire au génie de la
» langue latine, on se fît un devoir de n'employer
» dans les écoles que des recueils de phrases choi-
» sies, d'expressions élégantes, de tournures heu-

» reuses, de pensées justes, de constructions
» sonores.

» Ces phrases ou expressions tirées des auteurs
» de la plus pure latinité, sans aucune addition ni
» transposition, et placées dans un ordre gradué,
» propre à conduire les élèves depuis l'expression
» la plus simple et la plus courte jusqu'aux pé-
» riodes les plus étendues et les plus compliquées,
» n'auroient pas l'inconvénient très grave de don-
» ner aux enfans de fausses idées sur la langue
» qu'on veut leur apprendre, et de leur déformer
» le goût; elles auroient même l'avantage de gra-
» ver dans leur mémoire les premières impressions
» justes des beautés latines, et serviroient de base
» solide aux autres connoissances postérieures.

» Un recueil de ce genre n'existoit pas encore;
» c'est ce qui m'a décidé à l'entreprendre..... J'ai
» parcouru, phrase par phrase, des livres en-
» tiers de plusieurs auteurs latins, particulière-
» ment de Cicéron, de César et de Salluste pour
» la prose, les poésies de Virgile et d'Horace
» pour les vers......

» Voici la manière dont je m'y suis pris pour
» classer et graduer ces phrases: j'ai commencé par
» les distinguer d'abord en *simples*, en *complexes*
» et en *composées*; j'en ai formé trois sections. »

Les phrases *simples* sont celles qui n'ont qu'un seul sujet et un seul verbe.

Les phrases *complexes* sont celles qui ont plusieurs sujets, plusieurs verbes ou plusieurs modifications, soit exprimés, soit sous-entendus.

Les phrases *composées* sont celles qui résultent de l'assemblage de deux phrases simples, subordonnées l'une à l'autre par le moyen d'un pronom relatif ou d'une conjonction.

« Après ce premier pas vers la gradation, j'ai
» fait de ces mêmes phrases autant d'espèces par-
» ticulières, où j'ai distingué, 1°. les phrases *simples*
» *directes*, c'est-à-dire celles dont les mots se
» trouvent placés dans l'ordre direct, des phrases
» *inverses* dont les mots sont arrangés avec transpo-
» sition; 2°. les phrases *complexes* qui sont ellip-
» tiques par *le sujet*, de celles qui le sont par le
» *verbe* ou par une *modification*, soit du sujet,
» soit du verbe; 3°. les phrases *composées*, dont
» la phrase subordonnée est liée à la principale
» par un *pronom relatif*, de celles qui sont
» jointes par une *conjonction*. Je ne me suis pas
» même borné à ces sous-divisions, quand elles
» m'ont paru trop générales; car alors, pour ran-
» ger les phrases dans un ordre vraiment gradué,
» il m'a fallu examiner leurs espèces particulières,
» et en former des paragraphes différens pour y
» comprendre, par exemple, les phrases déter-
» minatives de *temps*, de *lieu*, de *qualité*, etc.

» D'après ces mêmes considérations, j'ai classé
» les phrases *inverses* selon le degré de leur inver-
» sion, c'est-à-dire selon qu'elles ont un, deux,
» trois, quatre degrés d'inversion; j'ai dû m'arrêter
» à cette dernière espèce, parce que je n'ai trouvé
» aucun exemple d'inversion qui excède le qua-

» trième degré dans les phrases simples, même
» les plus longues et les plus poétiques (1). »

On voit qu'à l'aide de cette classification, à la fois simple et étendue, l'enfant suivra sans peine la marche de la langue latine, depuis les phrases les plus courtes jusqu'aux plus longues; ses premières études, au lieu d'être inutiles ou même nuisibles aux études postérieures, leur serviront de base; et la connoissance du caractère propre de la langue, de ses idiotismes, de ses tours, le sentiment même de son harmonie se développeront, ou du moins germeront de bonne heure dans son esprit.

Il ne sera pas inutile de citer ici quelques exemples des phrases choisies par l'auteur, pour faire voir leur progression.

1°. Phrases simples sans inversion.

Præcipitate moras. Virg.

2°. Phrases simples avec inversion.

Vim suscitat ira. Virg.

3°. Phrases complexes.

Secreto amicos admone, lauda palàm. P. Syr.

4°. Phrases composées.

Quem pænitet peccasse propè est innocens. Cic. etc.

_____

(1) On calcule facilement le degré d'inversion des phrases, d'après la *Méthode pour faire la construction des phrases et des périodes, sans rien changer à l'ordre de la diction latine* qu'a donnée M. Gaultier. Nous parlerons un jour de cette excellente méthode, qui appartient à un cours de latinité dont nous ferons connître successivement les différentes parties.

Après avoir formé, de phrases tirées ainsi des meilleurs auteurs et graduées avec beaucoup de soin, un recueil de 96 pages, M. Gaultier a voulu rendre sa méthode encore plus utile en l'appliquant également aux périodes ; il en a fait l'objet du recueil suivant.

Périodes graduées extraites de Cicéron, de César, etc.

Un vol. in-16. Prix : 1 fr. 50 cent. — A Paris, chez le Normant.

Les grammairiens, et surtout les grammairiens français, sont peu d'accord sur la définition de la *période* ; ils semblent même ne pas en avoir une idée nette : cela est peu surprenant. Notre langue étant, comme on sait, une des moins périodiques, ceux qui l'étudient, accoutumés à l'ordre direct qu'elle suit presque toujours, sont peu familiarisés avec la *période* ; aussi ne l'ont-ils pas considérée dans son ensemble. Chacun d'eux paroît ne l'avoir envisagée que sous un rapport particulier dont il a été frappé d'abord, et qui lui a fait négliger les autres points de vue : sans cela, dit M. Gaultier, « peut-être auroit-on aperçu que la *période*, se » rapportant à trois objets différens, savoir, à la » *logique*, à la *grammaire* et à la *déclamation*, » ne peut être définie d'une manière exacte sans » qu'on tienne compte de ces trois élémens. La » définir en logique comme en grammaire, ou en » grammaire comme en déclamation, c'est confondre des idées bien distinctes, c'est renverser » toute méthode.

» En effet, le logicien s'attache au fond de la

» pensée contenue dans une période, en distingue
» les parties, et en signale le résultat.

» Le grammairien porte son attention sur le
» nombre de phrases qui composent la période,
» sur leur nature et sur les signes qui doivent en
» séparer les membres d'après les règles de la
» ponctuation.

» L'orateur n'observe que les pauses dont il a
» besoin pour la déclamer avec avantage. »

Après avoir donné plusieurs exemples de périodes envisagées sous ces trois rapports, l'auteur passe en revue les définitions de nos principaux grammairiens, tels que Dumarsais, Condillac, Beauzée, etc. Il fait sentir clairement ce qu'il y a d'incomplet ou de fautif dans chacune, et arrive enfin à la définition d'Aristote, qu'il adopte comme la plus saine et la plus complète : « La pé-
» riode, dit-il, est une diction arrondie, parfaite
» pour le sens, qui a des parties distinguées, et
» qui est facile à prononcer tout d'une haleine. »

Ces quatre qualités embrassent tous les points de vue sous lesquels la période peut être considérée : M. Gaultier les explique, les examine successivement, et, appuyé de Démétrius de Phalère, montre que ce sont bien les véritables caractères de la diction périodique. Les instituteurs liront sans doute avec intérêt, et certainement avec fruit, cette discussion trop bien liée pour que je puisse l'abréger ici.

Elle forme le discours préliminaire, à la suite duquel sont placées des *notions élémentaires* destinées à mettre à la portée des élèves les idées développées dans le discours; elles sont claires et justes : or chacun sait qu'en grammaire et en rhétorique la justesse et la netteté sont les qualités les plus importantes.

L'auteur s'applique ensuite à faire sur les périodes le même travail qu'il a fait sur les phrases; il les classe et les gradue d'après des principes correspondans. Ce nouveau recueil de 176 pages offre une succession de périodes latines, fort bien choisies, depuis les plus simples jusqu'aux plus compliquées; et l'enfant qui l'aura bien étudié ne peut manquer d'avoir des idées très justes, déjà assez étendues, et surtout très-fécondes sur la structure, la marche et le caractère du style périodique dans les meilleurs écrivains de l'antiquité. F. G.

LE CABINET DU JEUNE NATURALISTE,

ou TABLEAUX INTÉRESSANS DE L'HISTOIRE DES ANIMAUX, *offrant la description de la nature, des mœurs et habitudes des quadrupèdes, oiseaux, poissons, amphibies, reptiles, etc.* Ouvrage enrichi de soixante-cinq belles gravures. Traduit de l'anglais, de M. Th. Smith.

Six vol. in-12. Prix : 25 fr. et 30 fr. par la poste. — A Paris, chez Maradan, libraire, rue des Grands-Augustins, n°. 9; et chez le Normant, imprimeur-libraire, rue de Seine, n°. 8, près le pont des Arts.

INSTRUIRE les enfans en les amusant, est ce dont on a beaucoup parlé, et je crois, ce qu'on n'a presque jamais fait. Donner des livres d'instruction où ils puissent constamment trouver de l'amusement, ou des livres d'amusement qui puissent

DE L'ÉDUCATION.

leur fournir une instruction réelle et solide, est une entreprise qu'on peut avoir tentée, mais dont je doute que personne soit sorti à son honneur. Il n'en est pas moins vrai que les objets d'instruction sont les plus propres à fournir aux enfans des lectures utiles autant qu'amusantes ; d'abord, parce que ces lectures ne leur présentent que des choses vraies, et qu'il est très bon d'accoutumer les enfans à ne s'occuper que d'objets réels; ensuite, parce qu'elles les sortent du cercle étroit de leurs idées, de leurs habitudes journalières, et les accoutument à transporter leur imagination sur des objets éloignés; au lieu que les contes dont on les amuse, ne leur présentant, et ne devant même leur présenter que des scènes prises dans leur vie habituelle, n'étendent guère leurs idées au-delà de la chambre où ils étudient, du jardin où ils vont courir, et des petits camarades avec lesquels ils se divertissent ; ils s'accoutument ainsi à n'avoir de sentimens que sur ce qui frappe ordinairement leurs regards, tout étonnés au premier dérangement qui les sort de leurs habitudes. En les occupant au contraire de faits étrangers à eux, on les force à se transporter hors d'eux-mêmes; on tourne la vivacité de leur imagination et de leurs desirs vers le désir de connoître mieux ce qu'ils commencent à connoître; et il n'est certainement pas d'enfant qui, après avoir lu l'histoire de l'éléphant, ne se passât bien volontiers de son goûter pour aller voir l'éléphant de la ménagerie.

On peut donc regarder comme les meilleurs

ouvrages d'amusement, ceux qu'on aura pu tirer de l'histoire, des voyages, de l'histoire naturelle surtout : les faits que présente cette dernière science ne tenant à aucune idée morale, ne peuvent induire les enfans en erreur sur aucune vérité importante. Il faut leur enseigner l'histoire avec précaution : la combinaison des motifs qui peuvent rendre une action louable, excusable ou criminelle, est telle qu'il nous devient quelquefois fort difficile d'accorder l'opinion que nous devons donner à l'enfant sur tel ou tel fait particulier, avec les notions simples et générales de morale et de vertu que nous voulons fixer dans son esprit. Mais il peut juger les mœurs du singe ou du chat selon ses principes de droiture naturelle, sans que nous soyons obligés de chercher à rectifier ses idées.

« *Le Cabinet du Jeune Naturaliste* est, si je ne me trompe, un des livres les plus propres à être mis entre les mains des enfans. Au tableau très intéressant des mœurs des animaux, à des gravures qui donnent une idée de leur figure, on a joint un grand nombre d'histoires relatives à leur instinct, écrites avec intérêt et assez simplement; j'en citerai ici deux, sinon des plus curieuses, du moins des plus courtes. »

« Un comédien avoit une perruque qu'il étoit
» dans l'usage d'attacher à un clou dans sa
» chambre ; un jour il prêta cette perruque à
» un de ses confrères qu'il alla voir quelque temps
» après ; il étoit accompagné de son chien, et ce
» confrère avoit par hasard ce jour-là la perruque

» d'emprunt sur sa tête. L'acteur resta quelque
» temps chez son ami : mais lorsqu'il le quitta, le
» chien, qui évita de le suivre, resta pendant quel-
» que temps à regarder en face l'emprunteur ;
» puis, prenant un élan, il sauta sur ses épaules,
» se saisit de la perruque, et s'enfuit à toutes
» jambes. Quand il fut arrivé à la maison, il
» s'efforça, en sautant, de la rattacher à la place
» ordinaire, sans cependant y parvenir. »

« Goldsmith rapporte qu'un perroquet appar-
» tenant au roi Henri VII, et qu'on laissoit tou-
» jours dans une chambre dont les fenêtres don-
» noient sur la Tamise, avoit appris plusieurs
» phrases qu'il entendoit répéter tous les jours aux
» bateliers et aux passagers. Un jour, en jouant
» sur sa perche, il tomba malheureusement dans
» l'eau. Il n'eut pas plutôt connu le danger de sa
» situation, qu'il s'écria d'une voix forte : *Un ba-*
» *teau ! A moi un bateau ! Vingt livres pour me*
» *sauver !* Un batelier qui passoit par là se préci-
» pita dans l'eau, croyant sauver une personne ; il
» ne retira qu'un perroquet : mais comme il le re-
» connut pour celui du roi, il le porta au palais,
» en réclamant les vingt livres pour sa récompense.
» On conta cela au roi, qui accomplit la pro-
» messe de son perroquet. »

"Je ne répondrois pas de la vérité de toutes ces
histoires ; une parfaite exactitude n'est pas le
principal mérite d'un pareil livre ; je crois les
faits qu'il contient puisés en général dans de
bonnes sources ; mais ce qu'il pourroit offrir

d'erreurs, seroit bientôt effacé par une instruction plus solide. Il faut craindre seulement que des histoires invraisemblables ne flattent un peu trop le penchant des enfans à la crédulité, et leur goût pour le merveilleux : il sera donc utile de les prémunir contre l'invraisemblance de quelques-uns des faits qu'ils pourront rencontrer dans *le Cabinet du Jeune Naturaliste* ; ils mettront alors leur amour-propre à douter, ce qui sera surtout avantageux à l'égard des histoires de voleurs, multipliées dans l'article du chien, et qui, sans cette précaution, pourroient leur laisser quelqu'impression d'effroi. Il faut aussi les prévenir des fautes de style, assez nombreuses dans cette traduction qui porte le caractère d'une grande précipitation. Faites-leur en remarquer quelques-unes, vous pouvez être sûr qu'ils s'exerceront ensuite à vous en indiquer d'autres : ils s'y tromperont fort souvent, mais du moins ne laisseront-ils passer aucune locution qui les frappe, sans vous en demander compte, ce qui les sauvera du danger d'être séduits par l'*étrangeté*.

P. M.

ANNALES
DE L'ÉDUCATION.

DES MODIFICATIONS
QUE DOIT APPORTER DANS L'ÉDUCATION LA VARIÉTÉ DES CARACTÈRES.

Un corps sain, un esprit droit, une volonté vertueuse, c'est là ce qu'une bonne éducation se propose de former : ce but est invariable, universel. Dans tous les états, dans tous les systèmes, les parens doivent y tendre pour leurs enfans, parce qu'à tout âge, dans toutes les conditions, l'homme a besoin de santé, de raison et de vertu; le riche et le pauvre, le puissant et le foible, le paysan, le bourgeois et le soldat sont également dans l'impossibilité de s'en passer ou de s'en dispenser : il en faut dans une vie pleine de loisirs, comme dans la vie la plus laborieuse, pour obéir comme pour commander, dans les villes comme au milieu des camps; et quelle que soit la carrière à laquelle un père sage destine ses fils, il s'efforcera de leur donner ces trois qualités, source et appui de toutes les autres.

C'est déjà beaucoup que d'avoir ainsi un but immuable et bien reconnu; personne, que je sache, n'a contesté à l'éducation cet avantage;

mais la routine et les préjugés ont quelquefois fait oublier ce but, ou du moins empêché que l'on n'y pensât avec toute l'attention que son importance rend nécessaire: plus souvent encore on s'est trompé sur les moyens de l'atteindre. C'est ici que les opinions, les conseils, les projets, se multiplient, se croisent; tous tendent vers le même centre; presque tous prennent, pour y arriver, des routes diverses, et chacun affirme que celle qu'il a choisie est la seule qui y conduise.

N'est-ce pas là ce qui égare la plupart des écrivains, et fait le danger de leurs systèmes? Fiers d'avoir à établir, à développer un principe fixe et général sur le but de l'éducation, ils veulent indiquer des moyens d'application aussi inflexibles, aussi universellement vrais; ils ne tiennent nul compte des différentes situations, de la variété des caractères; ces inégalités leur paroissent devoir s'effacer devant la rigueur de leurs préceptes, et beaucoup de parens, séduits par ces vérités absolues, oublient qu'elles ne sont point intraitables, et négligent d'étudier la forme que les circonstances ou les dispositions particulières des enfans doivent leur faire prendre.

Il ne s'agit pas ici de dire, *toute règle a ses exceptions*; mais plutôt *tout individu a sa règle*. Personne n'ignore que des enfans naissent avec des facultés très inégales, des penchans très différens: cette diversité se manifeste de bonne heure; que l'éducation s'en empare, qu'elle y puise des lumières sur la route qu'elle doit suivre, sur les résorts qu'elle doit mettre en jeu, elle y trouvera des moyens de succès : un tailleur est obligé de prendre notre mesure pour nous faire des habits à notre taille; comment des parens se dispenseroient-ils de prendre la mesure de leurs enfans avant de travailler à les modeler et à les diriger?

L'éducation ne nous donne point un caractère; tourner vers le bien le développement de celui que nous avons reçu de la nature, est tout ce qu'elle peut tenter : elle a donc besoin de le connoître. S'agit-il même de ces vices que nous devons tous également éviter, comme le mensonge, l'égoïsme? il faut, pour en éloigner les enfans et leur inspirer des habitudes contraires, se servir de leurs dispositions naturelles. Les gens de bien ne sont pas tous vertueux de la même manière; ce n'est pas de la même manière que les enfans peuvent apprendre à le devenir.

Henri et Alphonse sont élevés ensemble. Henri âgé de neuf ans, est doux, timide, paresseux; ce qui le dérange, le trouble; il veut de la régularité et de la paix dans ses amusemens comme dans ses travaux; né bon et sensible, il redoute les gronderies, d'abord parce qu'elles l'affligent, ensuite parce qu'elles l'étourdissent : en le grondant on parle plus haut, et cela l'épouvante; il est honnête et loyal de cœur; cependant la crainte le rendroit aisément dissimulé; il pourroit mentir, non pour avoir la liberté de faire quelque sottise à son aise, ou pour éviter la honte d'un aveu, mais pour se soustraire au bruit, au dérangement qu'a-

5.

mèneroient les reproches qu'il auroit à essuyer. Découvre-t-on ce qu'il a fait de mal ? il a l'air effrayé ; la délicatesse de sa conscience ne lui permet pas de s'abuser sur sa faute, et la timidité de son caractère lui en rend la vue et les suites presque insupportables. On sent qu'avec de telles dispositions, il doit être peu turbulent, peu actif : aussi, lorsqu'il a quelque chose de difficile à faire ou à demander, le fait-il faire et demander par son frère cadet Alphonse. Celui-ci a dans ses qualités, comme dans ses défauts, une tournure bien différente ; quand il se cache, ce n'est pas qu'il ait peur ; c'est pour qu'on ne l'empêche pas de faire ce qu'il desire ; dès qu'il l'a fait, il l'avouera sans crainte ou le niera hardiment, selon qu'il se trouvera disposé à la bonne foi ou au mensonge : aussi est-il très franc, bien qu'il ne soit pas toujours sincère. Henri redoute plus le reproche que la punition ; Alphonse s'inquiéteroit peu du reproche, s'il n'étoit accompagné d'une punition contrariante. A-t-il une volonté, il prendra toutes sortes de moyens pour l'accomplir ; l'opiniâtreté, l'adresse, les raisonnemens, tout est mis en œuvre ; et il faut qu'il soit observé de bien près pour ne pas trouver furtivement quelque ressource qui le mène à ses fins. Jaloux de ne jamais paroître déconcerté, il oppose à tout de l'assurance ; on croiroit, à le voir, qu'il n'est pas affligé d'avoir mérité le blâme, parce qu'il cache avec soin la peine qu'il en ressent : ses bonnes comme ses mauvaises qualités sont indépendantes et fières ; sa vivacité le fait souvent croire léger; sa sensibilité vive et forte se montre quelquefois dans des mots qu'il dit du fond du cœur, mais sans avoir l'air d'y attacher plus d'importance qu'à toute autre parole. Il n'aime pas à se montrer ému, on diroit qu'il craint de laisser voir qu'on peut exercer sur lui de l'influence; le bien qu'on lui fait faire est peu de chose; il pourra faire de lui-même tout ce qui est bien, il ne lui faut que direction et surveillance. Son frère a constamment besoin d'un appui.

Comment nous y prendrons-nous pour conduire également à la vertu deux enfans de dispositions si contraires? Nous ne pouvons espérer de rendre l'un ferme et l'autre timide; leurs caractères nous sont donnés, c'est à nous d'en tirer parti: la même méthode ne sauroit convenir à tous les deux. Par exemple, comment leur inspirerons-nous une égale horreur pour le mensonge?

Henri a la conscience timorée: dès qu'on lui a montré ce qui est bien, il craint de s'en écarter, parce que le mal lui paroît alors un état de désordre et de trouble, contraire à ses goûts de régularité et de repos. Nous aurons donc peu de choses à lui défendre, et rarement serons-nous obligés de l'empêcher; nous prendrons soin de ne pas multiplier autour de lui les liens, les prohibitions, les reproches: il ne sauroit s'en dépêtrer, en concevroit de l'embarras, de l'inquiétude, et, devenu toujours plus craintif, auroit recours à une excessive réserve, peu éloignée de la dissimulation. Il a besoin que nous lui inspirions de la confiance en lui-même; n'employons donc avec lui ni paroles hautes, ni châtimens sévères; son caractère n'est pas de force à les supporter; il n'a pas assez d'élasticité naturelle pour se relever après avoir été contraint de plier : ce qui le gêne l'abat; et si nous voulons qu'il n'emploie jamais les petits détours de la foiblesse, il faut lui laisser un chemin libre et facile, où il ne nous rencontre que pour le soutenir et lui indiquer les mauvais pas. Appliquons-nous en même temps à fortifier en lui le sentiment de moralité que nous avons eu peu de peine à éveiller, et qui le garantira souvent des fautes où sa foiblesse pourroit l'entraîner, en l'empêchant de se mettre dans des situations extraordinaires où il auroit besoin de fermeté. Il en faut pour avouer un tort; et c'est à cause de cela que souvent il aime mieux cacher les siens, quoiqu'il soit d'un naturel candide et sincère : ce qui est important, c'est qu'il ait peu de torts à avouer, et que nos reproches ou nos punitions lui inspirent assez peu de crainte pour qu'il ne redoute guère, non de les mériter, mais de les subir ou de les entendre.

Alphonse qui, un jour peut-être, saura mieux se conduire seul, ne pourroit maintenant être ainsi presque abandonné à lui-même; nous aurons besoin avec lui d'une sévérité plus grande : aussi n'a-t-elle pas les mêmes dangers. Nous nous garderons bien cependant de cette sévérité excessive, qui n'a *d'autre effet*, dit Montaigne, *sinon de rendre les âmes plus lâches ou plus malicieusement opiniâtres*; nous l'exposerions à tomber dans ce dernier défaut ; seulement nous prendrons avec lui le ton plus ferme et l'air plus froid qu'avec son frère. Quand il ment, ce n'est pas par crainte, c'est tout simplement parce qu'il en a besoin ; nous nous appliquerons à déconcerter ses calculs, en tâchant de rendre ses mensonges inutiles ; et comme cela seul ne serviroit peut-être qu'à le rendre plus rusé, nous opposerons à l'avantage qu'il espère en tirer, un inconvénient plus sensible encore : nous ne le croirons pas quand il dira la vérité. Ce dernier moyen me paroît le plus efficace ; on en parle beaucoup, on en menace les enfans, mais on en use peu : il exige une persévérance et une attention de tous les momens, qui font que l'on oublie trop souvent ou trop tôt de témoigner au petit menteur cette défiance dont on l'a effrayé, et qui ne peut manquer de produire sur lui une impression très forte, parce que les enfans ayant sans cesse besoin de ceux qui les entourent, ne sauroient se passer d'être crus. Alphonse a de l'amour-propre et de la fierté ; ce qui l'offense le désole ; le respect que lui inspire son père, s'allie en lui à une sorte de crainte, fondée sur la combinaison de l'idée de sa supériorité et de celle de sa puissance ; c'est de là que peuvent naître pour lui des motifs et des habitudes d'obéissance et de sincérité. Pour Henri, le respect tient de plus près à l'amour filial ; sa timidité naturelle fait pour lui de la crainte un sentiment qui ne peut s'unir à rien de bon ni de noble. C'est donc un ressort dont il ne faut jamais user. Avec lui la fermeté ne doit consister que dans une égalité parfaite ; avec Alphonse, elle peut prendre plus souvent le ton de la force et de l'autorité.

De là résulte, si je ne me trompe, une conséquence d'autant plus intéressante qu'elle est presque toujours applicable ; c'est qu'il n'existe dans l'enfance aucune disposition naturelle qui n'ait son bon et son mauvais côté, et que le bon côté est ce qui fournit les meilleurs moyens de corriger le mauvais. Henri est craintif et foible, mais doux et honnête : je serai doux avec lui, et ma douceur lui sauvera une partie des dangers de la foiblesse, tandis que je me servirai de son honnêteté pour le fortifier contre le penchant des caractères peu forts à se tirer d'embarras par des demi-détours et des demi-mesures. Je pourrai même profiter de sa foiblesse pour lui faire sentir les inquiétudes, les difficultés où elle plonge ceux qui s'y laissent aller ; et pour lui donner ainsi l'habitude d'une droiture simple et constante, qui lui suffira dans la situation calme que sans doute son goût le portera à préférer, et qui du moins, s'il est exposé aux grandes traverses de la vie diminuera quelques-uns des inconvéniens inséparables de son caractère. Alphonse est vif et entêté, mais plein de fermeté et d'ardeur : je serai plus ferme que lui ; et, forcé de reconnoître que l'entêtement le plus opiniâtre peut être contraint de plier devant une volonté supérieure et raisonnable, il apprendra à s'épargner lui-même les fatigues et les suites du combat, en cédant de plein gré à la raison. C'est ainsi que je trouverai, dans le caractère même de ces enfans, les armes différentes dont je dois me servir pour corriger ce qu'il a de mauvais, et mettre à profit ce qu'il a de bon. Si j'étois avec Henri moins doux que sévère, sa timidité s'en accroîtroit ; si je témoignois à Alphonse plus de laisser-aller que de fermeté, il deviendroit chaque jour plus opiniâtre et plus impérieux. Il faut donc bien se donner de garde d'employer, pour faire agir les enfans, des ressorts qui soient étrangers à leurs propres dispositions naturelles ; obligés, pour les gouverner et les diriger, de nous mettre en contact avec eux, nous devons chercher les points par lesquels ce contact peut s'établir, afin qu'il en résulte entre eux et nous, une communication sûre et claire ; et que nos volontés, nos reproches, dictés par un certain sentiment, prononcés d'un certain ton, trouvent dans celui auquel ils s'adressent, un sentiment correspondant qui les fasse recevoir sans objection, et leur laisse ainsi produire tout l'effet que nous en avons espéré. Un enfant d'un caractère ferme pourra se dépiter contre la fermeté de son père, mais il ne s'en étonnera pas, il la comprendra. C'est avec ces armes qu'il nous attaque ; elles doivent nous servir à le repousser : s'il nous eût trouvés moins fermes que lui, il en auroit eu un peu de surprise, et à l'instant même, sûr de ses avantages, puisqu'il se seroit reconnu un moyen de succès que nous n'aurions pas, il auroit saisi ce défaut de la cuirasse pour nous faire agir et vouloir au gré de ses caprices et de son entêtement. En revanche la sévérité ne nous serviroit à rien avec un enfant doux et timide, parce qu'elle l'ébahiroit, l'étourdiroit sans qu'il pût la comprendre: elle est hors de son caractère, elle le frappe sans le persuader.

Mais, n'allons pas nous y méprendre, et avoir avec Henri de la foiblesse au lieu de douceur; avec Alphonse, de l'entêtement au lieu de fermeté: tout seroit perdu dès-lors; car, loin de nous servir de la bonne moitié du caractère pour combattre la mauvaise, nous ne ferions que fortifier et féconder celle-ci. La foiblesse de Henri seroit bientôt capricieuse ou tout-à-fait indolente; Alphonse n'emploieroit plus son entêtement qu'à chercher les moyens de déjouer le nôtre, et nous perdrions tout l'avantage de notre supériorité naturelle en n'opposant aux défauts de nos enfans que des défauts pareils, tandis que nous gagnons tout au contraire en leur opposant les qualités correspondantes. D'ailleurs, l'inégalité et l'injustice se glisseroient aussitôt dans nos rapports avec eux : foibles avec Henri, entêtés avec Alphonse, nous céderions trop à l'un, trop peu à l'autre : rien ne seroit plus fâcheux. Le traitement doit être égal; les mêmes principes doivent nous guider dans notre distribution de complaisances et de refus, de châtimens et de récompenses : qu'aucune distinction, aucune disparité ne se laisse apercevoir. C'est dans notre ton, dans notre manière d'ordonner, de parler, que nous devons nous conformer au caractère différent des deux frères. Ce que vous refusez avec fermeté à Alphonse, refusez-le également, bien qu'avec douceur à Henri.

Si vous accordez à celui-ci ce qu'il vous a demandé avec douceur, en le refusant à son frère qui a été impérieux dans sa demande, montrez à ce dernier que votre refus n'est pas causé par la nature même de la chose qu'il vouloit obtenir, puisque vous l'avez accordée à Henri, mais par le ton qu'il a mis dans sa requête. Il sentira que l'inégalité de votre traitement ne vient pas de votre injustice, mais de son propre tort, et cette remarque, au lieu de vous nuire dans son esprit, lui apprendra à se connoître. C'est ainsi que sans tromper ni aigrir ces deux enfans, vous pourrez faire tourner au profit de chacun d'eux votre manière d'être avec son compagnon. Henri, accoutumé à votre douceur, vous verra prendre au besoin un ton sévère avec Alphonse, et l'idée d'une sévérité raisonnable entrera dans sa jeune tête, tandis qu'Alphonse, témoin de la douceur avec laquelle vous répondez aux propositions modestes et timides de son frère, en conclura qu'il y a de l'avantage à être doux, et pourra bien vouloir en essayer. Tâchez que chacun d'eux vous voie pratiquer dans toutes vos relations, la vertu que vous voulez lui enseigner; non-seulement à cause de l'exemple, mais afin qu'il reconnoisse clairement que si vous êtes parfois plus exigeant ou plus sévère avec lui qu'avec ceux qui vous entourent, c'est sa faute et non pas la vôtre.

N'imaginez pas qu'il soit peu important d'étudier ainsi de très bonne heure les dispositions naturelles de vos enfans et d'appliquer soigneusement, dès qu'elles paroissent, les principes que je viens d'indiquer. On disoit à Platon, qui vouloit que l'on reprît un jeune enfant d'une petite faute qu'il venoit de commettre, et qui avoit évidemment sa source dans un penchant de son caractère : *C'est si peu de chose ! — C'est peu de chose, il est vrai,* répondit-il, *mais ce n'est pas peu de chose que l'habitude.* Tous nos penchans ont une forte tendance à devenir des habitudes, et c'est pour cela que, s'ils sont mauvais, il faut les combattre dès qu'on les aperçoit, de peur d'avoir à lutter plus tard contre la force de l'habitude et contre celle du penchant.

Comment les apercevoir ? comment les reconnoître ? C'est ici que l'on ne sauroit donner de préceptes, et que tout est remis à la sagacité attentive des parens. Ce qu'on peut dire, c'est que l'enfance ne dissimule rien, ou se trahit sans cesse : « *C'est nature qui parle,* dit Montaigne, *de qui la voix est lors plus pure et plus naïfve qu'elle est plus gresle et plus neufve.* » Une mère, un père soigneux auront peu de peine à la comprendre, surtout s'ils l'étudient dans les relations qu'ont leurs enfans, soit entr'eux, soit avec de petits camarades. Avec leurs supérieurs, les enfans ne montrent pas toujours ce qu'ils sont, et jamais tout ce qu'ils sont ; la crainte les retient : leurs inclinations, leurs idées s'altèrent en traversant la distance qui les sépare de ceux qui les gouvernent. D'ailleurs, ici ils n'agissent point ou fort peu ; ils reçoivent les impressions qu'on leur présente, se les approprient bien ou mal, et ne déploient guère devant leurs maîtres cette activité dont les motifs et la marche dévoilent les traits du caractère. Plus les parens sauront diminuer ces obstacles qui les empêchent de bien connoître leurs enfans, plus l'éducation deviendra excellente et facile ; mais ils ne pourront les lever tout-à-fait : la nature des choses s'y oppose ; et c'est dans leurs rapports avec leurs égaux, dans leurs récréations, dans leurs querelles que l'on doit apprendre à connoître ces petits êtres dont les penchans, les passions, les pensées se manifestent alors sous leur vraie forme et dans toute leur puissance. *Les jeux des enfans*, dit encore Montaigne, *ne sont pas des jeux, et il les faut juger comme leurs plus sérieuses actions.* C'est pour cela qu'on doit se garder d'y gêner en rien leur liberté ; ce seroit se priver volontairement du meilleur moyen de voir ce qu'ils ont dans l'esprit et dans l'ame : aussi ne saurois-je trop recommander aux pères et aux mères d'examiner leurs enfans aux heures de jeu et de loisir, non comme surveillans, comme guides, mais comme simples observateurs, et pour profiter ensuite de ce qu'ils auront découvert.

Locke, dans son excellent ouvrage sur *l'Education*, a consacré un chapitre à cette vérité : *Qu'on doit avoir égard au tempérament des enfans.* Ses réflexions, bien que peu étendues et peu fécondes, prouvent l'importance qu'il attachoit à cette précaution. Il seroit aisé d'en suivre le développement et de montrer que, dans toutes les circonstances, quel que soit l'état auquel un enfant est destiné, son caractère doit influer sur les moyens dont on se sert pour faire de lui ce que l'éducation veut faire de tous, un homme vertueux. Certains moyens peuvent être constamment applicables ; cependant je suis plus porté à croire qu'il en est de constamment mauvais, et que quant à ceux qui sont bons, leur emploi doit être modifié par les dispositions naturelles de chaque individu. Ce que j'ai dit des divers penchans moraux en est un exemple. J'essaierai un jour d'en donner un autre, en parlant des inégalités et des différences qui existent entre les enfans, sous le rapport des facultés de l'esprit.

F. G.

JOURNAL

ADRESSÉ PAR UNE FEMME A SON MARI, SUR L'ÉDUCATION DE SES DEUX FILLES, AGÉES D'ENVIRON SIX ET HUIT ANS.

Numéro II.

Oui, mon ami, je cause beaucoup avec vos filles ; *nous parlons raison.* Ne vous pressez pas là-dessus de me condamner, de me dire que je les rendrai raisonneuses. J'en prendrois peut-être mon parti, si c'étoit le moyen de les rendre raisonnables ; mais ce seroit, je crois, celui de produire un effet tout contraire. L'enfant raisonnable raisonne pour s'instruire, pour éclaircir ses doutes, pour mettre sa raison d'accord avec la conduite qu'on lui prescrit ; l'enfant raisonneur raisonne pour s'y soustraire, pour mettre le raisonnement à la place de l'obéissance : celui-ci emploie contre l'autorité ce qu'il a de raison ; la raison de l'autre s'emploie en faveur de l'autorité. Pour rendre mes filles raisonnables et les empêcher de devenir raisonneuses, il faut donc que je favorise l'usage du raisonnement nécessaire au développement de la raison, et que j'en décourage l'abus contraire à l'obéissance.

L'obéissance est pour les enfans la première condition de la raison; c'est sous cette égide qu'elle va se former. C'est la coque dans laquelle l'oiseau croît et se développe, et qui ne gêne que les mouvemens extérieurs, en protégeant les mouvemens intérieurs qui doivent servir à le perfectionner. L'obéissance que j'impose à mes filles n'assujettit que leur volonté ; en attendant que leur raison soit formée, c'est à la mienne à ordonner de leur conduite et à aider leur jugement. Je dois donc vouloir d'abord que mes filles m'obéissent ; et ensuite leur donner les moyens d'apprendre qu'il est raisonnable de m'obéir. Elles ne l'apprendront jamais, si je ne leur permets pas de m'exprimer librement leurs doutes ; elles n'auront garde de le croire, si elles n'ont qu'à douter pour se dispenser de l'obéissance. Ainsi, il est important que leur obéissance ne dépende jamais de l'opinion qu'elles pourront avoir sur la chose que je leur commande, afin que cette opinion se forme ensuite raisonnablement, naturellement, sans être pervertie par l'intérêt ; et de plus, afin qu'elles ne puissent pas croire que mes ordres aient besoin, pour être exécutés, d'avoir leur approbation. Elles peuvent donc raisonner, tant qu'il leur plaît, sur ce que je leur ordonne; elles peuvent même être sûres que je ne me refuserai jamais à leur répondre et à entrer en raisonnement avec elles, pourvu qu'elles aient commencé par obéir.

Il y a des cas cependant où je suis obligée de déroger un peu à cette règle; c'est lorsque dans le raisonnement qu'on me fait, il se trouve une idée nécessaire à détruire. Alors je me hâte de répondre, de peur qu'après avoir obéi, comme on n'aura plus d'intérêt à ma réponse, on ne prenne plus la peine de l'écouter. Ainsi, lorsque Louise aura ouvert une porte qu'elle ne sait pas encore fermer, et que je dirai à Sophie de l'aller fermer, Sophie peut être occupée à quelque chose dont elle ne veuille pas se déranger, ou se trouver dans un moment de mauvaise volonté; alors elle ne manquera pas de me dire : *Ce n'est pas moi qui l'ai ouverte.* Si je la contrains à obéir sur-le-champ sans lui répondre, il lui restera l'idée que je veux l'obliger à prendre de la peine pour sa sœur, et cette idée ne sera pas détruite ensuite par une explication dont elle ne se souciera plus. Mais si je lui réponds : *Ta sœur ne pourroit pas la fermer; il faut bien qu'une de nous deux en prenne la peine, et c'est à toi à la prendre plutôt qu'à moi.* Sophie alors n'aura rien à répliquer, elle est déjà accoutumée à penser que mes droits vont avant les siens. Mais, pour qu'elle n'imagine pas que j'aie besoin qu'elle les reconnoisse, j'ajouterai : *Il faut d'ailleurs le faire, parce que je te le dis*. Sophie, qui sait très bien qu'on finit toujours par faire ce que je dis, croira avoir fermé la porte, parce que je le lui ai dit; ainsi son idée générale de la nécessité de l'obéissance ne sera point altérée; mais à cette action particulière, elle attachera l'idée d'une chose raisonnable, d'un devoir qu'elle pourra bien ensuite remplir d'elle-même, si elle y pense et qu'elle se trouve de bonne humeur; ou, si je le lui rappelle, mon ordre ne sera plus qu'un avertissement; sur ce point elle aura déjà substitué la raison à l'obéissance; et tel doit être le progrès de l'éducation.

Mais ce progrès n'est pas toujours si prompt et si facile: il peut trouver des obstacles, ou dans la mauvaise volonté de l'enfant, ou dans un défaut d'intelligence, ou dans le tour qu'auront pris ses idées. Il faut alors aider ou diriger l'esprit, et surtout rendre la mauvaise volonté inutile.

Il se pourra faire, par exemple, que lorsque j'aurai dit à Sophie qu'il vaut mieux qu'elle se dérange que moi, elle m'en demande la raison; si cette question est faite de bonne foi et dans le desir de s'instruire, elle ne la fera probablement qu'après m'avoir obéi; dans tous les cas je ne lui répondrai plus qu'alors, et alors aussi long-temps qu'elle le voudra. Je serai bien sûre qu'elle le veut, tant que ses questions continueront à être raisonnables; du moment où elle n'aura plus d'autre intention que de me tenir tête, ses discours deviendront incohérens, sans suite et sans idées, ils pour-

6

ront même commencer à prendre une teinte d'impertinence; je cesserai aussitôt de lui répondre et même de l'écouter, et elle renoncera bientôt d'elle-même à une petite mutinerie qui n'a ni l'avantage de la soustraire à l'obéissance, ni celui de m'impatienter, et qui ne sert qu'à l'humilier par le peu d'attention qu'elle excite. Si cette discussion n'a pas avancé sa raison, du moins elle ne l'a pas égarée, ce qui seroit peut-être arrivé, si j'eusse imposé silence à ses raisonnemens.

Rien ne me paroît en général plus dangereux, et quelquefois plus injuste; les raisonnemens d'un enfant viennent plus souvent qu'on ne le croit, de l'étonnement où le jette une chose qui ne lui paroît pas conforme aux idées qu'il a de votre justice, et il ne faut pas se méprendre alors à son air d'impatience : nous pourrions bien l'avoir de même, si l'on nous prescrivoit une chose qui nous parût déraisonnable. Mais quand il ne voudroit que se soustraire à votre volonté, il faut apparemment qu'il ait trouvé, à l'appui de ce désir, quelque raison qui lui paroisse bonne, ou du moins plausible; car autrement il ne raisonneroit pas, il se contenteroit de résister. Les enfans vifs et volontaires raisonnent très peu; ils attribuent à leur volonté trop de force pour croire nécessaire de l'appuyer par des raisons. Il en est de même des enfans très petits : c'est après avoir cessé de dire : *Je veux et je ne veux pas*, qu'un enfant commence à raisonner. Il s'aperçoit enfin que sa volonté ne peut rien, c'est un progrès de sa raison ; mais il commence à croire que sa raison a quelque force, c'est là l'erreur dont il faut le détromper : or, pour lui faire connoître la foiblesse de cette raison, il faut lui permettre d'en user. Si vous imposez silence à ses raisonnemens, à l'idée qu'il avoit nécessairement de leur bonté se joindra celle que vous n'avez pu y répondre : il vous accusera à la fois d'incapacité et d'injustice, et son ressentiment grossira vos torts. « Souvent, » dit Fénélon, il faut tolérer des choses qui au- » roient besoin d'être corrigées, et attendre le » moment où l'esprit de l'enfant sera disposé à pro- » fiter de la correction... Si vous le reprenez dans » son premier mouvement, il n'a pas l'esprit assez » libre pour avouer sa faute, pour vaincre sa pas- » sion, et pour sentir l'importance de vos avis. » C'est même, ajoute-t-il, exposer l'enfant à » perdre le respect qu'il vous doit ; » et le respect sera également perdu, soit qu'un enfant à qui j'aurai imposé silence, me désobéisse, soit qu'il garde dans son cœur le sentiment de mon injustice ; car, dans le premier cas, il aura perdu le respect pour mon autorité ; et, dans le second, pour mon caractère.

Cette union du respect pour mon autorité et du respect pour mon caractère, est, je crois, absolument nécessaire pour que mes filles trouvent raisonnable de m'obéir. Rousseau proscrit l'autorité ; je n'en vois pas le motif, et encore moins l'avantage de ce qu'il met à la place. Le frein qui retient l'enfant doit être, dit-il, *la force, et non l'autorité*. J'ai tâché, au contraire, que mon autorité sur mes filles fût établie de si bonne heure, qu'elles ne pussent se rappeler si j'avois commencé par employer ma force. Cette autorité paroît naturelle aux enfans ; elle ne leur donne aucune idée qui répugne à la raison. C'est, au contraire, quand ils n'ont pas de raison qu'ils ne la reconnoissent pas ; car l'être qui a besoin de tout le monde ne peut prétendre à la liberté. Faites donc sentir à l'enfant que, pour l'accomplissement de ses desirs, les seuls besoins qu'il faille lui laisser craindre de ne pas voir satisfaire, il est dans la dépendance de tout le monde : cette idée est raisonnable, et l'accoutumera à la douceur. En lui disant, comme le veut Rousseau, *qu'il est foible et que vous êtes fort, et que, par son état et le vôtre, il est nécessairement à votre merci*, vous ne l'accoutumez qu'à la crainte, sans cesse excitée par l'idée des dangers qu'il doit courir de la part de tant d'êtres plus forts que lui, peut-être méchans, et à la merci desquels il se trouve. Pourquoi auront-ils moins de droit que vous de l'asservir, si votre droit tient à la force ? Ils sont tous forts, et il est foible à l'égard de tous. Voilà l'idée qui doit se présenter naturellement à l'enfant, si on le laisse s'occuper du sentiment de sa foiblesse. C'est ce qui rend craintif et servile l'enfant du peuple, éloigné la plus grande partie du jour de ses parens, et trop peu soumis à leur autorité pour se reposer sur leur force. Vous rendrez nécessairement lâche envers tous l'enfant que vous n'aurez pas accoutumé à se soumettre à l'autorité d'un seul. Il faut bien dire à un enfant qui ne reconnoît pas l'autorité de sa mère, que s'il pleure ou s'il désobéit, le charbonnier viendra l'emporter, ou qu'on le fera prendre par la garde; il faut bien lui faire peur de la grosse voix ou du gros bâton d'un homme qui passe, et l'accoutumer à penser que tout être capable de lui nuire a le droit de le faire obéir : mais l'enfant, accoutumé à l'idée qu'il doit obéir à ses parens, n'imagine pas devoir obéir à d'autres, comme il ne peut rien faire sans leur consentement, aucun ordre n'est rien pour lui s'ils ne l'ont sanctionné; il résiste à la volonté d'un étranger, par ces mots : *Papa me l'a dit*, ou *papa ne le veut pas*; ou seulement, *papa ne me l'a pas dit*; et pour qu'il obéisse à la consigne d'une sentinelle, il faudra que son père le lui ait ordonné. Son père est pour lui ce que sera un jour la raison; il n'obéit qu'à lui, comme il n'obéira qu'à elle : c'est là l'indépendance.

Ce sentiment d'une indépendance raisonnable, le seul garant de la vertu, naîtra donc naturellement, et de bonne heure, dans le cœur d'un enfant accoutumé à respecter l'autorité et le caractère de ses parens; le respect pour leur autorité l'empêchera de rien craindre des autres; appuyé sur leur volonté, il se sentira la force nécessaire à l'indépendance. Le respect pour leur caractère l'empêchera de rien craindre d'eux-mêmes; en leur obéissant, il pensera n'obéir qu'à la justice, personnifiée pour lui dans la personne de ses parens;

et aura pour guide de sa conduite la raison, sans laquelle l'indépendance n'est qu'un vain mot. Quant au respect pour mon autorité, vous savez, mon ami, qu'il tient à ce que je l'ai établie en m'en servant le moins qu'il m'a été possible. L'autorité, comme tous les despotes, ne peut se faire respecter qu'en se montrant fort peu. Il ne faut pas qu'elle inspire l'envie, ni même l'idée de lui désobéir. J'ai évité de défendre; car l'important n'est pas qu'un enfant obéisse, mais qu'il ne désobéisse pas. Je n'ai pas cru, comme Miss Hamilton, dont j'estime d'ailleurs infiniment les principes sur l'éducation, qu'il fallût m'opposer ouvertement aux fantaisies de mes enfans encore petits, quand je pouvois les en distraire; je ne pense pas qu'il soit bon de rompre la volonté des enfans, mais seulement de la diriger; j'ai cru nécessaire, surtout d'accoutumer mes filles à ne pas imaginer qu'elles pussent faire ce que je ne voulois pas; mais j'ai tâché de leur faire vouloir ce que je voulois. L'habitude a commencé; l'opinion qu'elles ont de ma justice fera le reste; jusqu'à ce que leur raison, à mesure qu'elle s'éclairera, accorde un consentement motivé à chacune des actions que je leur prescris, et qu'elles agissent ainsi librement, sans cesser de faire ce que je veux et ce qu'elles voudront aussi : car, dit Rousseau, *l'obéissance à la loi qu'on s'est prescrite, est liberté*. C'est ainsi que je les aurai fait passer de l'obéissance à l'indépendance, sans changer de guide, puisque la raison leur en aura toujours servi.

Mais pour être bien sûre d'arriver là, mon ami, il faudra que je prenne garde de ne me pas trop hâter sur la route. Il faut, à mesure que les idées s'ouvrent, les soutenir et les diriger; mais jamais presser une idée qui ne s'est pas encore présentée d'elle-même, et que nous ferions ainsi éclore avant la maturité, ou plutôt sécher sur la tige. Pour donner aux enfans une raison qui soit à eux, et dont ils puissent se servir long-temps; c'est la marche de leurs idées, et non celle des nôtres qu'il faut suivre dans le perfectionnement de leur raison. Cette marche, c'est à eux à nous l'indiquer. Songeons que nous comprenons toujours nos enfans, et qu'ils nous comprennent rarement. Pour qu'il résulte quelque chose de la conversation, il faut donc que ce soient eux qui en fassent les frais. Aussi j'ai l'habitude, mon ami, si je laisse assez librement raisonner mes filles, de les raisonner très peu. Je ne commence jamais; mes raisonnemens sont toujours des réponses qui ne s'étendent jamais au-delà de la question qu'on m'a faite. Puis-je autrement savoir si on a envie de m'entendre, ou même si on le peut, si l'esprit de celle à qui je parle s'est jamais porté sur la question à laquelle je réponds d'avance? Quant aux ordres ou aux réprimandes, si je leur donne la forme de raisonnemens, il est très sûr que Louise qui sait fort bien à quoi tend un ordre ou une réprimande, mais pas du tout à quoi aboutit un raisonnement, ne m'écoutera pas, et n'en fera ni plus ni moins. Sophie croira que je lui demande son avis, ou du moins qu'il me faut son approbation; car puisque je lui donne des raisons, j'ai donc besoin qu'elle les trouve bonnes, et c'est me résister que de les trouver mauvaises. Ce qui rend un enfant raisonneur, ce n'est pas de le laisser parler, mais de lui parler beaucoup; c'est lui fournir un moyen de combattre à armes égales : contre l'autorité il n'a rien à opposer; mais contre la parole il a la parole, et il s'en sert.

Rien en tout n'est si parfaitement inutile que de raisonner un enfant pour le faire obéir. S'il est bien disposé, le raisonnement n'est pas nécessaire; dans le cas contraire, il ne sert de rien. Un enfant n'est presque jamais déterminé par la raison que vous lui donnez; il a son motif, mais qui lui vient de lui et non pas de vous. Il faut donc tâcher de lui donner des motifs pour obéir, mais non pas espérer qu'il cède aux vôtres. Fénélon voudroit qu'on rendît raison aux enfans de tout ce qu'on leur enseigne. « C'est, leur direz-vous, pour vous » mettre en état de bien faire ce que vous ferez » un jour; c'est pour vous former le jugement, » pour vous accoutumer à bien raisonner sur » toutes les affaires de la vie. » Je ne crois cette méthode bonne que pour les encourager. Sophie, remplie du plaisir d'avoir bien fait son devoir, est charmée que je lui explique l'utilité de ce qu'elle vient de faire, que j'en augmente le mérite ou l'importance; mais au moment où elle prend son livre, tous les avantages que je pourrois lui promettre de l'étude, lui paroîtroient bien futiles en comparaison de l'ennui qu'elle va lui causer, et ce n'est que lorque Louise a raconté à ses petits-cousins l'histoire d'Adam et d'Eve, qu'elle vient me débiter sur l'avantage de la science deux ou trois maximes très sages, que je ne me hasarderois pas à lui rappeler, lorsqu'il s'agit de réciter sa leçon.

Mon ami, j'écoute et je profite; je m'instruis beaucoup plus que je n'instruis, songeant beaucoup plus à étudier la route qu'à la tracer. Circonspecte à faire avancer ces jeunes esprits, mais attentive à ce qu'ils ne s'écartent pas, je ne m'en fie à ma raison que pour empêcher le mal; c'est à la leur à produire le bien. On chasse les insectes, mais on ne fait pas grossir le fruit avant le temps; et le *tuteur* attaché à l'arbre n'oblige sa tige à s'élever vers le ciel qu'en l'empêchant de se courber vers la terre.   P. M.

DES MOYENS
D'EXERCER ET DE PERFECTIONNER LES SENS.

(Traduit de l'allemand de Salzmann.)

Tous ceux qui se sont occupés d'éducation ont recommandé aux maîtres de s'appliquer à exercer et à perfectionner dans leurs élèves les organes de la sensation; mais ils l'ont fait en termes vagues, sans donner des préceptes particuliers: aussi n'a-t-on jusqu'ici rassemblé à cet égard qu'un petit nombre d'expériences. J'en ai fait quelques-unes avec beaucoup de soin ; les lecteurs trouveront peut-être quelque intérêt à les voir racontées avec exactitude.

Il n'est point nécessaire, dans ce genre de recherches, d'examiner de quelle manière notre esprit reçoit l'idée des impressions faites sur les organes de nos sens. Quand nous venons au monde, ces organes sont encore insensibles, ou bien notre esprit n'a pas encore acquis la faculté de percevoir les impressions qu'ils reçoivent. Quoi qu'il en soit, le sens du toucher paroît être le premier qui se développe en nous : il y a lieu de croire que nous sommes quelque temps sans acquérir le sens de l'ouïe, et, selon toute apparence, l'odorat se manifeste le dernier de tous. Tous ces sens se montrent d'abord très imparfaits, et ne nous communiquent que des impressions fort obscures. Ils se perfectionnent par degrés, à mesure que l'exercice et l'expérience viennent les développer. Il est difficile de calculer jusqu'à quel point peut être poussé ce perfectionnement. Nous voyons tous les jours dans les hommes dont les occupations exigent un exercice particulier de la vue ou du toucher, ces sens acquérir une finesse supérieure à celle qu'on remarque dans les autres hommes; et l'on a connu des aveugles qui avoient acquis, à force d'attention, la faculté de distinguer les couleurs au toucher. Ces exemples de personnes qui, par le degré de perfection qu'elles ont su donner à un de leurs sens, sont parvenues à remplacer à peu près celui qu'elles avoient perdu, sont même en trop grand nombre pour qu'on puisse les rapporter ici. Je crois cependant en devoir citer un ou deux.

Il y avoit à Puiseaux un aveugle-né chimiste et musicien. Il avoit appris à lire au moyen de lettres en relief, et l'avoit enseigné de même à son fils. Il jugeoit de la distance à laquelle il se trouvoit du feu par le degré de chaleur qu'il en recevoit, et s'apercevoit du voisinage des objets dont il s'approchoit, par la différence des impressions que produisoit l'air sur son visage. Il distinguoit une rue ouverte d'un cul-de-sac, toujours par les impressions que recevoit son visage, sensible aux plus légères variations de l'atmosphère. Sa main étoit comme une balance très exacte et une mesure infaillible au moyen de laquelle il pouvoit estimer avec une grande justesse le poids d'un corps et la capacité d'un vase. La plus petite inégalité sur une surface polie ne pouvoit lui échapper. Il étoit sensible à la plus légère variation dans le ton de la voix. L'aveugle Saunderson, professeur de mathématiques à Cambridge, étoit doué d'une telle délicatesse de tact, que parmi un grand nombre de pièces de monnoie, il savoit distinguer une pièce fausse, bien qu'imitée assez parfaitement pour tromper l'œil le plus fin. Parmi les aveugles, je ne dois pas oublier non plus ce sculpteur qui, dix ans après avoir perdu la vue, modela en terre la tête du grand-duc Cosme.

Un nommé Kersting, mort il y a peu d'années, offre en ce genre un exemple plus récent, et encore plus frappant. Cet homme, dans sa jeunesse, avoit été souvent obligé de traverser à une heure avancée de la nuit un passage obscur. La peur lui faisoit souvent fermer les yeux. Cette circonstance lui fournit l'occasion d'une remarque qui lui fut extrêmement utile lorsque par la suite il devint aveugle, c'est que lorsqu'il s'approchoit d'un corps solide, il sentoit sur tout son corps une certaine chaleur. Il renouvela souvent cette expérience en marchant les yeux fermés, et reçut constamment la même sensation à l'approche des objets placés devant lui. Il en vint à ne se jamais heurter contre aucun de ceux qui se trouvoient sur son passage; et, par ce moyen, lorsqu'il se trouva être devenu sourd et aveugle, il pouvoit aller partout sans danger. Dans sa cécité, non-seulement il écrivit un Traité sur la manière de ferrer les chevaux, mais il portoit à un tel degré de délicatesse le sens du toucher, qu'il lisoit dans les livres imprimés en gros caractères, en passant sur les lettres le bout de ses doigts. Il s'amusoit à cultiver un jardin, il greffoit et émondoit ses arbres fruitiers, plantoit ses ognons de tulipes et d'hyacinthes, marcottoit ses œillets, etc. Tous les matins, il examinoit ses plantes et ses fleurs, les distinguoit parfaitement au toucher, et n'avoit pas sur ses arbres un bouton ou un bourgeon qui ne lui fût connu. Quant à sa surdité, il la regardoit comme un malheur sans remède. Un matin cependant que sa femme se trouvoit par hasard la bouche appuyée contre son épaule, au moment où elle donnoit quelques

DE L'ÉDUCATION.

ordres à la servante qui entroit dans la chambre, il sentit dans son bras une suite de sensations inusitées qui attirèrent son attention. Alors, mettant la main devant la bouche de sa femme, il lui fit prononcer dans leur ordre toutes les lettres de l'alphabet, et reçut de chacune une sensation différente, qu'il retint avec soin, et qu'il trouva être toujours la même à la répétition de la même lettre. Il acquit ensuite par la pratique une telle promptitude à distinguer les sons de cette manière, que, pour causer avec lui aussi facilement que s'il n'eût pas été sourd, sa femme n'avoit qu'à lui prendre la main et la poser sur sa bouche tandis qu'elle parloit, sans hausser la voix. La première fois qu'elle lui avoit fait entendre l'alphabet de cette manière, mais en prononçant très-fort, lorsqu'elle en vint à la lettre *R*, il éprouva comme une sorte de suffocation; il sentit son cœur oppressé, tressaillit et trembla de tous ses membres, et poussant un cri de douleur, il dit à sa femme : *Mon Dieu, que me faites-vous donc ?* Aussi évita-t-elle par la suite cette lettre avec grand soin. Elle la prononçoit, quand elle y étoit absolument obligée, aussi doucement qu'elle le pouvoit. On dit que cet homme sourd et aveugle paroissoit presque toujours heureux et content. Il avoit beaucoup de gaieté, et des idées extraordinairement nettes et claires.

Pour me convaincre par moi-même de la possibilité de perfectionner les sens, j'ai fait, à diverses reprises, des essais sur divers élèves de notre Académie (1), et les résultats de ces essais m'ont donné des preuves convaincantes. Dernièrement, pour rendre mes observations plus précises, j'en ai choisi deux, W**, de Langensalz et L. de H*, de Copenhague, et je les ai exercés trois dimanches de suite, pendant l'espace d'une heure ou deux de la soirée. Des essais si courts n'ont pu conduire à des prodiges; mais on verra, par le journal suivant, que la privation d'un sens n'est pas absolument nécessaire pour le perfectionnement des autres.

Le 27 janvier. W** et H*, les yeux parfaitement bandés, ont appris aujourd'hui à distinguer, et avec une grande facilité, 1°. les pièces d'or des pièces d'argent, les monnoies prussiennes de celles de Brunswick, un double louis d'or français neuf des pièces d'or de Prusse et de Saxe; ils ont appris à séparer, dans un certain nombre de pièces d'or neuves, celles de Saxe, de Prusse et de France, et tout cela très-promptement; 2°. à reconnoître exactement, par le poids, le nombre de louis jusqu'à douze ou quatorze, placés en pile sur leurs doigts étendus; 3°. à distinguer très promptement, dans toutes les monnoies, la face et le revers; 4°. à reconnoître une pièce de six sous prussienne parmi plusieurs autres de même valeur; 5°. à distinguer les différentes sortes de bruits produits autour d'eux à dessein; 6°. à écrire assez vite, mais pas très clairement.

_____

(a) A Schnepfenthal.

Le 3 février. 1°. Ils ont distingué, au toucher, de vieux écus français des écus neufs. 2°. Ils ont reconnu le nombre de rixdalers allemands placés en pile sur leur main jusqu'au nombre de treize. H*, en particulier, se trompoit rarement sur ce point, de quelque manière que je voulusse m'y prendre. Ainsi, je plaçois sur sa main deux rixdalers, puis trois, puis six, ou bien deux, cinq et sept, et il me disoit chaque fois précisément le nombre que j'avois mis. J'ôtois ensuite ou j'ajoutois irrégulièrement à la pile différens nombres, et il n'a jamais manqué de me dire exactement ce qu'il avoit sur la main. 3°. Il a trouvé la place de la date d'un rixdaler, mais n'a pu dire l'année. 4°. Il a distingué avec son doigt, sur un grosch hessois, le nombre 24. On a voulu ensuite qu'il reconnût ce que portoit le revers, et on lui a demandé : Est-ce une tête ? — *Non.* — Qu'est-ce que c'est ? — *Ce n'est pas un cheval.* — Qu'est-ce donc ? — *Une vache.* C'étoit au fait le lion de Hesse, et je dois dire qu'il ne savoit pas que j'eusse cette pièce, et qu'il n'en avoit jamais vu de cette espèce. 5°. J'ai pris un livre, et leur ai fait reconnoître à tous les deux l'épaisseur d'un feuillet, puis de cinq ensemble, puis de dix ; leur ayant ainsi fourni un point de comparaison, je leur ai donné à reconnoître, en les pressant entre le doigt et le pouce, dix feuillets, puis quarante, vingt, trente-six, cent, soixante, cinquante, etc. De cette manière ils ont appris à la fin à reconnoître le nombre de feuillets qu'ils touchoient, ou fort exactement, ou seulement avec quelques légères erreurs de deux à cinq feuillets. 6°. J'ai mis le livre entre les mains de l'un d'eux, je l'ai prié de l'ouvrir où il lui plairoit, et de me dire la page, ce qu'il a fait plusieurs fois très exactement, quoiqu'il eût à multiplier par deux dans sa tête le nombre que lui donnoit le toucher, l'épaisseur indiquant le nombre des feuillets, et non pas celui des pages. En général les méprises ont été peu considérables, et ne s'étendoient pas à plus de huit pages.

Le 10 février. Nous n'avons pu aujourd'hui nous exercer beaucoup, parce qu'il est venu du monde. La soirée n'a cependant pas été tout-à-fait perdue : 1°. Ils ont distingué très-promptement différentes pièces d'or, particulièrement des pièces de Prusse, de Saxe, de Brunswick et de France. 2°. Ils ont répété la deuxième expérience de dimanche dernier sur les rixdalers. H* en a dit le nombre plusieurs fois jusqu'à seize, et ne s'est presque jamais trompé. J'ai souvent jugé au poids le nombre que je mettois sur sa main, ne le connoissant pas moi-même. J'ai ainsi reconnu qu'il n'avoit pas oublié les impressions de dimanche dernier. M. L* étoit présent, et a été fort surpris. 3°. Les exercices cinq et six de dimanche dernier ont été répétés, en ayant soin de leur donner de nouveau le point de comparaison. H* a dit la page si exactement que j'en étois étonné ; et un de ses camarades qui est entré dans la chambre, a fait observer qu'on pourroit bien soupçonner quelque supercherie. J'avois d'abord eu moi-même quelques doutes, et j'avois pensé qu'il pouvoit voir à travers le mouchoir. En conséquence, quoique je le regarde comme un des jeunes gens les plus sincères de tout le Danemarck, j'ai noué un second mouchoir par-dessus le premier; mais cela n'a produit aucun changement, il a reconnu à différentes fois et très promptement les pages 70, 84, 60, 88, 68, 104, 116, 56, 84, 76, 84, 86; dans les autres nombres il s'est trompé neuf fois d'un seul feuillet, neuf fois de deux, cinq fois de quatre ou de cinq; et deux fois seulement de neuf et de dix.

Que l'on songe que c'est là ce qu'ont fait des commençans très peu exercés, et l'on ne mettra plus guère en doute que les sens ne soient susceptibles d'un perfectionnement dont il est difficile d'assigner les limites.

LES ENFANS DU VIEUX CHATEAU,

OUVRAGE DESTINÉ A L'INSTRUCTION ET A L'AMUSEMENT DE LA JEUNESSE. *Dédié à S. A. I. et R. la Princesse Zenaide, Infante d'Espagne; par Mad. J*******.

Le prix de chaque livraison, de deux volumes in-18, est de 3 fr. 50 c., et 4 fr. par la poste. — On souscrit à Paris, chez Renard, libraire de S. A. I. la Princesse Pauline, Princesse Borghèse, rues de Caumartin, n°. 12, et de l'Université, n°. 5; chez Delaunay, libraire, Palais-Royal, galeries de bois; chez Bailleul, imprimeur, rue Helvétius, n°. 71; et chez le Normant, imprim.-libr., rue de Seine, n°. 8, près le pont des Arts.

Ce n'est pas une chose indifférente que le choix à faire parmi cette foule d'ouvrages destinés aujourd'hui à l'amusement de l'enfance. Je ne crois cependant pas, je l'avoue, qu'il puisse guère y en avoir dans le nombre de décidément nuisibles ou dangereux. Ce n'est point sur les idées prises dans des livres, que se forment le caractère, ni les idées des enfans : aucune lecture ne les émeut assez pour leur faire une impression qui passe l'amusement. Leur imagination n'est pas assez forte pour leur rendre présente une scène dont ils ne sont pas réellement témoins, encore moins pour leur y faire prendre une part personnelle, et qui puisse exciter en eux des sentimens capables d'affecter leur disposition morale. Vous ne voyez guère un enfant pleurer au récit de l'histoire qui l'intéresse le plus, ou rire lorsqu'il entend raconter une chose qui l'auroit fait rire s'il l'avoit vue. Son maintien, lorsqu'il vous écoute, exprime l'attention et non la vivacité des sentimens. Si vous lui causez quelque émotion, elle tiendra à cette facilité qu'ont tous les enfans d'être émus sans être vraiment touchés, au son de votre voix, à quelque circonstance particulière, et probablement extérieure, qui aura excité en eux le rire ou les larmes, toujours si prêts à répondre au premier appel. Mais en général un enfant ne sent que ce qui lui arrive, et de même ne s'applique qu'à ce qu'on lui dit; il n'a pas assez de liaison dans les idées pour rapporter à sa propre conduite les préceptes qu'il voit donner à un autre enfant. Il ne s'est fait encore qu'un très petit nombre de règles générales, et excepté les principaux devoirs, comme obéir, dire la vérité, etc., auxquels il sait bien que tous les enfans sont assujettis comme lui, il est porté à regarder ses devoirs comme dépendans absolument de la volonté de celui qui le gouverne. Il entre dans ses notions de justice, que cette volonté soit uniforme pour tous les enfans soumis à une même autorité, mais elles ne vont pas plus loin ; et s'il pense que son frère doit être traité comme lui, il ne sera point du tout étonné de voir défendre à son petit-cousin ce qui lui est permis, et ne songera point de lui-même à se croire obligé aux choses que l'on recommande à *Charles*, *Eugène*, ou *Alexandrine* dont on lui aura fait lire l'histoire. « Les fables, dit Rousseau, » peuvent instruire les hommes, mais il faut dire » la vérité nue aux enfans ; sitôt qu'on la couvre » d'un voile, ils ne se donnent plus la peine de le » lever. » Rien n'est plus vrai, mais il ne me paroît pas conséquent de chercher ensuite à prouver que la morale des fables de La Fontaine peut être fort dangereuse pour les enfans; ils ne s'appliquent pas plus la moralité générale d'une fable, que le caractère et la conduite d'un lion ou d'un renard: c'est là un de ces voiles qu'ils ne prennent pas la peine de lever, et je crois qu'on n'a guère entendu d'enfant donner pour motif ou pour excuse de sa conduite la moralité d'une fable, ou l'exemple tiré d'un conte qu'on lui aura fait lire.

Je ne pense donc pas qu'il y ait beaucoup à craindre ni beaucoup à espérer pour le caractère des enfans; du résultat de leurs premières lectures; mais il est possible que, selon leur nature, elles contribuent à déterminer quelques-unes des habitudes de leur esprit. Ainsi, les livres qui, dans un cadre capable de les amuser, renferment des idées et des sentimens qu'ils ne peuvent comprendre, les accoutument à retenir trop facilement des mots qui ne leur présentent aucun sens, et à dispenser leur raison et leur jugement de prendre part à leurs plaisirs. Cet inconvénient n'est pas le même quant aux objets de leurs études. Il faut bien se résoudre à faire apprendre quelquefois aux enfans des choses qu'ils n'entendent pas, du moins complétement; car, dans les objets dont on les occupe, et qu'il est nécessaire de fixer de bonne heure dans leur mémoire, il est presqu'impossible qu'il ne se rencontre pas des choses hors de leur portée : mais on ne les leur donne pas pour intelligibles; ils savent que, pour en obtenir l'explication, il faut qu'ils attendent qu'ils soient plus grands. Ce ne sont point pour eux des mots et des phrases sans idées, ils y attachent au contraire une idée fixe et positive, celle d'une chose qu'ils ne savent pas : ce sont des instrumens mis de côté jusqu'à ce qu'ils aient appris à s'en servir, et non pas des instrumens qu'ils emploient à leur fantaisie, sans en connoître le véritable usage. D'ailleurs, le travail de mémoire que fait un enfant qui apprend même ce qu'il ne comprend pas, en exerçant une de ses facultés, le sauve des inconvéniens de cette occupation molle et lâche qu'il trouveroit dans une lecture qui lui feroit passer son temps, sans lui demander aucun exercice de sa raison, de son jugement, ou même de son intelligence. Trop de gens se plaisent à engourdir leurs propres facultés par des lectures insignifiantes qui ne leur laissent plus ensuite la force de prendre intérêt à celles où leur esprit auroit quelque chose à faire; il ne faut pas hâter cette disposition dans les enfans. C'est pourquoi je voudrois aussi qu'on ne leur permît pas trop habituellement la lecture des contes, et les contes de fées me paroissent les plus mauvais de tous. Un enfant croit tout également, parce que son ignorance lui fait paroître tout également extraordinaire, et que son jugement n'est pas assez fort pour lui faire sentir qu'il y ait rien d'impossible. Vous lui dites qu'une histoire n'est pas vraie, il vous croit aussi; mais il en résulte pour lui une sorte de vague et d'incertitude sur les idées qu'il doit se former; car sa confiance en vous a bien de la peine à l'emporter sur la confiance qu'il est disposé à accorder à l'histoire qu'on lui raconte. Il l'interrompt plusieurs fois pour renouveler la question : *Cela n'est pas vrai?* Il a besoin qu'on l'en assure, tant il a de peine à fixer ses idées sur la nature d'une chose qu'on lui raconte, et qui n'est pas arrivée, tant il lui est difficile de concevoir cette existence fictive des personnages d'un conte. Son imagination, comme je l'ai dit, ne le transportant pas au milieu de l'action qu'on lui raconte, ne lui rend pas présens les objets dont on lui parle, en sorte qu'il ne peut les comparer avec ce qu'il connoît. Il ne sait ce que c'est que vraisemblance; et n'est par conséquent choqué d'aucune invraisemblance ; aussi, l'histoire la plus extravagante lui donnera-t-elle autant de plaisir que l'histoire la plus naturelle, et il s'accoutumera à laisser son imagination errer dans le vague, à l'amuser d'objets qui ne lui présenteront aucune idée distincte, et ne lui demanderont aucun effort de jugement.

Un ouvrage périodique qui se publie avec succès depuis environ dix-huit mois, *Les Enfans du Vieux Château*, me paroît avoir évité la plupart de ces inconvéniens. Ce n'est point, comme *Berquin*, un recueil de contes, mais, comme *les Veillées du Château*, le tableau de la vie d'une famille retirée à la campagne, et composée du père, de la mère, de deux fils et d'une nièce. Dans cette fiction ainsi continuée, les mêmes personnages reparoissant toujours, finissent par se présenter à l'imagination des enfans d'une manière plus claire et moins vague. *Alphonse*, *Caroline*, *Théophile*, deviennent des êtres sur lesquels leur pensée peut s'arrêter comme sur des êtres réels, dont le caractère peut faire l'objet de leurs réflexions, auxquels ils peuvent se comparer ; car ce ne sont plus pour eux des personnages fabuleux auxquels ils croient simplement en raison de leur penchant à croire et sans motif de confiance, mais des personnages qui ont acquis pour leur esprit une sorte de présence, des enfans avec lesquels ils vivent en société. Cet avantage est soutenu par la vérité des caractères ; chacun des trois enfans a le sien, parfaitement marqué, parfaitement suivi, mélange naturel de défauts et de bonnes qualités; il se retrouve constamment dans les petites scènes dont se compose la vie des *Enfans du Vieux Château*, dans les réflexions et les discussions que font naître entr'eux les récits du père et de la mère. Ces récits sont quelquefois des contes, car on ne peut entièrement les interdire aux enfans; mais ce sont, le plus souvent, des extraits de voyages rendus plus intéressans par les connoissances personnelles de l'auteur, qui, ayant beaucoup voyagé, anime ses narrations d'une foule de détails locaux, propres à exciter l'attention des enfans et à se fixer dans leur imagination. Toujours de ces récits sort quelque idée, quelque sentiment moral, et toujours cette morale est excellente : ces sentimens sont ceux qu'on doit présenter aux enfans. Toujours contenu dans les plus justes bornes, sans exaltation, même pour la vertu, qui se présente constamment sous les formes de la raison et de la modération, l'auteur n'a point cherché à exciter dans le cœur des enfans ces sentimens qu'on doit y laisser venir naturellement. Point d'éloge de la sensibilité, de la bienfaisance, quoique *les Enfans du Vieux Château* se montrent sensibles et bons. Leur tendresse pour leurs parens se manifeste sans cesse, mais on ne la met point à de trop fortes épreuves: elle se fait connoître surtout par leur obéissance. La bonté avec les inférieurs, mais sans familiarité; le courage sans témérité et sans exagération; enfin toutes les vertus modérées, les seules qu'on puisse enseigner, voilà ce qu'enseignent à leurs enfans M. et Mad. de Jonchère, dont la morale n'a d'autre défaut que de s'exprimer quelquefois d'un ton un peu trop élevé, et peu d'accord avec le naturel parfait qui se fait remarquer dans le dialogue de leurs enfans. Mais le soin qu'a Théophile, le plus jeune de tous, de se faire expliquer les mots qu'il n'entend pas, sauve une partie de cet inconvénient, et en fait même résulter un avantage.

Le mérite des *Enfans du Vieux Château* ne se borne pas à la morale et à l'amusement; les leçons que font répéter à leurs enfans M. et Mad. de Jonchère, composent un petit cours d'instruction excellent en quelques parties, telles que la partie de la mythologie qu'on présente dans ce petit ouvrage, arrangée de la manière la plus convenable pour les enfans, et en même temps la plus intéressante. On y trouve aussi les premières notions d'histoire profane, rassemblées dans des extraits fort clairs, et mis parfaitement à la portée des enfans. On pourroit reprocher à l'auteur, dans quelques parties plus savantes, telles que l'histoire naturelle, la physique, etc., de n'avoir pas suivi toujours les meilleurs guides, et de se laisser entraîner à quelques erreurs populaires : inconvénient du reste fort léger, puisque les instructions contenues dans un ouvrage de ce genre ne peuvent que donner aux enfans la première idée des connoissances qu'ils acquerront un jour, leur faire pressentir le plaisir qu'ils y pourront trouver, et leur inspirer le desir de s'en occuper d'une manière plus solide.

Cet ouvrage, un des meilleurs en ce genre qui ait été fait depuis long-temps, peut être mis, sans inconvénient, entre les mains des enfans depuis l'âge de six ans, quoique plus spécialement destiné à ceux de dix et de douze.   P. M.

MÉTHODE POUR APPRENDRE A LIRE,

D'APRÈS CAMPE. (1)

TOUTES les méthodes pour apprendre à lire sont bonnes, en ce sens qu'il n'en est aucune par laquelle on ne parvienne tôt ou tard, bien ou mal, à faire lire l'enfant; mais qu'elles soient toutes également bonnes, c'est ce que nul homme raisonnable ne sauroit penser. Les meilleures sont évidemment celles qui fixent le plus l'attention de l'enfant sans le fatiguer, c'est-à-dire sans l'ennuyer, et qui se conforment le mieux à la marche naturelle que suivent, dans leur développement, son esprit et ses idées. Les enfans ont une logique et une volonté; l'une est plus rigoureuse et l'autre plus puissante

---

(1) L'ouvrage où cette méthode est exposée et développée est intitulé (en allemand): *Nouvel Abécédaire, avec des planches*, par Joach.-Henri Campe. Il parut pour la première fois à Altona, en 1778, et l'édition fut si complétement épuisée, que l'auteur, voulant en donner une nouvelle trente ans après, eut peine à s'en procurer un exemplaire. Cette nouvelle édition, augmentée et améliorée au point de faire presqu'un nouvel ouvrage, a paru à Brunswick, en 1807: c'est de celle-là que nous rendons compte.

qu'on ne pense : ils ont si peu d'expérience qu'on fausse sans peine leur logique; ils sont si foibles qu'on enchaîne aisément leur volonté ; cela est facile, mais funeste : ce qui est utile et important, c'est de seconder dans ce qu'on leur enseigne, la justesse naturelle de cet esprit qui ne desire que de connoître et de diriger vers ce qu'on veut lui faire faire les premiers élans de cette volonté qui ne demande qu'à se déployer.

On doit donc chercher, dans les méthodes d'enseignement, à faire de l'enfant un être actif qui exerce sur ce qu'il apprend ses forces naissantes, et non un être passif, placé là pour recevoir ce que l'on veut confier à sa mémoire ou à sa pensée. Il a besoin d'agir; dès qu'il agit, son attention se fixe et ce qu'il fait se grave dans sa jeune tête bien mieux que ce qu'il entend. Vous aurez de plus, en le faisant agir, l'avantage de voir de quelle manière il commence à penser; vous étudierez l'enchaînement de ses idées, et vous en profiterez, pour prendre garde à ne lui en donner aucune qui trouble les petites opérations de son esprit, toujours retardé par ce qui le dérange.

La méthode de M. Campe, ou plutôt celle qu'il a développée, est fondée sur ces considérations. Personne n'ignore qu'en enseignant à lire aux enfans, ce qu'il y a de plus difficile, c'est de retenir sur le livre leurs yeux toujours prêts à errer dans l'appartement, et de fixer sur l'examen des lettres leur attention trop peu absorbée par une étude où ils sont immobiles et obligés de regarder constamment au même endroit. Si les enfans pouvoient agir et mettre dans ce petit travail plus de mouvement, de spontanéité, n'y apporteroient-ils pas aussi plus d'intérêt, plus de zèle? ne retiendroient-ils pas ce dont ils se seroient occupés eux-mêmes plus sûrement et plus nettement que ce dont on les occupe, sinon malgré eux, du moins sans qu'ils y prennent une part bien active? Par exemple, ne reconnoîtroient-ils pas mieux et plus tôt la forme des lettres, si, au lieu de se borner à la regarder, ce qu'ils ne font pas toujours, même quand ils paroissent le faire, ils la dessinoient, la traçoient eux-mêmes d'abord, ce qu'ils feront sûrement avec plaisir et ne peuvent faire sans attention? M. Campe en est persuadé, et c'est pour cela qu'il veut qu'on apprenne à lire aux enfans en leur apprenant à écrire: cela n'est guère praticable que pour ceux qui apprennent à lire un peu tard, par exemple, vers l'âge de cinq ou six ans, car c'est alors seulement que la main commence à être assez sûre pour pouvoir tracer des traits; mais je ne doute pas qu'alors cette méthode ne soit plus facile, plus prompte et moins ennuyeuse. Écrire, c'est transmettre nos pensées à ceux à qui nous ne pouvons parler; lire, c'est connoître les leurs: ces deux arts sont si intimement liés, qu'en les unissant dans l'instruction, l'étude de l'un doit faciliter celle de l'autre. Qu'on ne se serve pas en commençant de plumes, d'encre et de papier, car, ou l'on feroit attention à la tenue de la plume, ce qui détourneroit l'attention de l'enfant; ou on la négligeroit, ce qui lui donneroit de mauvaises habitudes de main; une grande planche noire et un morceau de craie taillé en pointe sont ce qui vaut le mieux; l'enfant imitera en grand la forme des lettres, et apprendra ensuite bien plus aisément à se servir d'une plume. M. Campé a développé les procédés de cette méthode, dans des dialogues qui sont, dit-il, le fruit de l'expérience qu'il a acquise en enseignant à ses petits enfans. Je vais, pour en donner une idée, traduire, en l'abrégeant, le premier de ces entretiens : il commence d'une manière un peu métaphysique, et l'on pourroit amener plus naturellement l'enfant à reconnoître le besoin de certains signes pour exprimer ses pensées à ceux à qui il ne peut les dire; il seroit, par exemple, très simple et très facile d'exciter sa curiosité sur une lettre qu'on vient de recevoir devant lui; mais j'ai cru ne ne pas devoir changer à ce point le dialogue de l'auteur.

Le grand-père. Alfred, je pense à quelque chose; peux-tu voir ma pensée? — *Alfred*. Non, bon papa. — *Le grand-père*. Peux-tu l'entendre? — *Alfred*. Non plus. — *Le grand-père*. Regarde bien, écoute bien; vois-tu ou entends-tu quelque chose? — *Alfred*. Rien du tout. — *Le grand-père*. Tu crois donc qu'on ne peut ni voir ni entendre les pensées? — *Alfred*. Oui, je le crois. — *Le grand-père*. Prends garde. Quand on te parle, on te dit ce qu'on pense; ne l'entends-tu pas? — *Alfred*. Oui. — *Le grand-père*. N'y a-t-il pas quelque moyen de le faire voir aussi?

— *Alfred.* Je n'en connois point. — *Le grand-père.* Il y en a un, mon ami; quand tu le sauras, tu pourras faire connoître tes pensées à tes petits camarades absens, et savoir quelles sont les leurs. N'en seras-tu pas charmé? — *Alfred.* Oui, bon papa; mais comment cela s'appelle-t-il? — *Le grand-père.* Cela s'appelle *écrire* et *lire.* En écrivant, nous rendons visible, à l'aide de certains signes, ce que nous pensons; en lisant, nous connoissons ces signes, et nous voyons ce qu'ont pensé les autres. Veux-tu apprendre comment cela se fait? — *Alfred.* Certainement; cela est-il bien difficile? — *Le grand-père.* Non, mon ami; tu vas voir. Approchons-nous de cette table noire.

(*Il prend la craie, et trace sur la table un* a *en gros caractère.*)

Tu vois bien ce que je viens de faire? Cela s'appelle *a.* Peux-tu en faire autant? — *Alfred.* Pourquoi pas? (*Il imite l*'a.) — *Le grand-père.* Très bien; ton *a* est aussi beau que le mien. C'est là une lettre; faisons en une autre.

(*Il trace un* n.)

Celle-ci s'appelle *ne.* Essaie d'en faire un. — *Alfred.* Le voilà. — *Le grand-père.* Tu connois déjà deux lettres; passons à une troisième.

(*Il trace un* e.)

Ceci s'appelle *e.* Fais un *e.*

(*Alfred trace un* e.)

— *Le grand-père.* Fais à présent ton *a,* ton *n* et ton *e* à côté les uns des autres. (*L'enfant les retrace.*)

Le grand-père. Comment cela fait-il ensemble? — *Alfred.* Cela fait *ane.* — *Le grand-père.* Tu vois bien, tu sais déjà écrire et lire le mot *ane.* Ainsi, quand tu penseras à un *âne*, et que tu voudras faire connoître ta pensée à quelqu'un à qui tu ne pourras la dire, tu sauras écrire le mot qui désigne un *âne*, et si tu le voyois écrit, tu saurois le lire. Tu verras que dans peu de temps je t'aurai fait connoître assez de lettres pour écrire toutes tes pensées, etc. etc. etc.

Je n'ai pas besoin de pousser plus loin cette conversation. En la développant et la répétant, on l'appliquera à toutes les combinaisons des lettres; et l'enfant, amusé par un travail qui occupe à la fois ses yeux, ses doigts, sa voix, son esprit, et où il est le personnage le plus actif et le plus important, apprendra à lire avec beaucoup moins de peine, et sera bien préparé pour apprendre à écrire. Il faut avoir soin de lui faire prononcer souvent les lettres et les mots à mesure qu'il les écrit, pour qu'il en connoisse le son; de les lui montrer en même temps dans un livre, afin qu'il s'accoutume à les retrouver sous des dimensions différentes et dans un ordre plus régulier : enfin, de ne lui offrir d'abord que des mots dont les objets lui soient familiers, et des combinaisons de lettres simples; car un des principes les plus vrais et les plus essentiels à observer en éducation, c'est de ne présenter à l'enfant les difficultés que successivement et l'une après l'autre. On ne sauroit rompre le faisceau de flèches unies; on les brise une, à une dès qu'on les sépare ; ainsi se lèvent les obstacles.

Dans le cours du dialogue, j'ai appelé *ne* la lettre *n*, au lieu de l'appeler *en*, comme on le fait ordinairement. J'aurois dit pareillement *fe*, *le*, *me*, au lieu de dire *ef*, *el*, *em*. Cette manière de prononcer les consonnes, connue depuis long-temps, et employée par quelques mères, ne l'est pas encore assez. Je crois, avec M. Campe, qu'elle est infiniment préférable à l'ancienne, qui blesse cette loi naturelle que la raison est toujours portée à suivre et à établir, la loi de l'*analogie*.
« Rien ne nous est plus facile à apprendre et à
» imiter que ce qui est conforme à cette règle ;
» rien n'est plus pénible et plus embarrassant que
» ce qui la contrarie. C'est à l'analogie, qui pré-
» side à la formation des mots, que nous devons
» la rapidité avec laquelle nos enfans apprennent
» à parler ; et si l'on y fait attention, on verra
» que les plus jeunes sont ceux qui suivent le plus
» exactement une loi à laquelle d'ailleurs ils ne
» sauroient comment se soustraire. Cela est sur-
» tout frappant dans leur première enfance, lors-
» qu'ils sont obligés de se former sans cesse des
» mots eux-mêmes, parce qu'ils ne savent pas
» ceux dont on se sert (1) ; et c'est en dépit de

---

(1) J'ai vu une petite fille de trois ans qui, sachant que l'on disoit *lire*, et entendant dire à sa sœur aînée, *j'ai lu*, lui reprochoit de ne pas dire, *j'ai li*, ce qu'elle croyoit bon, parce qu'elle le trouvoit analogique. Ces exemples seroient faciles à multiplier.

» cette loi, appui de la raison de l'enfance, des-
» tinée à faciliter ses découvertes et ses jugemens,
» que l'on a donné aux consonnes des dénomi-
» nations si diverses ! Qu'on se mette à la place
» de l'enfant, et que l'on se demande quels doi-
» vent être son étonnement et son embarras, lors-
» qu'après avoir dit *be*, *ce* et *de*, il est forcé de dire
» *éf*, *ache*, *ka*, *em*, *qu*, etc. etc. » Que l'on se
figure encore la peine qu'il aura ensuite à combiner les consonnes prononcées de la sorte, avec
des voyelles. Vous voulez lui faire lire *fa* ; guidé
par l'analogie, il lira *efa*, et vous serez obligé de
lui dire qu'il a tort, ce qui dérangera ses raisonnemens et troublera sa mémoire. Le même dérangement l'attend presque à chaque consonne. Ne
vaut-il pas mieux, en lui apprenant à les connoître, lui apprendre aussi à les prononcer toutes
comme suivies d'un *e* muet, et lui faire dire *be*,
ce, *de*, *fe*, *ge*, *he* (simple aspiration), *le*, *me*,
ne, *pe*, etc. ? Vous pouvez ensuite lui donner
pour règle générale que lorsque, dans une syllabe,
une voyelle se joint à une consonne, l'*e* muet
s'élide, et qu'au lieu de dire *bea*, *cea*, etc., on dit
ba, *ca*. Cette règle ne souffrira aucune exception.
Tandis qu'après lui avoir dit qu'on prononce *fa*
et non *efa*, vous aurez encore à lui dire qu'on
prononce *ha*, et non pas *achea* (1), *qa*, et non pas

---

(1) Cela est si vrai que la plupart des enfans qui épè-
lent, quand ils en sont à la syllabe *ha*, disent *ache*, *a*,
fait *cha*; et il faut leur répéter souvent que *ache*, *a* fait *ha*
pour les en convaincre.

qua, etc. Ajoutez à cela que l'*e* muet n'étant pas une lettre accentuée, mais le simple résultat de l'exspiration, vous pouvez faire comprendre aisément à l'enfant pourquoi il doit le retrancher dans la prononciation de la consonne suivie d'une voyelle, en lui montrant que c'est ce qui arrive toujours quand on parle; car on ne dit pas *bouche-ouverte*, mais *bouch'ouverte*; *porte-étroite*, mais *port'étroite*: tandis que vous n'auriez à lui donner aucun exemple du retranchement de la voyelle qui précède la consonne. Vous lui avez fait dire *ef* pour *f*, vous ne pouvez pas lui montrer que dans la conversation l'*e* placé devant l'*f* s'élide, car vous dites *effacer*, et non pas *facer*.

La prononciation des syllabes qui, bien que composées de deux lettres, n'ont qu'un son, comme *ai*, *au*, est, pour les enfans qui apprennent à lire, une nouvelle source de difficultés. Pourquoi ne fait-on pas entendre les deux voyelles, et à quel signe reconnoître qu'elles ne forment qu'un son ? M. Campe propose de les unir, dans les *Abécédaires*, par un petit trait horizontal, placé au dessous. Ainsi, on écrira que

ai *se prononce* è ou é;

au *se prononce* o.

Une forme particulière, facile à distinguer, indiquera ainsi aux yeux et à la mémoire de l'enfant, la prononciation de ces syllabes, qui sans cela le surprennent et l'embarrassent. Dès qu'il sera assez familiarisé avec la lecture pour lire ailleurs que dans

8

son *Abécédaire*, vous lui direz que cette petite barre transversale n'étoit destinée qu'à lui faire reconnoître le son unique de ces deux voyelles ensemble. La difficulté consistoit à le lui apprendre, sans troubler ses idées d'analogie et de régularité; il le sait maintenant; le petit artifice dont vous vous étiez servi disparoît.

Ce qu'ont de vraiment utile ces dernières observations, c'est qu'elles sont applicables à toutes les méthodes, et peuvent être mises à profit par celui qui voudra d'abord faire connoître les lettres à ses enfans, les faire ensuite épeler, leur présenter enfin des mots entiers, comme par celui qui leur apprendra à lire et à écrire en même temps. Quand des parens croient aux avantages d'une méthode quelconque, et qu'ils en ont l'habitude, il faut qu'ils s'en servent : la manière dont ils l'appliquent, le soin qu'ils apportent à l'enseigner clairement et patiemment, ont souvent plus d'importance que la nature même de la méthode. Cela est indubitable; mais cela n'empêche pas que telle méthode, à égalité de patience et de soins, ne puisse valoir mieux que telle autre, et que par conséquent il ne soit utile de l'indiquer. F. G.

LE DÉFAUT DE COMPLAISANCE,
CONTE.

MADAME DE LOVILLE avoit deux filles, Ernestine, âgée de treize ans, et Fanny qui n'en avoit que dix. Ernestine étoit extrêmement raisonnable : elle l'avoit été de si bonne heure, que dès l'âge de neuf ans, sa mère n'avoit plus à la reprendre sur ses devoirs qu'elle remplissoit avec exactitude, et aussi bien que le permettoit son âge ; elle s'étoit formée de bonne heure aux habitudes d'une obéissance prompte, sans humeur et sans raisonnement ; en sorte que sa mère sembloit n'avoir plus d'ordre à lui donner. Pour indiquer à Ernestine ce qu'elle avoit à faire, elle se contentoit de la regarder, et ce regard n'avoit l'air que d'un avertissement : aussi Ernestine à treize ans étoit-elle remarquée pour son excellent maintien ; lorsqu'il venoit du monde chez sa mère, sans se mêler jamais à la conversation, ce qui ne convient point à une jeune personne, elle écoutoit d'un air attentif et modeste, répondoit à propos, quelquefois en rougissant un peu, lorsqu'elle ne connoissoit pas beaucoup la personne qui lui parloit, mais sans cet air d'un embarras maussade auquel se laissent aller les jeunes personnes qui ne savent pas prendre sur elles et faire effort sur leur timidité ; évitant également le ton sec et brusque, bien plus ridicule encore, par lequel les jeunes filles croient quelquefois se donner un air dégagé. Aussi étoit-elle citée par les amies et les connoissances de sa mère, comme une jeune personne accomplie. Il ne lui manquoit que d'avoir su se faire aimer de ses compagnes.

Ce n'étoit pas qu'Ernestine n'eût un bon cœur, elle n'étoit point moqueuse, ne prenoit point plaisir à remarquer les défauts des autres, et auroit été incapable de chercher à leur attirer des reproches, mais elle manquoit de complaisance. Exacte envers les autres, comme elle l'étoit pour elle-même, jamais elle ne vouloit leur rien accorder, passé ce qu'elles avoient le droit d'exiger. Lorsqu'elle étoit avec d'autres jeunes personnes à une fenêtre pour voir passer quelque cortége, il étoit impossible, si elle étoit arrivée la première, d'obtenir d'elle qu'elle cédât la place de devant, même à une plus petite qui se morfondoit derrière elle, et tâchoit inutilement de voir par-dessus son épaule ou par-dessous son bras. Si, travaillant ensemble, ses jeunes amies s'amusoient à changer d'ouvrage, Ernestine s'obstinoit à garder le sien, et se fâchoit sérieusement si une d'elles, en riant, faisoit mine de vouloir le lui ôter des mains. Elle serroit soigneusement ses livres et ses effets, refusant de les confier, même de les montrer à ses compagnes lorsqu'elles les lui demandoient. Cependant Ernestine étoit généreuse, elle aimoit à donner, et ne regrettoit jamais ce qui n'étoit plus à elle; mais, tant qu'une chose lui appartenoit, elle craignoit tellement qu'on n'empiétât sur ses droits, qu'elle refusoit tout ce qu'on lui demandoit, non

DE L'EDUCATION.

par envie de désobliger, non qu'elle eût besoin dans le moment de ce qu'elle refusoit, mais parce qu'il lui sembloit qu'on lui ôtoit quelque chose de ce qui lui appartenoit, quand on en faisoit usage comme elle.

Si, avec une pareille disposition, Ernestine eût été d'un caractère turbulent, inattentif; si elle eût sans cesse perdu sa clef de la commode, ce qui l'eût obligée d'avoir recours à celle de sa sœur; si elle eût eu souvent besoin de son secours pour débrouiller son fil ou rattacher le cordon de sa robe; si à la promenade elle eût été souvent obligée d'employer ses amies à chercher avec elle son gant ou son bracelet perdus dans l'herbe; les refus qu'elle eût quelquefois essuyés, lui eussent fait sentir la nécessité de la complaisance : mais toujours rangée, toujours en ordre, ne donnant aucun avantage sur elle, Ernestine n'avoit jamais rien à demander aux autres, et se croyoit par là dispensée de leur rien accorder. Cependant, comme elle étoit naturellement bonne, après un premier refus où l'entraînoit toujours son caractère, elle auroit eu souvent envie de revenir, pour peu qu'on l'eût priée; mais on se gardoit bien d'acheter sa complaisance à ce prix, et Ernestine, piquée comme si on lui eût fait une injustice de vouloir l'obtenir pour rien, se confirmoit par la contrariété dans un défaut qui lui devenoit presqu'aussi incommode qu'aux autres.

Sa sœur Fanny étoit d'un caractère tout opposé: la meilleure enfant du monde, mais d'une étourderie, d'une légèreté inconcevable; toujours prête à faire ce que vouloient les autres, sans réfléchir si elle le pouvoit; elle ne se demandoit même pas toujours si elle le devoit; toujours disposée à leur donner tout ce qu'elle possédoit, si malheureusement tout ne se fût pas toujours trouvé cassé ou perdu. Malgré de fréquentes disputes, les deux sœurs s'arrangeoient bien ensemble, parce que si Ernestine n'accordoit rien, Fanny oublioit l'instant d'après ce qu'elle avoit paru desirer le plus vivement, et faisoit d'ailleurs habituellement la volonté de sa sœur qu'elle aimoit, et dont elle respectoit la raison. Ernestine aimoit aussi Fanny très tendrement, et auroit été fort affligée de lui voir du chagrin, quoiqu'elle ne se prêtât pas à lui faire le plus petit plaisir.

On étoit en hiver; les deux sœurs furent priées à un bal : c'étoit le premier de l'année. Comme elles avoient un an de leçons de danse de plus que l'hiver précédent, elles espéroient bien trouver plus de danseurs. D'ailleurs une de leurs tantes leur avoit donné des robes neuves qu'elles devoient mettre pour la première fois ce jour-là; et Fanny, sur l'argent de ses étrennes, avoit acheté pour elle et sa sœur deux bouquets de roses blanches, qui devoient compléter leur parure. Tous les plaisirs étoient donc réunis dans cette invitation. Elles firent un cri de joie quand leur mère leur lut le billet; et Fanny, en attendant les violons, se mit à chanter et à danser l'anglaise d'un bout de la chambre à l'autre, sans songer que sa mère venoit de la gronder pour une leçon qu'elle n'avoit pas sue. C'étoit la quatrième depuis quatre jours. Il étoit impossible de fixer son attention deux minutes de suite. Désolée quand elle voyoit sa mère mécontente, elle n'en recommençoit pas moins le lendemain, ne prévoyoit jamais un malheur qu'au moment où il arrivoit, et ne croyoit jamais manquer de temps pour remplir ses devoirs, qu'au moment où elle s'apercevoit qu'il étoit passé. Mad. de Loville voulant saisir cette occasion de lui faire, s'il étoit possible, une forte impression, interrompit son anglaise pour lui déclarer qu'elle n'iroit au bal que si, durant toute la semaine qui devoit le précéder, ses leçons étoient sues, et ses devoirs remplis. Fanny s'arrêta un peu, déconcertée, alla lentement reprendre son livre, et crut se mettre à étudier; mais l'idée du bal lui étoit revenue dans la tête; elle chantoit l'anglaise entre ses dents, et si sa mère ne l'eût vingt fois avertie, la leçon eût été comme les jours précédens.

Elle n'alla pas beaucoup mieux; mais Mad. de Loville ne vouloit pas être trop sévère. Il en fut de même les jours suivans; Mad. de Loville répétant : « J'espère, Fanny, que cela sera mieux su » samedi, » qui étoit le jour du bal, et celui où l'on répétoit les leçons de la semaine. Fanny répondoit : « Oui, maman; » et s'en alloit en sautant de joie de n'avoir plus à penser à rien jusqu'au lendemain.

Le vendredi, Mad. de Loville avoit acheté à ses filles des éventails pour le bal; Fanny passa une partie de la matinée à en faire briller les paillettes au soleil, et à s'émerveiller du reflet qu'elles produisoient sur son papier à écrire, où, pendant ce temps, il ne se formoit pas une seule lettre.

Malheureusement pour elle, sa mère, en conférence avec un homme d'affaires, n'avoit pu la surveiller. Ernestine lui avoit dit deux ou trois fois: « Fanny, écris donc. » Fanny, toujours admirant son éventail, lui avoit répondu : « Je ne sais plus » où est mon exemple ; aide-moi à le chercher. » Ernestine, qui cherchoit bien, l'auroit trouvé tout de suite ; mais, occupée à terminer promptement ses devoirs, elle n'avoit pas voulu employer son temps à faire travailler sa sœur. L'heure d'étudier les leçons étoit arrivée ; Fanny, pour se consoler de n'avoir pas écrit, s'étoit mise à lire des contes qu'elle avoit soin de cacher sous son livre d'histoire. C'étoit tromper sa mère ; mais Fanny n'avoit garde d'y penser : elle ne réfléchissoit pas plus à la nature de ses actions qu'à leurs conséquences, et faisoit le mal comme un enfant de cinq ans, sans connoître la moitié du mal qu'elle faisoit.

Arrive l'heure de la promenade ; il faisoit une belle gelée ; Ernestine aimoit beaucoup à se promener, et devoit répéter les leçons au retour. Fanny, effrayée enfin du temps qu'elle avoit perdu, pria sa sœur de demander de ne pas aller à la promenade. Il lui paroissoit moins terrible de faire déclarer sa faute par un autre, que de l'avouer elle-même. Ernestine s'y refusa, dit qu'elle vouloit aller se promener; que sa sœur pouvoit faire ce qu'elle voudroit, mais que pour elle, elle n'en diroit rien. Fanny se fâcha, répondit à sa sœur qu'elle se passeroit bien de sa complaisance, et se mit à courir, légère comme si elle n'avoit rien eu à se reprocher. Quand l'humeur de la dispute fut passée, Ernestine eut bien quelques regrets, mais il n'étoit pas dans son caractère de revenir. On rencontra à la promenade une amie de Mad. de Loville, qui l'engagea à dîner avec ses filles, et à passer la journée chez elle. On rentra fatigué; Fanny se coucha sans penser à rien. Le lendemain aucune leçon ne fut prête, d'autant qu'Ernestine avoit laissé Fanny chercher une demi-heure son livre, plutôt que de lui prêter le sien. La page d'écriture étoit à moitié faite, et tout de travers. Fanny passa à pleurer le temps qu'elle auroit dû employer à réparer. Enfin, après une matinée d'angoisses, il fut décidé qu'elle n'iroit pas au bal.

Ernestine étoit consternée : elle sentoit tout ce qu'elle avoit à se reprocher ; la couturière arriva apportant les robes neuves; elle voulut essayer celle de Fanny qui se sauva en sanglottant. Ernestine, les larmes aux yeux, courut à sa mère lui avouer son tort. Madame de Loville, extrêmement fâchée de ce caractère peu complaisant qu'elle voyoit à Ernestine, même pour sa sœur, lui répondit assez sévèrement que d'avoir eu un tort n'étoit pas un titre pour obtenir une grâce, et lui refusa celle de Fanny. Celle-ci pleuroit; Ernestine n'avoit guère le cœur moins gros, mais elle ne disoit rien, parce qu'elle étoit fière, et que pour s'affliger avec Fanny, il auroit fallu reconnoître son tort. Quand elle se représentoit le moment où elle partiroit pour le bal sans sa sœur, il lui venoit presque une sueur froide; cependant la pensée de renoncer à ce bal où elle ne se promettoit plus aucun plaisir, ne lui venoit pas, ou ne lui venoit qu'à moitié; l'idée de se sacrifier soi-même étoit une chose à laquelle Ernestine ne pouvoit s'accoutumer. Sa mère la regardoit d'un air froid qui la désoloit, mais elle retenoit ses larmes; cependant elle retardoit le moment d'aller s'habiller, prévoyant quel seroit dans ce moment le désespoir de sa sœur. Enfin, sa mère lui ayant ordonné d'y aller, il fallut lui obéir; mais, en entrant dans la chambre où pleuroit Fanny, elle ne savoit plus où elle en étoit. Elle commença à s'habiller sans oser regarder sa sœur; pour Fanny, elle regardoit Ernestine sans détourner les yeux de dessus elle, et à chaque objet qu'on ajoutoit à son habillement, les sanglots redoubloient. Ernestine commençoit à ne pouvoir retenir ses larmes; Fanny qui la vit pleurer, et qui n'avoit pas de rancune, vint l'embrasser, et lui dit : « Quand tu t'amuseras, songe un peu à moi. » Alors Ernestine sentit son cœur se fendre. « Mon Dieu, dit-elle avec angoisse, comment faire! » car elle ne supportoit plus l'idée de partir, ni encore celle de rester. Enfin, quand on vint lui apporter, pour le mettre, le bouquet blanc, et qu'elle pensa que c'étoit cette pauvre Fanny qui le lui avoit donné, elle ne put y tenir; et repous-

sant le bouquet, elle courut demander à sa mère de lui permettre de ne pas aller au bal. Sa mère la regarda d'un air satisfait qui l'affermit dans sa résolution; et Ernestine ayant répété qu'elle ne vouloit pas aller au bal, elle l'embrassa tendrement, et lui dit: « Mon enfant, je crois que tu fais bien. » Ernestine sentit alors une véritable joie, elle alla bien vite se déshabiller sans se trop arrêter aux regrets, aux lamentations, aux caresses de Fanny, à qui elle auroit peut-être été tentée de dire en ce moment: « Tu aurois bien dû savoir tes leçons. » Elle trouva, en revenant, sa mère qui achevoit le billet d'excuse, elle alla elle-même le donner pour qu'on le portât, et en le donnant, elle acheva un soupir qu'elle avoit retenu quelque temps; puis vint se rasseoir auprès de sa mère, d'un air, non pas gai, mais tranquille. Madame de Loville lui ayant représenté doucement le tort qu'elle avoit eu de manquer de complaisance envers sa sœur: « Cela
» est singulier, maman, dit Ernestine, j'en ai
» beaucoup moins de regret à présent que cela
» m'empêche d'aller au bal, que je n'en avois
» auparavant. »

Madame de Loville l'embrassa. « Mon enfant,
» lui dit-elle, la bonté de Dieu nous a laissé les
» moyens d'expier nos fautes, d'abord pour en
» obtenir le pardon, et puis pour nous en conso-
» ler. Il arrive quelquefois de faire des fautes irré-
» parables; alors le souvenir qu'elles nous laissent
» seroit impossible à supporter, si pour l'adoucir
» il ne nous étoit permis de penser aux bonnes

» actions qui nous restent à faire ; et plus ces
» bonnes actions sont difficiles, plus elles nous
» coûtent de peine, plus elles nous distraient du
» souvenir de nos fautes. Il ne faut jamais se dé-
» courager ; car quelque mal qu'on ait fait, il
» reste toujours du bien à faire, et par conséquent
» des consolations à recevoir. »

Ernestine promit à sa mère qu'elle ne se décou-
rageroit jamais ; et Mad. de Loville continua :
« Mais ce n'est pas assez d'expier les fautes, il
» faut en profiter. Il m'a semblé que Fanny fai-
» soit assez généralement ta volonté. Explique-
» moi, mon enfant, par quel hasard tu n'as jamais
» pu obtenir d'elle d'être plus attentive à ses
» leçons ? ».

« Je ne le lui ai jamais demandé, » dit Ernestine, en rougissant un peu.

« Que lui demandes-tu donc ? »

« Des choses qui me regardent, » répondit
Ernestine, toujours plus embarrassée. « Ai-je
» donc le droit de lui demander de prendre ses
» leçons ; cela ne regarde qu'elle. »

« Et quel droit as-tu donc de lui demander de
» sacrifier sa volonté à la tienne, lorsque c'est
» pour des choses qui ne sont utiles qu'à toi ? »

Ernestine n'en savoit rien, et répondit seulement qu'elle ne demandoit point à sa sœur de
faire sa volonté, mais que cela se trouvoit tout
naturellement.

« Tu pourrois le lui demander, reprit Mad. de
» Loville, si c'étoit pour son propre avantage. »

« Mais, maman, Fanny me riroit au nez, si
» je lui demandois de prendre ses leçons par
» complaisance pour moi. »

« Oui, parce que tu l'as accoutumée à penser
» que tu ne desires rien obtenir d'elle que pour
» ton propre avantage. Mais si, par ta facilité à
» lui céder sur les choses qui te regardent, tu lui
» faisois penser que tu as en vue de lui faire
» plaisir et de lui être utile, elle seroit reconnois-
» sante des soins que tu prendrois pour qu'elle se
» conduisît de manière à n'être pas grondée, et
» elle auroit pour ta raison une déférence qu'elle
» ne peut avoir tant que la complaisance sera de
» son côté et non pas du tien ; car si elle te cède
» quelquefois, et que tu ne lui cèdes jamais, elle
» doit se croire plus raisonnable que toi. »

Ernestine fut frappée de ce que lui disoit sa mère. Le sacrifice auquel elle venoit de se soumettre lui avoit fait connoître ce qu'ont d'agréable les sentimens généreux. Peut-être d'ailleurs n'étoit-elle pas insensible au plaisir de forcer Fanny à convenir qu'elle étoit la plus raisonnable, ce que Fanny lui avoit nié quelquefois. Elle alla trouver sa sœur, et la pria, en l'embrassant, d'apprendre ses leçons, pour satisfaire sa mère. Comment Fanny auroit-elle pu en ce moment refuser quelque chose à Ernestine ? Elle se mit à étudier. Ernestine l'aida. Les négligences de la veille furent réparées, et Mad. de Loville, contente de ses deux filles, passa la soirée à leur lire une histoire qui leur fit oublier le bal. Deux jours après, elles reçurent une nouvelle invitation ; les leçons furent sues par les soins d'Ernestine. Le jour arriva, on se para, on mit les bouquets blancs avec une joie inexprimable. « Vois, disoit Ernestine à Fanny, si j'avois été au » bal l'autre jour, ma robe seroit sale, et je ne » serois pas aujourd'hui si bien mise que toi. » Fanny ne pouvoit contenir ses transports; mais au bal, Ernestine, en dansant, regardoit continuellement si sa sœur étoit priée; elle sembloit l'avoir prise sous sa protection et être chargée de ses plaisirs. Depuis les nouvelles idées que lui avoit données sa mère, elle croyoit se sentir grandie de plusieurs années. Cela lui rendoit la complaisance si facile, que bientôt ses compagnes ne la reconnurent plus; elles la regardoient presque comme une grande personne dont elles aimoient à faire la volonté; parce qu'elles étoient sûres que lorsqu'elle tenoit à une chose, ce n'étoit plus par caprice et par humeur. Fanny, en particulier, se croyoit obligée de suivre tous ses conseils; et lorsqu'elle devint raisonnable, elle avoua que c'étoit à sa sœur qu'elle le devoit.   P. M.

NOUVELLES LITTÉRAIRES

CONCERNANT L'ÉDUCATION (1).

Un Journal fort estimé qui s'imprime à Heidelberg sous le titre de *Feuilles de Heidelberg*, fait un grand éloge d'un petit ouvrage intitulé: *De l'Enseignement de la Religion Chrétienne;* par J. G. Muller (à Winterthur, 1809). L'instruction religieuse ne doit point être une instruction purement morale; il faut la rattacher d'abord à des faits. La Bible et les Evangiles doivent en être la première base: c'est aux parens à choisir dans les Livres saints les faits et les maximes les plus propres à préparer l'esprit des enfans aux grandes vérités de la religion. Telle est l'idée principale de cet ouvrage, idée que l'on ne sauroit trop reproduire et développer. (*Feuilles de Heidelberg*, 2e année, 44e cahier, 1809, pag. 225.)

— Les *Essais sur différens Sujets relatifs à l'Education des Filles;* par J. G. H. Ziegenbein (Blankenbourg, chez Wesche, 1809), renferment plusieurs morceaux intéressans, entr'autres: 1°. Un

___

(1) Nous prendrons dans les Journaux étrangers les renseignemens et les nouvelles qui peuvent intéresser nos lecteurs. On ne s'étonnera pas de nous voir revenir sur des Journaux déjà un peu anciens par leur date, si ce qu'ils contiennent est nouveau pour la France, et mérite l'attention.

Coup d'œil historique sur la naissance et l'établissement des Ecoles de jeunes Filles : l'auteur passe en revue l'Angleterre, la France, l'Italie, l'Allemagne, et donne des renseignemens curieux sur les ouvrages publiés à ce sujet ; 2°. *De l'Influence des Mères sur l'Education religieuse des Enfans*, etc. (*Feuilles de Heidelberg*, 3ᵉ année, 19ᵉ cahier, pag. 227.)

— M. A. G. L. Vangerow a publié à Hirschberg (chez Thomas, 1809), un ouvrage intéressant sur *les Ecoles d'Industrie*, établissemens où l'on pourroit former les enfans à des travaux manuels, et donner ainsi aux enfans des pauvres un métier utile, aux enfans qui sont destinés à avoir de l'aisance, des connoissances et des idées sur les métiers et la technologie en général. L'impératrice Marie-Thérèse avoit fondé, en 1686, plus de cent écoles d'industrie en Hongrie et en Bohème ; et M. Vangerow s'efforce, dans son ouvrage, de remettre en crédit les établissemens de ce genre, un peu négligés de nos jours. Il propose le mode d'organisation et les règlemens qui lui paroissent convenables, et cherche à prouver que ces maisons pourroient être en même temps pour les enfans du peuple des maisons d'éducation. (*Feuille de Heidelberg*, 3ᵉ année, 19ᵉ cahier, pag. 230.)

ANNALES DE L'ÉDUCATION.

DE L'INÉGALITÉ DES FACULTÉS, DE SES INCONVÉNIENS ET DES MOYENS DE LES PRÉVENIR.

Tous les hommes naissent avec des facultés semblables bien qu'inégales; s'ils ont plus ou moins de mémoire, d'imagination, d'attention, aucun d'eux n'en est complétement dépourvu. Quelques-uns possèdent ces avantages à un degré très éminent; d'autres ne les ont reçus qu'à un degré fort inférieur; mais cette inégalité des individus entre eux, quant aux facultés de l'esprit en général, n'est pas ce que l'Éducation a le plus d'intérêt à examiner; la disparité qui en résulte n'est qu'un fait qu'elle doit reconnoître pour resserrer ou étendre proportionnellement le champ qu'elle a à parcourir; une fois reconnu, ce fait est peu fécond en développemens utiles. Ce qui importe toujours, c'est d'étudier l'inégalité des facultés entre elles dans chaque individu, afin de savoir quelles sont celles dont la foiblesse demande à être fortifiée, pour que l'empire trop exclusif des autres ne détruise pas ce juste équilibre qui assure à chacune d'elles la part d'influence qu'elle doit avoir dans l'exercice de notre esprit.

L'existence de cette inégalité naturelle est incontestable; la nécessité de cet équilibre ne l'est pas moins. Quelles que soient la portée de notre intelligence et la sphère où elle doit agir, elle a besoin que la mémoire lui fournisse les matériaux de l'expérience, que l'attention les examine sous leurs diverses faces, et que l'imagination, toujours prompte à décider parce qu'elle est prompte à voir, n'empêche pas le jugement de mûrir ses arrêts. Si la mémoire manque, l'esprit sera trompé, parce qu'il oubliera ce qu'il auroit besoin de se rappeler; si elle domine exclusivement, l'esprit, embarrassé de ses souvenirs, deviendra minutieux, incertain, et perdra de son étendue. L'imagination est-elle trop forte? elle entraîne l'homme si rapidement, qu'il ne peut rien examiner; est-elle trop foible? il avance terre à terre et avec lenteur, sans connoître ces plaisirs ou arriver à ces découvertes qui demandent un vol plus élevé et plus agile. L'équilibre des facultés est dans l'intelligence humaine ce qu'est dans le monde physique l'équilibre des forces: il maintient l'ordre sans gêner le mouvement. Toute faculté, assez puissante pour suspendre ou enchaîner l'action des autres est un despote, et, pour être sain, l'esprit a besoin d'être libre.

C'est donc un devoir impérieux pour l'Education, que de s'opposer, dès l'origine, à une source si féconde d'inconvéniens et d'erreurs: peut-elle espérer d'y réussir? comment doit-elle s'y prendre?

Nous avons vu que des parens attentifs ne sauroient manquer de moyens pour combattre ce qu'il y a de mauvais dans le caractère de leurs enfans, et tourner vers le bien leurs dispositions naturelles: ils peuvent, si je ne me trompe, se promettre encore plus de succès pour ce qui concerne les dispositions de l'esprit. Les penchans moraux diffèrent entre eux par leur nature même : l'emportement est l'opposé de la douceur; la foiblesse est le contraire de la fermeté, et l'Education ne parviendra jamais à mettre la fermeté où la nature a mis la foiblesse, ni la douceur à la place de l'emportement : tout ce qu'elle peut tenter, comme je l'ai dit, c'est d'enseigner à l'enfant, par l'exemple et le développement de sa raison, comment il doit soumettre ce qui est mal à l'empire de ce qui est bien. Mais les facultés intellectuelles ne diffèrent que par leur degré de force et d'étendue : elles existent toutes dans l'enfant, et toutes sont bonnes; on n'en a aucune à combattre; il s'agit simplement de nourrir, de presser, de fortifier celles qui seroient tentées de rester dans l'enfance. Aussi l'esprit est-il plus traitable que le caractère; ses facultés se développent plus lentement, et, pour ainsi dire, plus à notre insu; elles ne sont pas les moteurs immédiats de la volonté : nous ne rencontrons dans nos soins pour les diriger et les régler que les obstacles qui naissent de la nature même des choses; l'enfant ne nous oppose pas ici cette résistance capricieuse ou raisonnée qui naît des contrariétés que nous lui causons, et qui, trouvant presque à chaque moment

9.

une occasion de se déployer, retarde le succès de nos efforts. Ajouterai-je que la raison des parens eux-mêmes qui s'impatientent quelquefois de l'opposition qu'ils ont à vaincre, doit être plus calme et moins sujette à perdre de vue son but, lorsque rien ne vient la combattre sur sa route ?

De là vient que les enfans n'ayant aucun intérêt à nous cacher le goût naturel qui les porte à exercer telle ou telle faculté plutôt que telle autre, tandis qu'ils cherchent quelquefois à nous déguiser les penchans de leur caractère, nous pouvons plus aisément reconnoître ce goût, et agir en conséquence. Ils sont fort enclins à nous faire part des nouvelles connoissances qu'ils acquièrent et des impressions qu'elles produisent en eux : le desir d'étendre leurs idées et le besoin de nous en occuper les conduisent sans cesse à nous mettre à portée d'examiner sous quel point de vue ils considèrent de préférence les objets, et quelles facultés se déploient d'abord dans leur jeune tête. J'ai connu deux enfans élevés ensemble et à peu près de même âge : lorsqu'ils avoient été frappés d'un objet ou d'un spectacle nouveau, et qu'ils en faisoient le récit, l'un le peignoit avec vivacité, il l'exagéroit, l'embellissoit, y mêloit des circonstances étrangères ; l'autre le décrivoit avec exactitude, le retraçoit nettement, avec détail, et disoit sans cesse, lorsque son frère racontoit : *Non, ce n'est pas cela.* Celui-ci, sentant fort bien qu'il s'étoit laissé entraîner, se taisoit alors et laissoit parler son compagnon. L'un avoit cette mémoire minutieuse que donne une observation attentive ; l'autre, cette mémoire souvent infidèle, fruit d'une imagination mobile : aussi le premier étoit-il doué d'un goût et d'un instinct d'imitation que le second n'avoit pas et qu'il admiroit beaucoup. De telles différences se manifestent de bonne heure, en toute occasion ; et si des parens qui ont eu peu de peine à les reconnoître, ne négligent jamais de les consulter, ils verront bientôt que cette étude leur fournira mille moyens de travailler à mettre de l'équilibre entre les facultés naissantes de leurs enfans.

L'expérience ne tardera pas à les convaincre que leurs travaux ne sont point inutiles. Comment ne prouveroit-elle pas en effet la possibilité de fortifier dans l'enfance les facultés foibles ou paresseuses, tandis que nous voyons les tentatives de ce genre réussir dans l'âge mûr ? Personne n'ignore le pouvoir qu'ont l'exercice et l'habitude, pour rendre la mémoire plus facile, l'attention plus soutenue ; c'est une remarque vulgaire que nos facultés, au lieu de s'user, s'accroissent par l'usage : les exemples des succès de la volonté qui s'attache au perfectionnement d'une faculté quelconque sont innombrables. C'est ici que viennent se ranger la finesse de tact des aveugles, la force de tête des calculateurs, etc. Mais, indépendamment même des efforts d'une volonté raisonnée, ne sait-on pas que les hommes qui s'occupent de beaucoup de travaux différens où ils ont presque exclusivement besoin tantôt de mémoire, tantôt d'imagination, tantôt de réflexion, sentent chacune de ces facultés diminuer, ou augmenter en eux, selon qu'ils se livrent à ce qui l'exerce, ou à ce qui la laisse oisive ? Forcez un homme doué d'une imagination vive et féconde à faire de longues recherches chronologiques ; quand il les aura terminées, il aura grand'peine à composer tout-à-coup des vers faciles et brillans ; qu'il s'abandonne quelque temps à son imagination, il en retrouvera toute la richesse. L'habitude a donc ici sa puissance accoutumée. Que sera-ce chez les enfans qui n'ont point encore d'habitudes contraires à celles que nous voulons leur faire contracter, qui nous laissent maîtres de diriger et d'exercer, comme nous le jugeons nécessaire, des facultés encore incertaines, qu'ils n'ont pas encore appris à connoître, et dont leur volonté ne s'est pas encore emparée pour les employer à son gré ?

Le pouvoir de l'éducation pour régler le développement de l'esprit est donc incontestable. Comment doit-elle s'en servir pour le rendre vraiment efficace et utile ? Cette question est compliquée, et demande beaucoup de développemens.

Et d'abord, qu'on ne s'avise pas de combattre directement une faculté prédominante ; cette tentative n'auroit, je crois, pour résultat que de dénaturer, de dérouter l'esprit, qui perdroit ainsi son originalité, sa vigueur, et qui peut-être reviendroit tôt ou tard à sa disposition primitive, avec cette violence que cause une longue contrariété. C'est un beau don du ciel qu'une faculté supérieure, quelle qu'elle soit. Est-ce à nous de rejeter un présent qui nous élève et nous honore, ou d'en diminuer la valeur? Parce qu'un enfant est doué d'une imagination ardente, et que vous en craignez pour lui les écarts, vous chercheriez à l'éteindre, vous vous opposeriez à son développement, vous vous efforceriez de le faire entrer dans une autre carrière! Supposons que vous y soyez parvenu; vous avez fait un homme médiocre de celui qui, en suivant sa nature, seroit probablement devenu un homme supérieur; vous l'avez privé des nobles plaisirs dont cette supériorité auroit été la source, et des services qu'elle l'auroit mis en état de rendre au genre humain. La vie d'un homme est si petite et si passagère, qu'il doit s'estimer heureux lorsqu'il peut l'agrandir et la prolonger; et vous avez réduit au niveau des existences communes, une existence qui eût pu être utile et distinguée! Cette étroite prudence n'est pas de la sagesse: la Providence a été plus libérale et plus sensée, lorsqu'en douant votre fils d'une faculté supérieure, elle vous a donné les moyens d'en diriger, d'en régler les progrès en fortifiant en lui les autres facultés dont il aura besoin pour tirer un jour de la supériorité qu'il a reçue en partage toutes les richesses qu'elle peut fournir, et les employer avec fruit. La route vous est ainsi tracée: étudier le naturel de l'enfant, reconnoître quelle disposition est en lui prédominante, faire de cette disposition le point central de son éducation et de vos soins, non pour la combattre, mais pour en seconder le développement en y rapportant vos conseils et ses études, en cultivant en lui celles de ses facultés qui, par leur concours et leur harmonie, rendront moins partielle et plus profitable, cette supériorité particulière qui, à leur défaut, pourroit entraîner à côté de ses avantages de graves inconvéniens: c'est là ce que vous devez faire, car c'est là ce qui est utile; et vous pouvez y réussir. Tout ce que vous tenterez hors de cette route n'aboutira qu'à des efforts infructueux, ou à des résultats bien peu desirables.

N'allez pas, en revanche, par une complaisance mal entendue, vouloir jouir trop tôt des dispositions brillantes qu'annonce votre fils pour tel ou tel objet d'étude, et en hâter trop rapidement les progrès pour satisfaire votre orgueil paternel. Outre le tort que doit faire au caractère moral de l'enfant une pareille conduite en lui inspirant beaucoup d'amour-propre, elle use ses facultés en détruisant de bonne heure leur équilibre. Les enfans précoces, en effet, ne le sont pas en tout, même quand ils paroissent l'être; c'est le développement excessif de telle ou telle faculté particulière, qui donne à leur esprit ce mouvement, cette activité dont les parens s'enorgueillissent, dont les étrangers s'amusent, et qui trompe sur la médiocrité réelle de la plupart des autres facultés, en trompant peut-être aussi sur la supériorité véritable de celle que l'on cultive avec une vanité si empressée. Je n'ai pas besoin d'insister sur les dangers de cette culture en serre chaude, qui fait croître tout-à-coup les plantes jusqu'à une grande hauteur, sans fortifier proportionnellement leur tige. Je me contenterai d'ajouter que les parens, même les plus sages, ne sont pas toujours à l'abri de cette foiblesse qui les porte à exercer, à étaler avec complaisance les talens prématurés de leurs enfans ; ils les font servir à de petits usages, à des fêtes de famille ; et tel père qui se plaint ensuite avec raison de ce que son fils néglige sa réflexion ou sa mémoire pour se livrer à son imagination, doit s'avouer qu'il n'a pas toujours, dans le temps où il en étoit chargé, maintenu lui-même un juste équilibre entre ces facultés naissantes.

Pour savoir comment cet équilibre peut être établi, il faut savoir quelle marche suit l'esprit dans son développement ; dans quel ordre naissent, s'étendent et se fortifient nos diverses facultés; quels rapports les unissent, quelle influence elles exercent entre elles et à quel degré chacune d'elles a besoin du concours des autres pour aller loin sans aller de travers. De pareilles questions embrassent toute la philosophie de l'esprit humain ; leur énoncé seul suffit pour prouver combien est importante l'étude de cette philosophie (1). Sans en parcourir toute l'étendue, on peut extraire de leur examen les préceptes les plus propres à guider les

---

(1) Voyez sur ce sujet les *Elémens de la Philosophie de l'Esprit humain* par Dugald Stewart, traduit de l'anglais par Pierre Prévost ; et en particulier l'*Introduction*, p. 27-67. — A Paris, chez J. J. Paschoud, libr., rue des Petits-Augustins ; et chez le Normant, imprimeur-libraire, rue de Seine, n°. 8, près le pont des Arts.

parens dans cette tâche si difficile, qui consiste à tirer parti de la supériorité naturelle de telle ou telle faculté, en fortifiant celles qui s'annoncent comme plus foibles et moins actives.

L'enfant reçoit des impressions des objets extérieurs : ces impressions excitent en lui le besoin de connoître ce qu'elles sont et ce qui les cause ; il fait attention à la sensation qu'il éprouve, et à l'objet d'où elle lui vient ; *l'attention* est donc, après la sensibilité, la première faculté agissante, et cela devoit être, puisque c'est elle qui tient les objets présens à l'esprit assez fixément pour donner aux autres facultés le temps de s'appliquer à les connoître de manière à pouvoir dans la suite faire usage de ses connoissances. On doit donc commencer par nourrir et fortifier l'attention. Elle doit être *exigeante*, c'est-à-dire qu'elle ne doit pas se contenter d'un premier effort, d'aperçus vagues et incomplets : l'instinct de curiosité des enfans vient ici à votre secours ; accoutumez-les à considérer un objet sous toutes ses faces ; portez leur attention sur ses diverses parties ; que chacun de leurs sens en reçoive l'impression que cet objet peut produire ; qu'ils en connoissent, s'il y a lieu, le son, la matière, la forme, l'apparence visible, l'odeur ; et plus tard la nature, l'usage, etc. Outre l'avantage que vous trouverez à fournir ainsi à leur jeune intelligence des matériaux nombreux et bien déterminés qui ne lui permettront ni de rester oisive, ni de s'exercer dans le vague, vous leur ferez contracter l'habitude de ne pas exercer leur attention d'une manière partielle et exclusive; vous leur enseignerez l'art si important d'observer, et comme tous les avantages s'enchaînent, vous verrez bientôt que cette faculté que vous avez rendue exigeante, deviendra *patiente*; car sans patience son exigeance ne pourroit être satisfaite: elle ne craindra pas, selon l'âge et la force physique de l'enfant, de s'arrêter assez long-temps pour bien examiner et bien connoître; ce qui la forcera nécessairement d'être *soutenue*, c'est-à-dire de ne pas se laisser distraire par des objets étrangers à celui qu'elle se propose de considérer. La distraction nous trompe en rompant le fil de nos idées, fil difficile à renouer, surtout dans l'enfance; en nous entrainant à des associations d'idées qui ne sont point motivées par la nature des choses; en nous empêchant de tout voir. Une attention accoutumée à être exigeante, patiente et soutenue, ne sauroit manquer de devenir forte; et je n'ai pas besoin d'insister sur les avantages de la force de l'attention.

Sa foiblesse dans l'enfance tient ordinairement à l'une ou à l'autre de deux causes opposées; à la paresse ou à la trop grande ardeur de l'esprit. Ces deux dispositions ne sauroient être traitées de la même manière. Un esprit indolent et paresseux se plaît à errer sur une multitude d'objets; comme pour s'arrêter il auroit à faire un effort, il se laisse aller à ces faciles associations d'idées qui, loin de le contraindre à tourner autour d'un même point, ce qui le fatigueroit, le font glisser doucement sur une longue suite d'objets divers, mais liés entr'eux, dont il ne sent et ne voit que la surface. On devine sans peine que la qualité qui manque à une attention disposée à agir de la sorte et qu'il faut lui donner, c'est *l'exigeance.* En la retenant sur un seul et même objet, en l'obligeant à le considérer fixément et sous divers points de vue, on diminuera cette disposition vagabonde qui lui ôtoit toute sa force en lui donnant les moyens de s'occuper, sans avoir pour ainsi dire besoin d'agir. Les esprits de ce genre sont ceux dont il faut le moins étendre et disséminer les études : plus on agrandit le champ qu'on leur fait parcourir, plus on diminue le degré d'attention qu'ils donnent à chaque pas; on entretient leur jeune tête dans un état presque continuel de rêverie, singulièrement propre à augmenter son indolence. Arrêtez-la au contraire sur un seul point, contraignez-la à y concentrer toute son attention, et vous lui ferez prendre une habitude dont l'heureux effet contre-balancera ou du moins affoiblira sa disposition naturelle. Cette disposition a un avantage dont vous pourrez profiter; elle s'allie presque toujours à la patience, qualité très favorable à l'observation : aussi n'aurez-vous aucune peine à rendre *patiente* cette attention que vous voulez rendre exigeante et difficile : vous ne la presserez point, car vous n'avez pas à craindre que le temps qu'elle emploie à l'examen d'un seul objet la rebute ou la fatigue; sa marche naturelle est la lenteur; permettez-lui de la suivre. Vous aviez à combattre son indolence, il falloit la contraindre à se fixer, à agir; dès que vous y êtes parvenu, laissez-la agir et se fixer à sa manière : vous êtes trop heureux d'avoir trouvé à côté d'un défaut dangereux, tel que la paresse, une excellente qualité, la patience.

Avez-vous à lutter contre la disposition contraire, contre une excessive vivacité d'esprit ? des phénomènes correspondans s'offriront à vous, bien qu'en sens opposé. Ce n'est plus de *l'exigeance* que vous avez principalement besoin de donner à une attention empressée (*inquisitive*), quoique mobile : quand elle ne s'arrête pas assez long-temps sur le même objet, ce n'est pas qu'elle redoute la fatigue d'un examen approfondi, c'est qu'elle est attirée ailleurs par quelque impression plus vive. Elle ne se laisse pas aller à des associations d'idées lointaines ; elle est ébranlée, distraite, saccadée, si l'on peut le dire, à chaque instant, par les objets qui l'environnent, et sur lesquels elle est appelée tour-à-tour par le desir de jouir ou de connoître. Vous devez donc tâcher de la rendre *patiente* et *soutenue*, afin de ne pas laisser perdre en efforts jetés au hasard cette activité qui produira les plus heureux effets si elle se concentre. Pour l'y engager, servez-vous de cette curiosité, de cette ardeur qui se joignent à elle ; combattez la distraction, c'est-à-dire les impressions nouvelles et étrangères, en présentant à ce jeune esprit, d'une manière vive, nouvelle et saillante, chaque point de vue de l'objet que vous voulez lui faire examiner dans son entier. Que votre instruction soit rapide, animée ; excitez sa curiosité pour retenir sa mobilité et soutenir sa patience : votre méthode fournira ainsi à son ardeur naturelle assez d'alimens, pour qu'il n'aille pas chercher de quoi la satisfaire hors du sujet dont vous l'occupez.

Certaines dispositions naturelles étant une fois données et connues, il seroit intéressant de savoir quelle est la faculté qui domine communément dans les esprits constitués de la sorte, afin d'adapter à sa nature les soins que nous prenons pour diriger et corriger ces dispositions : on pourroit demander, par exemple, quelle est, dans les deux cas que je viens de développer, la faculté qui s'allie de préférence avec ces différentes tournures de l'attention. De pareilles recherches sont fort délicates, et, pour obtenir quelque certitude dans les résultats, il faut avoir examiné, dans leur ensemble, l'esprit et le caractère des individus qui en sont l'objet : je crois cependant que l'on peut donner d'avance quelques indications générales utiles à ceux qui s'y livrent. Ainsi, j'ai eu occasion de remarquer plusieurs fois que cette lenteur d'esprit, fruit ordinaire de l'indolence, s'unissoit, lorsque l'indolence ne dégénéroit pas en incapacité, à une grande exactitude et à ce talent d'observation pour les détails qui rend certains hommes propres à quelques branches de la physique, de la mécanique ou de l'histoire naturelle. La patience rend l'observation facile et la lenteur lui laisse le temps de devenir exacte : aussi suis-je tenté de croire que pour tirer parti des esprits de ce genre, il est bon de les diriger vers l'étude des objets matériels, des phénomènes particuliers, vers tous les travaux qui exigent une exactitude minutieuse, soit pour décrire, soit pour imiter. Telle est, si je ne me trompe, la carrière sur laquelle on peut appeler l'attention des hommes de cette trempe, parce que c'est celle où ils emploiront le plus utilement leur vie et leurs forces. Dans le second cas, au contraire, c'est évidemment l'imagination qui domine : elle est la cause principale de cette mobilité, de cette ardeur qui portent sans cesse l'esprit vers des objets inconnus, des combinaisons nouvelles ; toutes les carrières de l'invention sont ouvertes à des hommes doués de cette faculté précieuse. Ce qui importe alors, c'est de ne pas permettre à l'attention de se concentrer sur les objets que l'imagination seule lui présente : je reviendrai sur les inconveniens que cela pourroit avoir, lorsque je parlerai de l'imagination elle-même ; en attendant, je me bornerai à faire observer que ce seroit là le moyen de rendre l'attention mobile, peu soutenue, et de l'accoutumer à se contenter d'aperçus incomplets : sans cesse entraînée par l'imagination, elle verroit mal, n'examineroit point, et s'épuiseroit sur des rapprochemens, des associations d'idées, peu propres à conserver à l'esprit cette justesse si nécessaire. Il faut donc la fixer sur les objets réels, la retenir dans le cercle des idées exactes et positives, lui fournir un grand nombre de matériaux, et faire servir ainsi sa force et son travail à enrichir la mémoire, à éclairer le jugement, non à suivre les caprices de l'imagination, qui, toujours assez puissante par elle-même, aura besoin de trouver un jour dans une mémoire bien meublée, et dans des habitudes de réflexion, un grand magasin et un bon régulateur. F. G.

(La suite au prochain Numéro.)

JOURNAL

ADRESSÉ PAR UNE FEMME A SON MARI, SUR L'ÉDU-
CATION DE SES DEUX FILLES.

Numéro III.

LOUISE s'est mise hier dans une grande colère. Comme elle avoit une robe neuve, elle ne vouloit pas mettre son tablier, et, pendant que je le lui attachois, elle l'a tiré si fort, qu'elle l'a déchiré. Alors la consternation a succédé à l'emportement : elle s'est tue en regardant alternativement son tablier et moi de l'air le plus effaré, et ce malheur m'a épargné une pénitence qui seroit probablement devenue nécessaire, si le tablier ne s'étoit pas déchiré ; mais je n'avois plus rien à faire : Louise sentoit la conséquence de sa faute bien mieux que ne la lui eût fait sentir une punition qui lui eût appris seulement que cette faute me déplaisoit, mais non pas qu'elle pouvoit avoir des suites très préjudiciables : aussi quand je l'ai vue tout occupée, moins encore du chagrin de porter son tablier déchiré, que du grand accident qu'elle venoit de causer, et qu'elle n'avoit pas prévu le moins du monde, me suis-je bien gardée de détourner son attention par une punition ou par une réprimande très sévère qui, à l'idée du mal réel qu'avoit produit sa colère, auroit substitué celle de mon mécontentement, qui n'en est qu'un résultat beaucoup moins direct et moins positif.

Mon ami, nous ne sommes que trop souvent obligés de nous mettre à la place des choses, de nous montrer comme l'intermédiaire au moyen duquel la punition succède à la faute ; il seroit nécessaire qu'elle en pût être la conséquence immédiate et naturelle : c'est ainsi que punit la conscience, et c'est de la conscience qu'il faut que les enfans apprennent à craindre le châtiment de leurs fautes ; mais en attendant qu'elle soit formée, il faut éviter avec soin que les punitions auxquelles on est obligé d'avoir recours à son défaut, ne fixent l'attention de l'enfant de manière à l'en détourner de la faute ; car il en résulteroit qu'il craindroit, plutôt d'être puni que de mal faire, plutôt celui qui le punit que la faute qui lui attire la punition.

Rousseau, effrayé de ce danger, pose en principe qu'*il ne faut jamais infliger aux enfans le châtiment comme châtiment, mais qu'il doit toujours leur arriver comme une suite naturelle de leur mauvaise action*. Il est bien rare que de l'action d'un enfant puisse sortir un évènement qui lui serve de châtiment : presque sans influence sur les objets qui l'environnent, il n'en peut éprouver la réaction ; le coup qu'il donne est rarement assez fort pour qu'il en puisse sentir le contre-coup. D'ailleurs quel seroit l'avantage de cette méthode ? d'apprendre à l'enfant qu'il ne faut point faire le mal d'où il peut nous revenir du mal ? Retranchez ce genre de mauvaises actions, il en reste encore beaucoup à faire. D'ailleurs le mal extérieur que peut produire une faute arrive à l'enfant sans intéresser sa conscience, sans éveiller aucun sentiment qui s'en rapproche; il serviroit plutôt à en détourner son attention. Il n'en est pas de même si ce mal tombe sur un autre, si l'enfant, frappé de cette conséquence de son action qu'il n'avoit pas prévue, sent, non pas le mal qu'il éprouve, mais le mal qu'il a fait; c'est déjà quelque chose qui ressemble au remords, mais ce n'est pas là un châtiment qu'on puisse amener; il faut seulement en profiter avec soin comme d'un évènement fort rare. Je ne suis pas assez heureuse pour que toutes les colères de Louise aient pour résultat de déchirer son tablier, de casser une tasse, ou d'égratigner sa sœur; et quant au mal personnel qui peut lui en revenir, je n'y gagne rien. Au contraire, qu'elle tombe d'une chaise sur laquelle je lui avois défendu de monter; si je prends ce moment pour lui reprocher sa désobéissance : *Je me suis fait bien assez de mal*, répondra-t-elle; elle se croit quitte envers moi, et ne comprendroit pas que je la grondasse encore après une punition bien plus sévère que celle que je lui aurois infligée. Cette punition sera la seule chose qui lui reste dans la tête, et tout le profit qu'elle tirera d'un pareil accident, ce sera de savoir qu'il ne faut pas monter sur les chaises, parce qu'on se casse le nez, mais non de se persuader qu'il ne faut pas me désobéir; car elle aura bien senti le mal de la chute; mais pour la tristesse que doit donner la faute, elle ne l'aura pas éprouvée un instant.

Le grand embarras, mon ami, c'est de faire naître cette tristesse par nos punitions, sans qu'on puisse nous les reprocher; c'est d'empêcher que le sentiment qu'elles excitent ne se tourne contre nous. Comme le mal qu'en reçoivent les enfans leur vient par nous, ils supposent facilement qu'il leur vient de nous, que nous pourrions le leur éviter, et nous attribuent ainsi une volonté personnelle de les affliger. Dix fois Sophie en pleurant de ce que je la grondois, m'a dit: *Si vous étiez la fille et moi la mère, je ne vous gronderois jamais, et vous feriez votre volonté toute la journée.* En ce moment elle se croyoit bien meilleure que moi. Comment donc faire comprendre à mes enfans que je ne suis que l'agent d'une nécessité qui m'est imposée pour la leur faire subir? J'ai beau leur dire que je suis obligée de les punir quand elles se conduisent mal; elles ne peuvent me croire obligée à rien, moi dont l'indépendance est le sujet perpétuel de leur envie. Je chercherois bien inutilement à leur faire entendre que leur conduite, comme leur existence, fait en quelque sorte partie de la mienne, que la faute que je laisse faire quand je puis l'empêcher, est une faute que je commets. La nature de nos relations est tout-à-fait au-dessus de leur intelligence, tout-à-fait hors des relations communes de justice, de devoirs réciproques dont je pourrois faire entrer l'idée dans leurs jeunes têtes. Rousseau, oubliant cette différence, veut qu'on ne punisse les enfans que d'après des idées de justice à leur portée. Il établit pour exemple un enfant à qui on aura donné une idée nette de la propriété, de la manière dont elle s'acquiert, et du droit sur lequel elle se fonde. Cet enfant s'amuse à casser les vitres malgré tout ce qu'on peut lui dire pour l'en empêcher; alors le gouverneur, à qui elles sont censées appartenir, l'enferme dans un lieu sans fenêtres, non comme punition, mais simplement parce que c'est le seul moyen qu'il ait trouvé pour sauver les vitres, jusqu'à ce que l'enfant lui ait promis de ne les plus casser.

D'abord, mon ami, si Louise se mettoit en fantaisie de casser les vitres, et que je n'eusse pas d'autre moyen de l'en empêcher, elle pourroit m'en avoir cassé un bon nombre avant que je lui eusse donné une idée nette de la propriété; mais ensuite ce qui résulteroit pour elle de cette idée, c'est que le châtiment auquel je la soumets a pour objet mon intérêt personnel, que tous les soins que je prends pour son éducation tendent à éviter l'incommodité que pourroit me causer un enfant mal élevé. Ainsi, elle ne concevroit pas quel intérêt je pourrois prendre aux fautes qui ne m'attaquent pas directement; et si je voulois ensuite l'empêcher de tirer les oreilles à un chien, d'étouffer un oiseau, ou de battre sa sœur, d'après l'idée que je lui aurois donnée des motifs qui me portent à la contraindre, elle pourroit me demander *qu'est-ce que cela vous fait ?* Si je voulois fonder mes actions envers elle sur la justice ordinaire, il faudroit lui expliquer quelle loi de justice me donne un droit sur sa conduite.

Il faut que, sans se l'expliquer, nos enfans reconnoissent notre droit; il faut les bien accoutumer, non par nos raisonnemens, mais par notre surveillance, à penser que toutes leurs actions nous regardent, que nous sommes spécialement chargés de leur conduite. De là suit naturellement l'idée de l'autorité; mais il faut ensuite qu'ils sachent que cette autorité ne s'exerce point à notre profit; que nous n'avons, dans leur conduite, aucun intérêt personnel, si ce n'est celui que peut nous faire prendre notre affection; qu'ils ne peuvent nous faire aucun mal capable de nous courroucer; et qu'ainsi nous ne les punissons jamais du mal qu'ils nous font, mais toujours du mal qu'ils font. Il faut donc leur rendre aussi clair qu'il nous sera possible que nous punissons non pas le résultat, mais l'intention de l'action ; que dans une vitre cassée ce n'est pas le dommage résultant pour nous de cette action qui attire le châtiment sur la tête de l'enfant, mais le mal projeté par lui. Le châtiment ou la réprimande ne doit donc pas avoir rapport à ce qu'il a fait, mais à ce qu'il vouloit faire. Je me suis gardée de gronder Louise hier de ce qu'elle avoit déchiré son tablier; mais je lui ai fait un sermon sur l'entêtement et la colère. Il faut, par cette même raison, se bien garder du ton d'impatience avec les enfans; l'impatience est le résultat de leur action; c'est l'effet qu'elle produit sur nous; et ce n'est point de là que doit sortir pour eux le mal qui leur en revient. En nous mettant ainsi de côté dans toutes les punitions et les réprimandes, nous pourrons insensiblement accoutumer nos enfans à les regarder comme un résultat de leurs fautes plutôt que de notre volonté. Mais cette volonté est toujours l'intermédiaire par où leur arrive le châtiment: sans l'autorité que nous avons sur eux, ils ne souffriroient pas de leur faute, ils le croient du moins; et il en résultera naturellement que plutôt que d'éviter une faute qui leur plait, ils tâcheront d'échapper à l'autorité qui les en punit.

Il faut donc, à la fois, leur rendre l'autorité douce et la faute amère; il faut qu'ils soient punis, qu'ils le soient par notre moyen, et que cependant la punition soit, aussi peu qu'il sera possible, le résultat direct de notre autorité sur eux. Il ne faut pas, s'il se peut, qu'ils sentent notre empire au moment où nous les punissons; mais il faut pour cela que cet empire s'exerce sans relâche: il faut être toujours là, pour qu'on ne vous sente pas arriver; pour avoir peu de mouvemens à contraindre, il faut les diriger tous. Mon ami, je ne me vante point de devoir au raisonnement la méthode que j'ai suivie; peut-être suis-je trop portée à lui attribuer le pouvoir que j'ai acquis sur les caractères dont le ciel m'a bénie dans les enfans qu'il m'a donnés; peut-être jusqu'ici la tâche de l'éducation m'a-t-elle été trop douce et trop facile, pour qu'il me soit permis d'en parler; mais du moins toutes les mères pourront essayer de ce qui m'a réussi; aucune n'y trouvera de peine. Une tendresse toujours attentive, toujours prête à se manifester quand la raison n'y met point d'obstacle, une disposition constante à trouver dans le spectacle de la joie de mes enfans la première de mes jouissances; un besoin continuel de leurs plus petits plaisirs, une complaisance qui n'a jamais été bornée que par d'autres devoirs, m'ont mise de part dans tous leurs sentimens, dans toutes leurs idées, dans toutes les occupations de leur vie. Recevant tout de moi, elles ne jouissent de rien que parce que je les aime ; et le sentiment de mon amour leur est aussi présent que celui de leur existence. Cette confiance qui les accoutume à compter sur moi, fait dépendre de moi l'attente de leurs plus grands plaisirs. Elles voient sans cesse ma supériorité sur elles employée à leur profit ; tout ce qu'elles craignent, c'est que je ne cesse de m'occuper d'elles, et presque toujours elles aiment mieux m'obéir que de m'éloigner.

Mais si le caractère l'a emporté, si une faute a mérité un châtiment, il est rare du moins qu'elle en exige un plus grand que l'effet de mon mécontentement, qui va se faire sentir par une privation très pénible. On comptoit sur ma complaisance pour une promenade favorite, on n'osera seulement plus me la demander; le jeu auquel je suis nécessaire devient impossible, et le regret qu'on éprouve d'en être privée ôte le goût de tous les autres. On s'ennuie, on est malheureuse; mais ce malheur ne vient pas de moi, des rapports qu'on a avec moi; ces rapports étoient tous à l'avantage de l'enfant, c'est lui-même qui les a fait cesser; c'est lui qui sent le besoin de les rétablir, de s'attacher à moi, de m'attacher à lui. Je ne vais point le chercher, interrompre ses plaisirs, pour le soumettre à une obéissance qui lui déplaît, c'est lui qui vient m'apporter son obéissance pour prix des plaisirs qu'il a besoin que je lui procure. Que je me charge de son bonheur à condition qu'il le méritera, et il se chargera bientôt lui-même de son éducation.

Il y a encore d'autres avantages à gouverner les enfans par l'habitude du bonheur, plutôt que par la crainte des peines. Tous les hommes ont besoin d'émotions qui leur fassent sentir l'existence. Bien peu trouvent assez de mouvement en eux-mêmes pour se passer de celui que leur donnent les objets extérieurs; moins ils sont réfléchis, plus ce mouvement leur est nécessaire, et les enfans ne peuvent s'en passer. Ils le cherchent à tout prix, et préfèrent des émotions pénibles à ce calme qui leur laisse sentir le vide de leur ame et de leur esprit. Il est très commun de voir des enfans désoccupés chercher à se faire gronder pour échapper à l'ennui qui commence à les saisir. Ceux même qui n'éprouvent pas un pareil besoin reçoivent rarement d'une punition extraordinaire cet utile sentiment de tristesse qui résulte pour eux de la simple interruption du mouvement et des plaisirs dont ils ont besoin. L'étonnement ou la colère qu'elle leur cause met en jeu les facultés les plus actives de leur ame ; elle les occupe vivement, fortement : et tout le monde sait que dans un malheur le moment qui occupe n'est pas le plus pénible. Elle peut même leur faire éprouver ce plaisir amer que donne le ressentiment, et user ainsi en sentimens malveillans cette énergie, seul ressort qui soit en eux pour se porter avec quelque ardeur vers le bien. Il est certain qu'un enfant qu'on a violemment ému par une punition, s'il revient enfin à l'obéissance qu'on exige de lui, y revient par lassitude, et tellement abattu, que pour l'ordinaire on se croit en ce moment obligé de le ménager. Son repentir est foible et stérile ; on ne lui voit point le desir de réparer ses fautes, il a simplement cessé d'être en faute ; et tout ce qu'il y a de bon en lui, c'est qu'il n'a plus la force d'être mauvais. Celui dont le cœur a simplement été abattu et attristé par le mécontentement de ceux dont il dépend, que les effets de ce mécontentement ont laissé quelque temps privé de ce mouvement qui lui est nécessaire, non-seulement conserve toute sa force, mais sent plus que jamais le besoin de l'employer. Quelquefois, à la vérité, c'est en vous provoquant par de nouvelles insultes, qu'il cherche à sortir de cette inaction où vous l'avez réduit. Sophie est parvenue ainsi quelquefois à m'arracher une punition exemplaire, comme d'être mise à la porte de ma chambre, ou enfermée loin de moi. Alors j'ai toujours eu soin que l'ébranlement qu'elle en recevoit ne fût pas immédiatement suivi du pardon ; j'ai voulu que, le calme rétabli, le mécontentement pût durer encore quelque temps, pour qu'on eût celui de s'ennuyer de la faute, et de se reposer de la punition. Mais le plus souvent, incertain de ce qu'il veut faire, certain seulement qu'il veut faire quelque chose, l'enfant fatigué de l'isolement où on le laisse, n'attend qu'un mot qui détermine le cours de ses idées, qui soulage sa fierté en intéressant sa raison à chercher les moyens de vous complaire, et en lui donnant la faculté de réparer, pour se dispenser de demander grâce. Il n'est guère douteux alors qu'il ne saisisse avec ardeur ce moyen d'action que vous lui présentez ; et, dans la joie de ses bonnes résolutions, il oublie bientôt si parfaitement son tort, qu'il faut finir par l'oublier avec lui.

Mais si dans les premiers temps on ne doit demander à un enfant que l'intention de réparer, je ne crois pas qu'ensuite il faille laisser à son choix le mode de réparation. Il y a sept ou huit siècles que l'homme qui avoit vécu en brigand croyoit mourir en saint s'il léguoit son bien pour la fondation d'une église ou d'un monastère : aussi avoit-on un grand nombre de fondations, mais beaucoup de brigands. Quel homme s'abstiendra de l'action qui lui plaît, s'il peut l'expier par une autre qui ne lui coûte rien ? Il n'y a point de caractère où quelque bonne disposition ne fournisse à l'enfant un moyen de réparation facile.

Louise, qui est caressante, vient m'embrasser dès qu'elle a fait une sottise, et ce seroit le moyen de tout faire passer, si par mes refus je n'en avois fait un moyen de punir beaucoup de choses. Sophie sait que je jouis de sa facilité et de son application; l'autre jour, après une impertinence notable qui l'avoit mise en disgrâce, je la vis prendre son livre, quoiqu'elle eût répété sa leçon, et en étudier une seconde. J'eus le courage de me promettre que cette bonne intention serviroit à augmenter la punition. La leçon fut bientôt sue. La pauvre petite arriva pleine de joie de la satisfaction qu'elle alloit me causer. Je refusai de faire répéter la leçon, disant que je n'étois pas disposée en ce moment à me déranger pour faire ce qui lui convenoit, et qu'un quart d'heure d'étude ne réparoit pas une impertinence. J'avois prévu sa douleur: elle fut amère: l'idée de réparer son tort l'avoit soutenue; quand elle vit que cela lui étoit impossible, l'humiliation vint la saisir, elle me demanda grâce en pleurant; je promis de pardonner si on le méritoit par une grande douceur; et vous jugez si toute la journée Sophie fut docile et attentive. Aussi, quand le lendemain elle me pria de permettre que la leçon qu'elle avoit apprise la veille fût répétée *par-dessus le marché*, il fallut bien le souffrir, et même il fallut bien sourire en la voyant sauter autour de moi toute joyeuse d'avoir acquitté sa dette.

Voilà, mon ami, quelles sont en général mes punitions. Un de nos parens qui élève son fils assez sévèrement, me disoit l'autre jour que nous avions les mêmes principes, et que Charles n'avoit jamais éprouvé d'autre châtiment que la privation de quelques-uns de ses plaisirs. Mais les plaisirs de Charles sont sa propriété, personne ne s'en est jamais occupé que lui. Ceux de mes filles sont la mienne, puisque c'est moi qui les donne. Quand le père de Charles vient s'opposer à quelques-uns de ses plaisirs, il fait un acte d'autorité ; quand je me retire de ceux de mes filles, je n'en fais qu'un de liberté, et l'exercice de l'autorité n'est jamais que momentané ; mais il faut à tout moment qu'on m'achète ma liberté, et je la vends le plus cher que je puis. Ce père sévère ne se doute pas qu'en ne se faisant connoître à son fils que par les gênes qu'il lui impose, il l'a rendu trop indépendant de lui. Il gouverne plus fort, mais je gouverne davantage.

Mon ami, la sévérité n'est indispensable que là où n'est pas la complaisance. Elle est nécessaire dans l'éducation publique, où la complaisance ne peut avoir lieu ; mais elle n'y a pas, ce me semble, les mêmes inconvéniens que dans l'éducation particulière. Un écolier, une pensionnaire savent bien que le maître qui les gouverne n'est point absolument leur maître, qu'on les a mis entre ses mains pour qu'il formât leur caractère et avançât leur instruction. Ils le savent donc obligé de punir leurs fautes ou leurs négligences : ce n'est plus qu'un agent auquel ils ne peuvent entièrement attribuer leurs peines. D'ailleurs une loi connue, étendue sur un grand nombre d'individus, ôte toute idée d'un ressentiment particulier; et c'est alors l'indulgence qui peut être particulière au maître : la loi peut être sévère et l'application modérée; c'est à lui alors qu'on aura obligation de l'adoucissement des peines, sans lui en vouloir de leur application; et il pourra faire naître ainsi dans le cœur des enfans cette affection qui devient en eux le fondement de la conscience. La loi de la conscience est l'amour du devoir. L'amour de Dieu rend cette loi plus puissante encore, en y ajoutant l'idée d'un être auquel s'adressent les sacrifices qu'on fait à la vertu, qui en jouit et nous en aime davantage. Dieu et le devoir seront donc pour l'homme fait les objets de la conscience; mais il faut à l'esprit des enfans une idée plus facile à saisir que celle du devoir, à leur imagination un être qu'ils aient moins de peine à se représenter que Dieu. Un père, une mère ou un maître se trouve là pour être d'abord à la place de la conscience, ensuite il en deviendra l'objet, jusqu'à ce qu'il n'en soit plus que le guide, et qu'enfin remplacé par le devoir et la religion, il n'ait plus d'empire que celui qu'il aura su leur donner.

Mais pour le donner cet empire, il faut qu'il le possède; il faut que le chagrin qu'on éprouveroit à le voir mécontent soit le sentiment qui accoutume l'enfant à une obéissance indépendante de toute contrainte, et le plaisir de le voir satisfait la vraie récompense de tous les sacrifices. L'éducation ne peut prétendre à faire naître ce sentiment d'affection précurseur de la conscience; mais veillons à ce que rien ne s'y oppose, et il naîtra de lui-même. L'auteur de tout bien a mis dans nos cœurs tous les bons mouvemens: il nous a laissé à écarter ce qui pourroit en empêcher l'effet. P. M.

IIe LETTRE AU RÉDACTEUR.

DE L'IMPORTANCE DE RECONNOITRE DÈS L'ENFANCE LES DISPOSITIONS PHYSIQUES PARTICULIÈRES A CHAQUE INDIVIDU. — MOYENS D'Y PARVENIR. — CARACTÈRES GÉNÉRAUX DE CES DISPOSITIONS. — DIFFICULTÉS QUI RÉSULTENT DU TRAVAIL DE LA DENTITION.

J'AI tâché, dans ma première lettre (*voy.* n°. Ier, *pag.* 33), de passer rapidement en revue tout ce qui se rapporte à l'éducation physique; j'ai voulu faire embrasser l'ensemble, et placer le lecteur assez haut pour qu'il pût de là observer facilement le sujet tout entier, et la marche que je me propose de suivre. Les chapitres sous lesquels se range tout ce qui concerne la vie sont indiqués; je dois maintenant les remplir, et finir un peu l'ébauche de ce vaste tableau.

L'enfant une fois entré dans le monde, les rapports qu'il a avec l'atmosphère par la respiration et la transpiration restent à peu près les mêmes jusqu'à sa mort; ses rapports avec les alimens qui le nourrissent, subissent quelques modifications; ses rapports avec la société dans laquelle il doit vivre, sont ceux qui changent et se développent le plus. Mais des dispositions cachées ou nouvelles se manifestent ; et j'ai surtout à vous parler maintenant des moyens que nous avons pour reconnoître ces *dispositions individuelles* qui influent plus ou moins sur tout le reste de la vie. Ce n'est que lorsqu'elles sont bien décrites et caractérisées, que l'on peut établir quelques règles à suivre, et indiquer les exceptions.

Dès la plus haute antiquité l'on s'est occupé des différences qui existent entre les individus ; mais n'ayant guère examiné que les adultes, on n'a peut-être pas assez déterminé les caractères physiques originaires ; en décrivant les tempéramens, l'on a voulu deviner tout de suite les rapports que les dispositions particulières du corps pouvoient avoir avec les forces vitales et intellectuelles, et déterminer leur influence sur l'esprit et le caractère, chose arbitraire et assez peu exacte. Les changemens qu'on a faits à cet égard depuis Aristote jusqu'à nos jours, ont toujours été fondés sur les mêmes principes ; et cependant il serait bon avant tout, d'examiner la différence des complexions dans un âge où les facultés morales encore inactives, n'ont pas encore altéré l'économie physique et ses caractères primitifs : que ne profitons-nous des secours que nous offrent aujourd'hui les sciences naturelles pour arriver à un but si important ? l'art de décrire les apparences extérieures du corps, l'art d'en étudier l'intérieur, l'analyse chimique, l'histoire du développement des êtres organisés et des lois que ce développement paraît suivre ; ou, en d'autres termes, l'histoire naturelle descriptive, c'est-à-dire, l'étude de la configuration des traits, de la surface, et des différentes parties du corps, l'anatomie, la chimie animale, l'histoire naturelle proprement dite, et la physiologie ; toutes ces sciences nous aideront à découvrir les différences qui distinguent les individus, à les définir, à les classer, et à tirer de là des résultats utiles : dans une pareille recherche, aucun moyen de succès n'est à négliger.

La *chimie* ne fait, pour ainsi dire, que commencer à étudier les substances animales : nous n'en pouvons tirer encore toutes les lumières qu'elle fournira sans doute un jour. L'*anatomie* a formé l'utile et immense entreprise d'examiner les nuances et les variations qu'offre chaque partie du corps aux diverses époques de la vie ; les avantages de cette connoissance sont incalculables ; je n'ai pas besoin d'y insister pour les faire sentir ; mais ce travail est loin d'être terminé : outre les obstacles qu'ont opposés à cette science mille préjugés qui l'empêchoient de se servir des moyens dont elle a besoin pour avancer, elle est condamnée, par la nature même des choses, à une extrême lenteur et à un détail sans fin. Que l'on songe que pour connoître les altérations que subissent, pendant la durée de la vie, toutes les parties intérieures du corps, il faut comparer, à diverses reprises, chaque fibre, qui est comme la molécule primitive du corps organisé ; tous les fluides, tous les tissus ; le cellulaire, le nerveux, le vasculaire, etc. : les proportions des appareils qui servent à l'exercice de chaque fonction, sensation, respiration, digestion, locomotion, c'est-à-dire les proportions de tout l'appareil, soit musculaire, soit osseux; enfin, ces divers appareils de fonctions, et entre eux, et à chaque âge, et dans les deux sexes. Après avoir envisagé toute l'étendue de ce travail, on ne s'étonnera plus de ce qui reste encore à faire, et l'on sentira combien il importe de profiter de ce qui est déjà fait.

L'art d'observer et de décrire les *différences extérieures*, art dont l'histoire naturelle a tiré tant d'avantages, rencontre actuellement presque autant de préjugés à vaincre, qu'en rencontroit autrefois l'étude de l'anatomie : des applications inconsidérées, des conséquences hasardées, une généralité excessive donnée à quelques faits de détail, ont décrédité auprès de bien des gens cette étude des formes différentes et caractéristiques que peut offrir dans chacune de ses parties le corps de chaque individu. Considérée cependant comme moyen de distinguer les diverses dispositions, les diverses complexions, cette étude ne sauroit être tout-à-fait illusoire : le praticien exercé devine souvent ces dispositions à la simple inspection des apparences extérieures; l'homme du monde tire d'un coup d'œil jeté rapidement, une foule de conséquences finement combinées, qui ne le trompent pas toujours. Pourquoi ne chercheroit-on pas à étudier en détail, dans les écoles publiques ou particulières et dans les hôpitaux, ces nuances extérieures qui se répètent et varient à l'infini? pourquoi ne les décriroit-on pas? Enfin, pourquoi la médecine et l'éducation physique, qui doivent se prêter des secours mutuels, et qui ont un si grand intérêt à savoir s'il existe des signes extérieurs auxquels on puisse reconnoître les différences individuelles, ne s'efforceroient-elles pas de mettre à profit ces recherches pour reconnoître ces différences? On verra bientôt quel parti elles en peuvent tirer.

Quant aux *forces vitales*, il est plus difficile de les comparer et d'en établir la mesure. La susceptibilité, ou le prompt effet de l'impression la plus légère; la mobilité, ou la facilité à se porter rapidement vers l'action, sans une cause proportionnelle: voilà les deux modes de disposition nerveuse qu'on distingue clairement, et dont les modifications varient entre elles à l'infini. C'est de ces deux principes généraux qu'on fait dériver toutes les forces par lesquelles s'exécutent les opérations qu'exige la formation des parties des corps; c'est de là que viennent les phénomènes plus ou moins prompts, plus ou moins étendus, plus ou moins complets de l'organisation. La réunion de ces considérations, de ces différens moyens, peut fournir les bases d'une caractéristique individuelle, c'est-à-dire, d'une classification des complexions et des tempéramens, abstraction faite de ce qu'y ajoute plus tard le développement des forces intellectuelles.

L'imagination du médecin-naturaliste se forme l'idéal d'un enfant bien constitué d'après lequel il mesure les variations et les exceptions qu'offre le monde réel. Quoique bien proportionné, l'enfant peut être fort ou foible : l'élasticité et la mollesse de la fibre, la force ou la foiblesse de la charpente osseuse et des muscles, la quantité proportionnelle de la graisse, des fluides blancs ou jaunes et du sang, sont les premiers objets de l'examen; viennent ensuite les grandes cavités du corps, leur forme, leur étendue; et de la comparaison de toutes ces parties naît le tableau des dispositions physiques particulières, de leur influence et des inconvéniens qui en peuvent résulter : tableau effrayant quelquefois, mais nécessaire à tracer si l'on veut arriver, avec quelque certitude, aux meilleurs moyens de prévenir ou de combattre le développement de ces maux attachés, dès la naissance, à la frêle humanité.

Ainsi, en examinant le *bas-ventre* de l'enfant, sans songer même aux voies urinaires qui peuvent indiquer une disposition à la formation des calculs ou petits corps pierreux, une main exercée y découvre quelquefois la grosseur particulière du foie et des autres viscères : c'est là que se préparent la bile et les autres fluides qui, versés dans le tube alimentaire, se mêlent avec la nourriture que la bouche leur envoie. Les parois du canal intestinal, garnis de suçoires, de petits vaisseaux capillaires, pompent dans ce mélange, comme les racines d'une plante dans une terre meuble, un fluide plus ou moins blanchâtre. Ces vaisseaux se réunissent en réseaux et en pelotons ou glandes qui se forment par centaines dans le mésentère. Sortant de là par rameaux, ils se concentrent dans un canal général nommé thoracique, d'où le fluide est versé dans la masse du sang; mais quelquefois les alimens contiennent des choses nuisibles: le foie peut préparer une bile plus ou moins bonne; les autres viscères peuvent verser dans la nourriture des fluides plus ou moins bien préparés; un amas de glaires remplit les intestins, et y devient un foyer de vers intestinaux; une disposition particulière de l'estomac fait tourner le lait, et ces pelotes enfin, ces glandes qui se trouvent dans le mésentère, se remplissent et s'engorgent; le ventre devient gros et dur; les autres parties du corps s'appauvrissent, parce que la lymphe qui doit les parcourir toutes, ne se répand plus dans le sang pour les nourrir: cette disposition à l'engorgement qui se manifeste à l'extérieur, exige plus d'attention aux fonctions de la digestion, plus de choix dans la nourriture, plus de frictions pour exciter le mouvement péristaltique, et remédier à l'atonie des viscères.

En remontant, on trouve la *poitrine*, contenant le cœur, centre où aboutissent les vaisseaux qui apportent le sang, et ceux qui doivent le reporter dans toutes les parties du corps; et les poumons, dont le mouvement d'aspiration met le sang en contact avec l'air extérieur qui lui fait subir les changemens nécessaires à l'organisation. On conçoit qu'il est important de remarquer l'étendue ou le resserrement de cette cavité, et ses proportions avec la longueur du cou. La main découvre le battement du cœur et celui des artères; les autres sens aperçoivent la vitesse de la respiration, la douceur de l'haleine, et la conformation des parties fait juger des dispositions. On peut avoir alors des raisons plus fortes qu'à l'ordinaire pour ne pas exposer un enfant, né avec une certaine foiblesse d'organes, aux catarrhes, à la coqueluche, à un air peu convenable, dans un temps d'épidémie, etc.

Si l'on examine ensuite le volume de *la tête*, sa forme et le sens de la vue, on est conduit à d'autres considérations particulières, qu'il faut étudier et consulter soigneusement dans l'éducation, pour savoir ce qu'on a à faire ou à éviter. Le cerveau est en quelque sorte un point de réunion de tous les filamens nerveux, qui sont répandus dans toutes les parties du corps; peut-être portent-ils un fluide imperceptible, semblable à ce qu'on appelle le fluide magnétique, l'électrique, le calorique, etc.; ce qu'il y a de certain, c'est qu'ils sont les conducteurs des sentimens et de la volonté : plusieurs d'entre eux, qui forment des vaisseaux particuliers dans le bas-ventre, réunis dans un nerf connu sous le nom de sympathique, paroissent servir à l'exercice des mouvemens involontaires; d'autres, qui sortent de la moelle épinière ou qui y rentrent, semblent spécialement destinés aux mouvemens volontaires. Le cerveau renferme le point de réunion des organes des sens, et de ceux qui servent d'instrumens aux fonctions intellectuelles, que l'âme met en jeu. Une sympathie générale tient en harmonie toutes ces cordes si bien distribuées. Le timbre peut être altéré, et l'harmonie se trouver troublée; l'équilibre des forces qui doivent agir vers le point commun de la conservation et du développement de l'être est alors interrompu. Tantôt, ce sont les filamens du bas-ventre qui restent inactifs; ou bien, trop sensibles et mis en mouvement par des causes particulières, ils donnent lieu à des vomissemens, à des coliques : tantôt, ce sont ceux de la poitrine qui sont irrités par un agent nuisible qu'on a aspiré, et ils produisent la toux; d'autrefois, les organes du mouvement et de la locomotion sont atteints de paralysie ou de convulsions; enfin, les sens, les organes de l'intelligence sont frappés de stupeur, ou d'une excessive exaltation. Des fluides sont portés et versés partout; mais le sang peut refluer vers le bas-ventre, vers la poitrine, vers la tête, et y causer des inflammations. Les fluides blancs peuvent également y être accumulés de diverses manières; ces épanchemens peuvent séparer les os de la tête même, et produire l'hydrocéphale. La fontaine ouverte plus qu'à l'ordinaire, attire alors notre attention, et exige pour la tête des soins particuliers; une tête plus arrondie, le front plus proéminent, une certaine physionomie plus ou moins prononcée, et qu'il est plus facile de distinguer que de décrire, annoncent cette disposition. Dans d'autres cas, un engorgement des glandes qui entourent le cou et d'autres parties du corps, ou une bouffissure particulière suppose une disposition scrofuleuse. Toutes ces nuances deviennent importantes dans l'éducation; si la première disposition peut rendre funeste un régime excitant, la seconde peut le rendre très utile lorsqu'il est bien dirigé. D'une répartition disproportionnée des substances que les vaisseaux doivent distribuer dans toutes les parties du corps pour les nourrir, résultent plusieurs sortes de difformités provenant de l'excès ou du défaut : une partie des muscles peut rester incomplète; les os peuvent pécher par une surabondance de phosphate calcaire qui les rend cassans, ou par le ramollissement, d'où naît la disposition rachitique; de là ces bossus et gibbeux, ces boiteux et pieds bots. Qu'elle est longue cette liste des foiblesses qui se cachent sous l'enveloppe de notre pauvre humanité ! et sur cette enveloppe elle-même combien d'éruptions qu'un mouvement salutaire pousse quelquefois à la surface ! Les Arabes ou les Africains, selon les probabilités historiques, nous ont communiqué la petite vérole; les Croisés allèrent chercher la lèpre en Orient, et couvrirent l'Europe de cette hideuse éruption, dont quelques familles, auprès de Marseille, nous conservent encore tout le caractère; et de cet amalgame de germes si différens, que des siècles ont accumulés, mêlés et modifiés dans la masse du sang, naissent maintenant ces générations dont nous avons à étudier, à débrouiller la constitution physique, si nous voulons prévenir quelques-uns des maux qu'entraine ce mélange funeste.

Nous verrons dans la suite quels sont les soins et les remèdes convenables à chacune des dispositions que nous venons d'énumérer; ainsi, lorsqu'il sera question du sevrage et du choix d'une autre nourriture, nous dirons comment on peut prévenir par la boisson la disposition au calcul, qui se manifeste ordinairement plus tard; comment on remédie par une nourriture plus irritante et moins farineuse à cette espèce d'empâtement du bas-ventre; comment on exerce les voies de la respiration à supporter les changemens de l'atmosphère; et comment on les fortifie peu à peu par des courses et par l'art de la déclamation. Nous verrons, lorsqu'il sera question de l'art de se tenir debout et d'apprendre à marcher, comment, par des guêtres et par des vêtemens bien appropriés, on empêche les inconvéniens qui résultent du ramollissement des os. Enfin nous apprendrons à connoître les moyens les plus simples d'éviter le retour des mouvemens nerveux, et les embarras à la tête, surtout dans l'exercice des sens et des facultés intellectuelles. Déjà, pendant la première époque de la vie, la fontaine ou l'écartement des os de la tête rend nécessaire un peu plus de soin dans le choix de l'étoffe qui sert de doublure au petit bonnet de l'enfant et qui doit le garantir; mais cette fontaine se ferme d'elle-même; et en général, quoiqu'il m'ait paru indispensable pour faire sentir le degré d'importance des préceptes que j'aurai à donner, de tracer dans son ensemble le triste tableau des maux qui menacent l'enfance, je dois dire en même temps, avec la sincérité dont l'amour du vrai et la consolation des mères qui ont la patience de me lire me font une loi, que la nature très active dans l'enfance, renouvelle promptement la masse et les substances; presque tout ce qu'il y a de mauvais dans la première ébauche, elle peut le neutraliser et même le rejeter en grande partie en dehors: dans cette lutte continuelle des êtres, où chacun donne et chacun reçoit, l'enfant se rétablit quelquefois promptement par la nourriture convenable qu'il trouve dans ce qui l'entoure. La vie, a-t-on dit, est une fièvre continuelle; c'est dans l'enfance que cette fièvre est le plus aiguë et le plus salutaire. Les nerfs, très sensibles, éprouvent facilement des convulsions; le pouls, qui dans le vieillard, bat 60 fois, et dans l'adulte 80 fois par minute, offre, dans la première époque de la vie, jusqu'à 140 pulsations dans le même espace de temps. La susceptibilité est prodigieusement irritée par le grand nombre d'objets nouveaux, la circulation est prompte, et le cœur occupe dans ce petit corps un espace, proportion gardée, 8 fois plus grand que dans l'adulte. La digestion se fait également très vite; mais l'on conçoit que dans cet état des organes, la moindre chose doit augmenter l'irritation à un point excessif: la dentition en est l'exemple le plus frappant.

Au milieu de tous ces agens qui peuvent influer d'une manière plus ou moins nuisible sur ces dispositions diverses, si singulièrement combinées, la nature fait sortir des alvéoles d'un enfant de 7 mois, des instrumens nouveaux dont il aura besoin pour prendre une nourriture nouvelle. Le travail de la dentition est quelquefois très léger, et purement local; les symptômes n'annoncent qu'une simple fièvre, qui s'étend quelquefois aux parties voisines. Dans d'autres cas, la sympathie générale fait participer à cette opération le corps entier: les forces employées à ce nouveau développement attirent vers les gencives l'action vitale, qui diminue dans les autres parties; de là naissent des complications, des maladies de tous les genres, d'autant plus difficiles à reconnoître que l'enfant ne sait pas rendre compte de ce qu'il éprouve. On a discuté, et l'on discute encore pour savoir si toutes les maladies des enfans de cet âge ne proviennent point des dents; l'on conçoit en effet qu'à cette époque tout doit s'embrouiller par ce travail, d'ailleurs si nécessaire. Les germes des dents se trouvent dans les alvéoles dès la naissance; les cas où l'on voit naître un enfant avec des dents, comme Louis XIV, ne sont pas même très rares. Les incisives, surtout celles d'en bas, sont presque toujours les premières à percer; celles d'en haut ne sortent guère qu'après un intervalle de quinze jours ou de trois semaines. Souvent ce sont les molaires qui viennent ensuite, et les canines sont les dernières à pousser. Il arrive même que celles-ci ne paroissent qu'après 15 mois, et la difficulté qu'elles ont à se placer entre les précédentes peut forcer à en arracher d'autres pour les dégager; ce sont celles qui occasionnent le plus de douleur, surtout celles d'en haut; elles en causent moins lorsqu'elles sortent avant les molaires. Les unes et les autres ne sortent pas non plus immédiatement après les incisives, il y a toujours un intervalle plus ou moins long. Au reste, rien de moins régulier que ce travail; il peut se faire que les dents de lait soient toutes venues à 15 ou 18 mois, ou qu'elles ne le soient pas à deux ans. Le temps où la dent se prépare à sortir est le plus douloureux; on voit des enfans se mettre à crier tout-à-coup, ils ont des élancemens convulsifs, ils s'éveillent en sursaut, ils se mettent dans la bouche tous les objets qu'on leur présente, la salive coule en abondance, les gencives sont rouges, blanches au bord, et enflées: tout annonce une irritation en cet endroit. On fait quelquefois avec succès des incisions réitérées, à l'endroit où la dent veut percer, et l'on soulage ainsi la douleur; une inflammation extraordinaire engage à mettre des sangsues. Dans les cas ordinaires, un peu de pression et de légers frottemens suffisent pour calmer, et l'on se sert à cette fin de hochets de toute espèce, sujet dont on a encore beaucoup parlé. Les uns proposent des corps durs, des cristaux qui rafraîchissent la bouche, qu'on garnit de joujoux pour amuser l'enfant et l'étourdir; les autres tiennent aux corps plus mous, comme le doigt, un morceau de cuir, un bâton de réglisse, une racine de guimauve, ou de la bougie trempée dans du miel. Dans une très grande inflammation, on emploie aussi des figues bouillies dans du lait, qu'il faut pourtant empêcher d'avaler. On peut varier tous ces objets selon la fantaisie, ou selon le degré de sensibilité; et il n'y a que certains cas où le choix mérite discussion. L'apparition de la dent, qui n'a souvent lieu qu'assez tard, n'est ordinairement accompagnée d'aucune douleur; c'est une espèce de fête de famille, que rien ne doit troubler, pour faire oublier plus promptement les inquiétudes passées.

Il est difficile de se rendre compte complétement des causes de toutes les convulsions, fièvres, constipations, diarrhées, enfin de tous les maux qu'occasionnent les dents; la pression des nerfs qui y distribuent leurs filamens doit y contribuer pour beaucoup. Passerai-je encore en revue le détail de toutes les dispositions et complications que j'ai déjà indiquées? Dois-je présenter dans toute son étendue la marche des maladies générales ou particulières qu'entraîne souvent un développement trop précipité? Je n'ai voulu qu'indiquer ici, dans un cadre resserré, les phénomènes qui s'offrent le plus généralement à l'expérience, en tant qu'ils concernent l'éducation physique; je n'ai donc point à parler ici de tous les antidotes, de toutes les méthodes par lesquelles on opère sur le système lymphatique, sur celui des sensations, de la circulation, ainsi que sur les différentes modifications des fonctions et des fluides du corps. Après sept mois de soins, une bonne mère sait souvent mieux que tout autre ce qui convient à son nourrisson,

DE L'EDUCATION.

et ce qu'elle doit éviter. Elle l'environnera d'une température douce ; la vaccine l'aura préservé d'une contagion mortelle; elle aura soin qu'il ne manque pas de nourriture, mais se gardera de lui en donner trop. Elle pensera aux fonctions, et saura administrer les remèdes qui, par des raisons faciles à deviner, doivent faire la base de tout traitement. Qu'on laisse aux médecins les autres inquiétudes, les autres combinaisons, avec cette confiance religieuse qui donne la patience d'attendre avec résignation un dénoûment que la nature bienfaisante prend souvent soin de régler heureusement elle-même.

Un coup d'œil rapide jeté sur le tableau que je viens de tracer, y fera découvrir les principales bases des complexions, des tempéramens, des dispositions particulières du corps, et de cette métamorphose nouvelle qui s'opère dans l'organisation, sous l'influence de ce grand nombre d'agens divers que nous présentent l'histoire et l'observation des corps environnans. Ce n'est que plus tard qu'on pourra sentir toute l'importance des divisions que je viens d'établir entre les complexions. Voici cependant une réflexion qui se présente : La nature, en s'occupant d'un travail aussi prodigieux que celui de la dentition, le fait, pour ainsi dire, aux dépens de tout le reste de la machine ; et dans ce développement d'instrumens essentiels sans doute, elle fait succomber jusqu'à 375,332 individus sur un million; c'est-à-dire qu'il meurt plus d'un tiers des enfans avant trois ans accomplis. Mais l'éducation qui doit s'occuper séparément du développement et du perfectionnement de tant d'organes plus ou moins nécessaires, comment pourra-t-elle atteindre à son but sans troubler l'ensemble des fonctions de l'économie animale ? C'est encore là un grand problème qu'elle a à résoudre. Il a fallu passer par toutes ces considérations pour montrer qu'on ne doit jamais perdre de vue l'harmonie de l'ensemble, et que, pour avancer d'un pas sûr, on doit procéder avec une juste mesure. C'est un principe presque certain qu'on ne perfectionne et qu'on ne nourrit jamais une partie à un haut degré, sans ôter quelque chose aux autres, sans troubler l'équilibre de répartition. Ainsi l'éducation aura parfois à arrêter de beaux développemens, et si elle les favorise pour mettre l'homme en état de mieux servir un jour la société, ce sera aux dépens d'une plus longue ou plus sûre carrière que pourroit parcourir l'individu livré à lui-même. Du reste, je tâcherai d'indiquer dans la suite ce qu'il faut faire pour prévenir, combattre ou diminuer ces maux, ces inconvéniens et ces dangers.

FRIEDLANDER.

COURS ANALYTIQUE

D'ORTHOGRAPHE ET DE PONCTUATION,

Ouvrage théorique et pratique destiné à toutes les Maisons d'Éducation. Par M. BOINVILLIERS, Correspondant de l'Institut de France, etc. — Un vol. in-12. Prix : 2 fr. 50 c., et 3 fr. 25 c. par la poste.

LA REVUE ORTHOGRAPHIQUE,

Par le même. — Prix : 1 fr. 25, et 1 fr. 50 par la poste. — A Paris, chez Aug. Delalain, rue des Mathurins, n°. 5; et chez le Normant, imprimeur-libraire, rue de Seine, n°. 8, près le pont des Arts.

Les règles de l'orthographe dépendent de la grammaire, de l'étymologie et de l'usage. Un *Cours d'Orthographe*, pour être complet, devroit donc renfermer une Grammaire, un Dictionnaire étymologique et un Recueil de tous les mots pour lesquels l'usage fait loi, que nous connoissions ou non son origine. On voit par là que la langue toute entière se trouveroit dans un pareil Cours. Un volume in-12 peut-il contenir tant de choses différentes, étendues et nécessaires ? personne, je pense, ne s'avisera de le croire. Peut-on espérer cependant d'y faire entrer assez de choses pour le rendre utile ? c'est ce qui me paroît douteux, et l'ouvrage de M. Boinvilliers laisse la question indécise.

Il y a mis beaucoup de grammaire, un peu d'étymologie; et quant aux mots dont l'usage seul détermine l'orthographe, il n'a pas même pu tenter d'être complet.

Sa *Grammaire* est celle qu'on trouve partout; vous y verrez ce qu'est un *substantif*, comment il s'accorde avec l'*adjectif*, comment se forment les féminins des *adjectifs*, comment se conjuguent les *verbes*, etc.; à chaque irrégularité, réelle ou apparente, vous aurez une note où l'auteur se lamentera de ce que l'on n'écrit pas *châteaus, chevaus; home, anciene, ieux, grèque*, au lieu de *châteaux, chevaux, homme, ancienne, yeux, grecque*; comme si ces plaintes pouvoient avoir quelque avantage, ou seulement quelque résultat, maintenant que la langue est fixée et formée au point de ne plus admettre de réforme universelle; comme si ces corrections enfin n'avoient pas déjà été inutilement proposées. Quelquefois M. Boinvilliers en propose de nouvelles qui seroient admissibles; par malheur elles ne sont pas toujours correctes: ainsi il blâme avec raison les grammairiens d'avoir appelé *verbes impersonnels*, c'est-à-dire *qui n'ont pas de personne*, les verbes qui n'ont qu'*une personne*, la 3e, comme *il faut, il pleut*, etc. mais il veut que l'on dise *un verbe monopersonnel*, mot irrégulièrement formé, car il se compose d'un mot grec (μονος seul) et d'un mot latin (*persona*): il faut le composer, comme l'a déjà remarqué M. Boissonade, ou de deux mots grecs ou de deux mots latins, et dire: *verbes monprosopés* (πρόσωπον personne) ou *verbes unipersonnels*. J'insiste sur ce détail, parce qu'on ne doit pas, lorsqu'on veut faire disparoître une irrégularité, en mettre une nouvelle à la place.

DE L'EDUCATION.

On ne doit pas non plus, lorsqu'on donne une table des *verbes défectifs*, la laisser incomplète : pourquoi M. Boinvilliers a-t-il oublié le verbe *moudre* ?

Il a multiplié jusqu'à vingt les règles du *participe passé*, qui pourroient, je crois, se réduire à un énoncé beaucoup plus simple ; encore excuseroit-on ce long développement, si les règles particulières établies par l'auteur étoient toujours justes ; mais comment concilier, par exemple, la 11e et la 12e ? Les voici textuellement :

« *Onzième règle.* Le participe passé construit
» avec le verbe *être* employé pour le verbe *avoir*,
» et suivi d'un infinitif actif, est indéclinable lorsque
» le complément direct du verbe *avoir* est sous-
» entendu, comme : Cette petite fille s'est *vu* pein-
» dre, c'est-à-dire, cette petite fille, a *vu quelqu'un*
» peindre (elle) : d'où il résulte que le mot
» *quelqu'un*, sous-entendu, est seul complément
» du verbe *avoir*, et que le pronom *se* est complé-
» ment du verbe qui est à l'infinitif. Autres
» exemples : Ils se sont *entendu* louer. — Elle
» s'est *vu* emmener, etc.

» *Douzième règle.* Le participe passé construit
» avec le verbe *être* employé pour le verbe *avoir*,
» et suivi d'un infinitif, est déclinable lorsque le
» verbe qui est à l'infinitif actif, est employé
» réellement pour l'infinitif passif, comme :
» Cette dame s'est *vue* peindre par un habile
» homme. — On ne peut pas dire ici : — Cette
» dame a *vu quelqu'un* peindre (elle) par un

» habile homme; — mais on doit dire : — Cette
» dame a vu soi *être peinte* par un habile homme. —
» D'où il suit que le pronom *se* est complément
» du verbe *avoir* et non pas de l'infinitif actif
» *peindre* qui est employé ici dans un sens passif.
» Autres exemples : — Ils se sont *entendus* louer
» par des gens honnêtes. — Elle s'est *vue* emmener
» par un fripon, etc. »

Ne sont-ce pas là des distinctions purement illusoires; et quelle différence réelle pourroit-on indiquer entre les cas de la 11e et ceux de la 12e règle ? Dans les uns comme dans les autres, l'infinitif actif qui suit le verbe *avoir*, peut être tourné en un infinitif passif. « — *Elle s'est vue peindre* » veut dire « *elle a vu soi être peinte;* » comme « — *Elle s'est vu peindre par un habile* » *homme* » signifie « *elle a vu soi être peinte par un habile homme.* » L'unique différence consiste en ce que ces mots « *par un habile homme* » sont sous-entendus dans la première phrase, et énoncés dans la seconde ; mais cette différence n'influe en rien sur la construction logique et grammaticale des deux phrases. M. Boinvilliers affirme que dans le second cas, on ne peut tourner en disant : *Cette dame a vu quelqu'un peindre (elle) par un habile homme ;* cela est indubitable ; mais on peut dire : *Cette dame a vu un habile homme peindre elle ;* ici *habile homme* tient la place de *quelqu'un*, et ce cas est encore parfaitement semblable à celui de la règle précédente. On peut vérifier cette exacte similitude, en comparant les autres exemples, et l'on en conclura que si, comme je le pense, la 11e règle est juste, la 12e est fausse; car toutes les phrases qui s'y rapportent, rentrent dans la 11e (1).

On voit par là que la Grammaire de M. Boinvilliers n'est pas à l'abri de tout reproche, et qu'il en déduit quelquefois des règles d'orthographe un peu erronées. Il a donné moins de développement à celles qui se fondent sur l'étymologie : son ouvrage paroît surtout destiné aux jeunes personnes, et comme elles ne savent guère le latin ou le grec, il ne pouvoit leur indiquer pour raison de l'orthographe de tel ou tel mot, son origine grecque ou latine. Aussi a-t-il été privé de l'un des meilleurs moyens d'assigner à l'orthographe quelques règles sûres, quelques points de ralliement inébranlables. Ce qui est positif et déterminé pour ceux qui savent les langues anciennes, devient vague et arbitraire pour ceux qui les ignorent : les uns ont des règles et des guides où les autres ne voient que l'usage ; ainsi, le moindre latiniste sait pourquoi on écrit *ardent, clément, décent, lent*, etc., avec un *e* ; et *constant, élégant*, etc., avec un *a*; tandis que les autres n'y voient que des distinctions irrégulières. M. Boinvilliers a parlé lui-même de cet avantage que donnent les études classiques : aussi ne sauroit-on lui reprocher un inconvénient qui naissoit du plan et de la nature même de son livre ; mais il auroit

---

(1) La règle 19e ne me paroît pas non plus parfaitement exacte ; mais ce n'est pas ici le lieu de la discuter.

dû, dans sa propre orthographe, se conformer scrupuleusement aux lois de l'étymologie et écrire *tachygraphie*, *okygraphie* (de ταχύς, ὠκύς, rapide, prompt), au lieu de *tachigraphie*, *okigraphie*.

L'usage et ce qu'il prescrit remplit donc la plus grande partie du *cours d'orthographe*; car son domaine, déjà très vaste, s'y accroît encore, à peu de chose près, de tout celui de l'étymologie. Or, je n'ai pas besoin de dire que si l'on veut faire étudier l'usage dans un livre, ce livre doit être un Dictionnaire; que gagnera l'élève à ce qu'on lui dise : Terminez par *esse* les substantifs *adresse*, *altesse*, *foiblesse*, *ivresse*, etc. Il l'apprend pour ces cinq ou six mots que vous mettez sous ses yeux, mais en sait-il davantage pour tous les mots qui sont derrière l'*et cœtera*, et que vous ne pouvez lui offrir à moins de convertir votre ouvrage en un Dictionnaire ? Qui me répond qu'il écrira *paresse* et non pas *paroisse* ? Cet exemple suffit pour faire voir que de pareilles indications sont presque inutiles, parce qu'elles sont nécessairement très incomplètes.

Et qu'on ne dise pas qu'il n'y a aucun inconvénient à être incomplet; car tout ce qui en résulte, c'est que l'on n'apprend pas tout, quoique l'on apprenne beaucoup de choses. Encore un seul exemple : « Terminez par *al*, dit l'auteur, tous les substantifs » et adjectifs masculins de cette désinence, tels que » *amiral*, *bocal*, *libéral*, etc.; excepté *dédale*, » *hâle*, *mâle*, *râle*, *scandale* et *ovale*; substantifs x ou adjectifs. » L'enfant qui croira les exceptions complètes, car il n'y a point ici d'etc., se gardera bien, s'il s'en souvient, d'écrire *pâle* : il mettra *pal* ; et un catalogue incomplet l'aura induit en erreur.

J'ai dit, *s'il s'en souvient*, parce que je doute fort qu'il s'en souvienne. Les livres sont bons pour donner aux enfans des règles générales auxquelles ils puissent soumettre tous les cas qui se présentent à eux ; c'est pour cela que la grammaire et tout ce qui peut être déterminé par des lois grammaticales ont un grand avantage : hors de ces règles générales, les livres sont peu utiles ; l'habitude et une longue expérience font seules connoître et fixent dans l'esprit les cas particuliers qui ne se rangent sous aucun précepte. Ce n'est pas en lisant une ou deux fois un cours d'orthographe que l'on y parvient, car on n'enseigne pas les habitudes, on les fait prendre ; et c'est ici qu'il faut s'en remettre au temps, au développement de l'esprit, et aux progrès de l'instruction.

Quelques occasions où l'orthographe est susceptible de règles générales, par exemple, celle de l'*in*, qui devant les lettres *B*, *M*, ou *P* se change en *im*, comme dans *imbécille*, *imprimer*, etc., ne prouvent rien contre ce que je viens de dire. Sans doute il est bon de recueillir et de donner ces règles, mais elles sont trop peu nombreuses pour former un corps de doctrine. Si M. Boinvilliers avoit borné là son travail, il n'auroit rien fait que d'utile : ce qu'il a voulu faire au-delà est insuffisant, incohérent, et devoit l'être.

Il y a joint un petit traité de prononciation en général assez correct, et où cependant je relèverai quelques fautes, parce que celui qui les feroit passeroit pour un enfant mal élevé : c'est encore ici l'usage qui fait règle, et l'usage de la bonne compagnie est seul admis à donner des lois.

Claude ne se prononce pas *Glaude*, quoi qu'en dise l'auteur, mais *Claude*.

Dans la déclamation noble, on fait sentir le *g* des mots *rang* et *sang*.

Progné, se prononce *Pronié*, et non *Proguené*. *Un gentil enfant* ne se prononce pas *un gentillenfant* comme *gentilhomme*, mais *un genti enfant*, etc. etc.

A la suite de tout cela se trouvent des règles de ponctuation qui se trouvent aussi partout. Ce qu'il y a de plus utile est placé à la fin de l'ouvrage, c'est un recueil d'exercices d'orthographe, composés de phrases où l'auteur a placé à dessein des fautes que l'élève doit s'exercer à corriger. Je crois ce travail fort salutaire : l'enfant obligé d'agir, et de réfléchir avant d'agir, appliquera ainsi les petites connoissances qu'il a déjà acquises, elles se fixeront dans sa mémoire, et s'étendront en même temps. Une telle méthode a de grands avantages, et l'on doit savoir gré à M. Boinvilliers de ce qu'il cherche à la mettre en crédit. Mais c'est précisément lorsqu'on a quelque chose d'utile à dire et à proposer que l'on devroit s'abstenir avec le plus de soin de ce qui ne l'est pas. Les livres d'instruction forment aujourd'hui une forêt épaisse et obscure qu'il faut éclaircir plutôt que de songer à l'étendre. F. G.

CONTES A MA FILLE,

Par M. BOUILLY ; avec cette épigraphe :

Ætatis cujusque notandi sunt tibi mores. Hor.
Il faut étudier avec soin les mœurs de chaque âge.

Deux vol. in-12. Prix : 8 fr. et 9 fr. 50 par la poste. A Paris, chez Ch. Barrois, libraire, place du Carrousel; et chez le Normant, rue de Seine, n°. 8, près le pont des Arts.

A mesure que l'éducation avance, les soins deviennent moins nombreux, mais plus importans. Il y a déjà beaucoup de choses de faites, mais ce qui reste à faire est plus pressé, et il devient plus essentiel que jamais de ne pas laisser se former des plis qu'on n'auroit plus le temps ni le pouvoir d'effacer, et qui alors ne s'effaceroient plus d'eux-mêmes. Au sortir de l'enfance, les penchans commencent à s'appuyer du secours de la réflexion, trop foible encore pour conduire, mais assez forte pour se laisser mener loin dans le chemin qu'on lui a fait ou laissé prendre. Ce n'est plus cette mobilité du premier âge qui efface une idée par une autre : de dix à quinze ans, les idées commencent à prendre une direction uniforme vers la vocation particulière à chaque individu. Tous commencent à sentir l'avenir : la situation qui les attend, l'existence qu'ils vont bientôt avoir dans le monde, voilà les idées qui, confuses encore, mais déjà fixes et constantes, fermentent dans leur jeune imagination.

Ce n'est pas alors que des lectures légèremen choisies peuvent être indifférentes, ou produit seulement de légers inconvéniens, surtout pour les jeunes filles, dont l'activité moins occupée par les objets extérieurs, se replie davantage au-dedans d'elles-mêmes. Mais veille-t-on assez sur cette activité d'imagination qui commence à prendre d'autant plus d'empire, que les jeunes filles sentent déjà la nécessité d'en cacher au moins une partie? Je vais parler d'un livre qui a obtenu beaucoup de succès, que beaucoup de mères sans doute ont mis entre les mains de leurs filles, et l'on verra s'il est desirable que ce succès encourage quelque autre auteur à leur en fournir encore du même genre.

L'ouvrage dont il s'agit est intitulé : *Contes à ma Fille*. J'ouvre le second de ces contes : Une jeune fille, Laure, est à la campagne assise derrière une grille du château de son père; elle voit une pauvre petite paysanne qui vient de se laisser tomber avec six paniers de fraises qu'elle portoit, et les a si bien écrasés dans sa chute, qu'il n'en reste qu'un seul de présentable. Elle se désole, s'écrie que son maître va la chasser, que sa pauvre mère mourra de faim, etc. etc. Laure paie les cinq paniers de fraises écrasés, achète le sixième, tout cela un peu cher, à cause de la primeur; enfin il lui en coûte un louis, seul fruit de ses économies; et elle emporte son panier dans sa chambre, avec le projet *d'augmenter le prix d'une aussi bonne action, en la tenant secrète pour tout le monde*. Mais son père l'avoit vue : il va dans sa chambre voler son panier pendant qu'elle n'y est

DE L'ÉDUCATION. 185

pas; et le lendemain, à un très grand dîner qu'il donnoit, au milieu d'un dessert fort recherché où l'on s'étonnoit de ne pas voir de fraises, il fait apporter le panier, raconte l'histoire, et dit : « J'ai
» cru que je ne pouvois offrir à mes amis et à
» mes convives d'autres fraises que celles-ci : non,
» je ne connois point de corbeille, fût-elle de
» porcelaine du Japon, et remplie des produc-
» tions les plus rares, qui puisse être comparée
» au simple panier de Babet. » Scène de trans-ports, d'attendrissement général : Laure, l'héroïne du jour, distribue elle-même les fraises à tout le monde; et au fond du panier trouve « un collier
» de corail ayant un écusson d'or entouré de
» perles fines, et sur lequel étoient gravés ces
» mots : *Babet à sa bienfaitrice.* »

Voilà donc d'abord une jeune fille de dix à douze ans qui, pour augmenter le prix d'une bonne action, pense n'avoir rien de mieux à faire que de la cacher *à tout le monde*, c'est-à-dire, à son père et à sa mère; et le père et la mère qui pensent ne la pouvoir mieux récompenser qu'en la racontant à cinquante personnes, avec tout l'appareil d'une scène de théâtre, couronnée cependant encore par une récompense plus positive, plus matérielle, d'après laquelle la jeune personne pourra calculer en livres, sous et deniers, ce que rapporte une bonne action. Je ne sais des trois idées que ce récit peut faire entrer dans la tête des jeunes personnes, laquelle est la plus dangereuse; et l'auteur ne cesse pas un instant de s'y montrer parfaitement conséquent. Dans un autre conte, nous verrons une jeune fille de dix-sept ans qui, aussi pour *une bonne action*, au lieu de se rendre à une pension où l'envoyoit sa mère, engage le domestique qui la conduisoit, à la mener dans un village où elle demeure un an à l'insu de tous ses parens; et où, déguisée en paysanne, elle fréquente les jeunes garçons du lieu, et en reçoit des propositions de mariage. D'où il résulte que de dix à dix-huit ans une jeune fille peut diriger *ses bonnes actions* à son gré, sans avoir besoin des avis de ses parens; qu'elle peut même, lorsqu'il s'agit de bonnes actions, les tromper, séduire leurs domestiques, se soustraire à leur surveillance, à leur autorité.

En second lieu, il est établi que, sans compter les cachemires, les bijoux ou le mari qu'on se procure assez ordinairement par une bonne action, elle doit généralement trouver sa récompense dans le plaisir de faire scène au milieu d'un bal ou d'un grand dîner, ou d'être citée dans tout Paris; et, comme ces récompenses ne sont pas réservées à des actions héroïques, toute jeune fille qui aura eu dans sa vie un mouvement de bon cœur ou même de complaisance, peut se supposer digne de l'admiration publique.

Ainsi, qu'une jeune fille donne ses souliers de maroquin vert à une petite paysanne nommée Françoise qui marchoit nu-pieds : d'abord, la chose est racontée, comme de coutume, à un *dîner splendide qui réunissoit de nombreux con-*

vives; ensuite, l'anecdote se répand dans Paris, et toutes les femmes font faire des souliers de maroquin vert, qu'elles appellent par corruption souliers à la *Française*. Que deux jolis enfans, frère et sœur, fassent l'aumône à un pauvre vieillard; ce vieillard, c'est leur père qui s'étoit déguisé ainsi pour les éprouver, et qui, se déguisant une seconde fois, arrive dans un bal masqué sous le costume d'un vieux nègre, pour rappeler à ses enfans ce qu'ils ont fait, et donner à tout le bal une scène d'attendrissement. Si une jeune fille s'est corrigée de sa curiosité, son frère la conduit par la main dans un bal destiné à consacrer ce fait mémorable; et aux applaudissemens de toute l'assemblée, lui dépose sur la tête une couronne de roses blanches, *comme un signe éclatant de la pureté de son cœur et d'un caractère accompli.*

Les punitions sont aussi éclatantes que les récompenses : c'est tantôt une sclandre dans les rues de Paris, tantôt une scène aux Tuileries où la foule s'attroupe autour de la coupable, tantôt une avanie dans un concert public ou à l'Opéra; et ce sont le plus souvent les parens qui ont charitablement préparé cette confusion; et qui, après avoir gâté leurs enfans, ne trouvent que ce moyen de les corriger d'un défaut que jusqu'alors ils ont laissé s'enraciner de la plus étrange manière, et qu'alors ils corrigent plus étrangement encore, en mettant le public dans leur confidence. C'est donc toujours en public qu'on nous montre ces jeunes filles de douze ou treize ans; toujours sur le théâtre, pour y être applaudies ou sifflées, selon qu'elles auront bien ou mal rempli des scènes le plus souvent préparées d'avance. J'ignore s'il est possible de présenter le monde à des jeunes personnes d'une manière plus fausse et plus dangereuse. Je ne voudrois assurément pas qu'à dix ou douze ans on leur mît entre les mains des romans d'amour; mais peut-être auroient-ils à cet âge moins d'inconvéniens que des contes d'un genre pareil. Elles n'y verroient que les aventures, et n'en comprendroient pas les sentimens. Ici, aventures, sentimens, tout est à leur portée; tout éveille, anime ce besoin de se faire remarquer, première passion des jeunes filles. Avant de songer à plaire, une jeune fille veut être vue, veut être regardée. Plus tard, elle pourra trouver du plaisir dans la société de quelques jeunes gens de son âge; maintenant, elle le cherchera dans une promenade, où elle sera vue par un grand nombre. Les agrémens de la figure sont ceux qu'elle prise le plus, parce qu'ils peuvent être aperçus de tous; et c'est sur les agrémens de la figure que M. Bouilly reporte sans cesse l'attention des jeunes filles qui liront ses Contes. Toutes ses héroïnes, bonnes ou mauvaises, sont belles comme le jour. Sans cesse elles se trouvent dans des situations qui font ressortir les agrémens de leur *céleste* ou de leur *ravissante* figure. Le grand inconvénient des défauts, c'est de les enlaidir, d'altérer le charme de leurs traits, ou de *souiller leurs lèvres de rose*. Si une jeune fille tiré de là un précepte, c'est qu'il faut rester jolie le plus qu'on peut. Mais ce qu'elle en tirera, ce sera un aliment pour les rêveries qui commencent à l'occuper; et qu'on ne suppose pas ces rêveries moins dangereuses que celles qui vont dans quelque temps leur succéder, parce qu'elles ne les occupent encore que d'incidens où leur cœur n'entre pour rien. Croit-on le cœur d'une femme plus à craindre pour elle que sa tête, et connoît-on quelque passion qui puisse lui devenir plus dangereuse que la vanité? Cette vanité qui la livrera peut-être un jour aux désordres qu'entraîne le goût du luxe, qui la laissera sans force contre l'éclat d'un homme à la mode ou d'un homme puissant, est la même qui remplit déjà sa jeune tête de chimères, et qui, combinée avec cette disposition romanesque qui commence à s'emparer de son esprit, avec ce besoin de mouvement qui agite toute son existence, l'entraîne en imagination vers ce qui l'éloigne le plus du cours ordinaire de la vie et de l'état auquel elle est destinée. Ecoutez-la; elle rêve de reines, de princesses à qui elle parle, de qui elle se fait remarquer; et M. Bouilly, qui semble avoir écrit sous sa dictée, tant il a su trouver ce qui peut séduire son imagination, ne manque pas d'employer ce moyen d'éducation. Ayez à la promenade une attention pour une inconnue, c'est une princesse ou une grande dame, et l'on devine tout ce qui en résulte. Jamais il ne vient à l'esprit de l'auteur, jamais il ne présente à celui des jeunes personnes l'idée d'un plaisir simple, ou si on l'entrevoit, c'est étouffé sous la magnificence des accessoires, et en particulier de parure sous des détails, traités dans ces Contes avec une complaisance qui ne laisse rien à desirer à celles pour qui ils sont écrits; que de posséder toutes les richesses qu'on leur étale. Partout des diamans et des cachemires: il n'y a peut-être pas trois contes sur dix où nous n'ayons au moins des perles fines, et toujours les chiffons les plus frais, les garnitures les plus recherchées, des costumes destinés à faire effet. On voit une jeune fille de treize ans se désoler de ce que, pour avoir mangé son argent en bagatelles, elle est réduite à aller au bal avec *une simple robe de crêpe blanc*. Ce chagrin-là est de fort mauvais exemple, et ce ne sont point de pareilles sociétés qu'il faut donner à de jeunes filles; elles tiennent à un monde dont il ne faut pas que les vapeurs parviennent jusqu'à des êtres dont on veut soigner le bonheur et la vertu. Ce monde, s'il existe en effet tel qu'il se laisse entrevoir dans les *Contes à ma Fille*, est mortel à l'enfance et à la première jeunesse: aussi n'y subsistent-elles pas long-temps; on ne les y voit que dénaturées, dépouillées de leur charme, de leurs habitudes, et même de leurs défauts; elles en ont d'autres, mais qui ne sont plus propres à servir de leçons. Ce ne sont plus pour les enfans des défauts qui puissent leur appartenir, ce sont les priviléges d'un âge plus avancé. En lisant les Contes de M. Bouilly, de jeunes filles, élevées comme elles le doivent être, verront avec une surprise mêlée peut-être d'une sorte de considération, de jeunes filles comme elles, courir les marchands, les spectacles; parler, se faire écouter; elles verront une jeune *Cornélie* rassembler autour d'elle les jeunes gens, et les amuser par des bons mots qu'avec des *bravo* et des *applaudissemens* ils lui promettent de *répandre dans tout Paris*. Elles la verront dans un concert public interrompre par un éclat de rire moqueur, le silence avec lequel on écoutoit un beau morceau de musique, et mettre en émoi toute l'assemblée. Elles verront une petite Mélanie citer, trancher, disputer au spectacle, contre les gens connus ou inconnus qui se trouvent par hasard à côté d'elle, et traiter d'ignorant celui qui n'est pas de son avis. Elles verront une grande et minaudière Emma, arriver dans une boutique, tout renverser avec nonchalance, en disant : *Nous autres élégantes*, etc. Quand elles auront contemplé tout cela, ce qu'elles auroient de mieux à faire seroit assurément de l'oublier ; mais soyez sûr qu'elles n'en feront rien, dussent-elles en apercevoir tout le ridicule : ce ridicule tient à quelque chose qui aura frappé leur esprit. Les enfans imitent les grimaces après les avoir contrefaites. Vous ne pouvez douter, par exemple, qu'après avoir lu les deux volumes de M. Bouilly, votre fille ne se serve beaucoup plus souvent des mots *délicieux*, *ravissant*, *céleste*, etc., et de toutes ces expressions hyperboliques employées si à propos dans ces Contes, qu'en parlant d'un vieillard qui dort, l'auteur s'écrie : *Sa figure encore fraîche, ombragée de cheveux blancs*, *étoit si ravissante !* Il est difficile d'espérer aussi qu'elle ne retiendra pas quelques lambeaux de ce ton sentencieux, maniéré, de ce dialogue si peu naturel où l'on promet à une jeune fille qu'elle sera regardée comme *la favorite du dieu du goût*, où *la grâce* vient à tout propos *s'unir au sentiment*, etc.; mais vous pourrez vous regarder comme fort heureux, si à ces inconvenances de langage elle ne joint pas des expressions de peu d'usage dans la bonne compagnie, de nombreuses incorrections, et plusieurs autres acquisitions dont le détail prolongeroit trop cette critique, plus que suffisante pour prouver, je crois, qu'avec de bonnes intentions, de l'esprit et du talent pour amuser les hommes, on peut fort bien ne pas savoir faire un livre pour les enfans. Il faut les avoir écoutés bien long-temps, avant de leur parler; autrement, « pour une idée que vous leur donnez, la croyant » bonne, dit Rousseau, vous leur en donnez à la » fois vingt autres qui ne valent rien; pleins de ce » qui se passe dans votre tête, vous ne voyez pas » l'effet que vous produisez dans la leur. »

P. M.

ANNALES DE L'ÉDUCATION.

DE L'INÉGALITÉ DES FACULTÉS, DE SES INCONVÉNIENS ET DES MOYENS DE LES PRÉVENIR.

(IIe Article.)

EN commençant à traiter de la faculté de *l'attention*, j'ai tâché d'indiquer les qualités générales qu'elle doit avoir, les principaux moyens de les cultiver, selon leur degré de force ou de foiblesse, et les dispositions de caractère auxquelles s'allient communément les unes ou les autres de ces qualités. Je n'ai pas besoin d'insister davantage sur l'importance des soins à prendre pour fortifier une faculté sans laquelle nous ne pouvons rien connoître avec certitude et exactitude, et que des hommes de génie ont regardée comme la base du génie ; mais il est nécessaire de distinguer les différens genres d'attention auxquels les enfans peuvent être enclins, et les différentes méthodes dont on doit se servir pour en guérir les inconvéniens ou en étendre les avantages. D'après la remarque du docteur Reid, l'attention que nous prêtons aux objets extérieurs, à tout ce qui se passe hors de nous, constitue ce que l'on nomme *l'observation* ; et l'attention aux choses qui se passent en nous, est appelée *réflexion*. L'ignorance des enfans, la curiosité qui en résulte et le besoin d'agir, les portent sans cesse à *l'observation*; la *réflexion* leur est presque étrangère : c'est ici une nouvelle preuve de cette sagesse de la Providence que nous devons toujours consulter et imiter. *L'observation* est la source de l'expérience, et l'expérience est le fondement de nos opinions et de notre conduite. Plus tard, l'observation et la réflexion auront besoin de se réunir, pour former l'expérience de l'homme : à l'entrée de la vie, l'observation seule est nécessaire pour l'expérience de l'enfant, elle suffit à sa petite activité; c'est à elle à recueillir les matériaux d'après lesquels se dirigera et sur lesquels s'exercera, dans la suite, sa réflexion encore peu capable d'agir. Il faut donc bien se garder de favoriser de bonne heure ce dernier genre d'attention; peu d'enfans à la vérité y sont disposés; cependant on le rencontre quelquefois dans les individus d'une complexion foible, d'un caractère sensible et d'un esprit précoce : je ne sais même si la précocité ne tient pas, presque toujours, au développement prématuré de cette attention intérieure qui constitue la réflexion; c'est du moins celle qu'on admire le plus dans les enfans; et c'est la plus fâcheuse, parce que c'est la moins convenable à leur situation et à leur âge. Qu'un enfant ait une mémoire extraordinaire, une présence d'esprit rare; qu'il fasse des combinaisons rapides; c'est ce dont on doit se féliciter, parce que ces dispositions sont en lui le résultat d'une attention d'observation forte et soutenue; mais qu'il soit

enclin à méditer sur ses propres sentimens, ses jeunes idées, qu'il ait l'air de se connoître lui-même, de jouir de sa foible raison, de son petit cœur, et de comprendre le cœur et la raison des grandes personnes, c'est ce qu'on ne sauroit trop déplorer; parce que ce travail, encore inutile, use d'avance des facultés encore trop foibles pour y suffire; et empêche le développement de celles qui doivent naître et se fortifier les premières. « Dans ces
» cas-là, dit M. Dugald-Stewart, le progrès des
» facultés intellectuelles est hâté d'une manière
» prématurée; mais la meilleure de toutes les édu-
» cations se trouve perdue. Cette éducation que
» la nature a destinée à tous les hommes, au phi-
» losophe et à l'homme du monde, et que tous
» reçoivent en commun dans les jeux actifs de
» l'enfance et dans les hasardeuses aventures qu'elle
» se plaît à tenter. Ces jeux, ces hasards, sont la
» seule école où nous puissions acquérir non-seu-
» lement la force de caractère qui est nécessaire
» dans les situations difficiles où les hommes se
» trouvent si souvent placés, mais encore cet em-
» pire prompt et assuré sur notre attention en tout
» ce qui concerne les choses extérieures, sans
» lequel les plus beaux dons de l'intelligence,
» quelques succès qu'ils procurent dans les médi-
» tations solitaires, sont de peu d'usage dans la
» pratique des affaires, ou dans l'art, nécessaire à
» chaque individu, de tirer parti de son expé-
» rience personnelle. »

C'est donc l'attention *d'observation* que dans tous

les enfans, et surtout dans ceux qui y sont le moins disposés, il faut tâcher de rendre exigeante, patiente et soutenue : ils ont le besoin et le desir de connoître, par conséquent d'observer. L'attention leur a été donnée à cette fin; le premier pas à faire, c'est d'engager leur volonté à mettre en jeu cette faculté naissante; on doit en même temps leur apprendre de quelle manière ils pourront s'en servir pour atteindre le but qu'elle se propose. Les enfans, ainsi que les hommes, se plaisent à faire usage de leurs facultés, quand ils savent les employer et les diriger conformément à leur nature et à leur destination : courent-ils rapidement? ils aiment la course; sautent-ils agilement? ils aiment le saut: dès qu'ils ont appris à bien lire, la lecture devient pour eux un plaisir. On peut dire, en général, que lorsqu'ils ne se plaisent pas à exercer telle ou telle faculté, par exemple l'attention, la mémoire, etc., c'est qu'ils ne savent pas s'en servir; c'est donc là ce qu'il importe de leur apprendre. Je ne veux pas parler ici des moyens par lesquels on influe sur la partie morale du caractère, pour inspirer de la bonne volonté et du zèle aux enfans trop souvent tentés d'en manquer; je me borne à indiquer ce qu'on peut faire pour agir directement sur les facultés intellectuelles elles-mêmes, les fortifier et les régler dans leur marche.

Ce qui empêche les enfans de faire attention, c'est, ou la fatigue que ce travail leur cause, ou la distraction qui appelle ailleurs cette faculté. Quand elle est fatiguée, n'espérez pas de rien gagner en cherchant à l'exercer encore : le dégoût viendra à la suite de la lassitude et une aversion volontaire se joindra à une incapacité réelle. Quand elle est errante et mobile, ne croyez pas que vous la retiendrez en lui ordonnant de se fixer ; les enfans ont sur le jeu de leurs facultés intellectuelles moins d'empire que les hommes ; et qui de nous pourroit se vanter de savoir maîtriser son attention selon l'ordre qu'il en recevroit ? L'attention se fatigue lorsqu'elle est trop foible pour suffire à la tâche qu'on lui impose, elle se promène au hasard lorsque les objets qui se présentent à elle ont plus d'attraits que celui sur lequel on voudroit la retenir : proportionner son devoir à sa force, et rendre l'objet sur lequel elle s'exerce assez intéressant pour l'occuper toute entière, de sorte que les objets étrangers n'aient plus de prise sur elle, tels sont donc les moyens d'atteindre le but qu'on doit se proposer en la dirigeant, c'est-à-dire, de la fortifier et de la fixer.

L'homme est né pour agir, et c'est pour agir qu'il a besoin de connoître : aussi les enfans, dès qu'ils ont acquis une connoissance nouvelle, cherchent-ils à la faire tourner au profit de leur activité ; tout objet nouveau leur sert à quelque nouvel usage conforme à leur goût pour le mouvement ; appliquer leurs facultés naissantes, sans que cette application ait un but d'activité, un résultat plus immédiat, plus positif que celui de savoir, est pour eux un effort pénible et contre nature. Vous leur parlez, vous leur donnez des leçons, et vous voulez qu'ils soient attentifs en vous écoutant ; s'ils pouvoient espérer de réagir sur vous, de vous soumettre aussi à leur influence, ils emploiroient volontiers toute leur force à acquérir des connoissances dont ils se serviroient ensuite pour faire à leur tour acte de puissance et de liberté; mais dès qu'ils se bornent à vous écouter, à s'instruire sous votre dictée, cette occupation passive a peu d'attrait pour eux; elle ne remue pas assez fortement leur esprit; elle n'ouvre pas devant eux un avenir de mouvement, d'action, d'espérance. S'ils ont assez de bonne volonté pour vous prêter toute leur attention, cette faculté bientôt lasse d'un effort si difficile, ne tarde pas à se refuser au zèle le mieux intentionné, et si ce zèle manque, elle est incessamment distraite par des objets qui intéressent davantage l'activité naturelle de l'enfant.

Faites-le donc agir, si vous voulez que son attention se fixe et ne se fatigue pas en peu de minutes; qu'en s'instruisant il agisse, et qu'il entrevoie qu'après s'être instruit, il aura de nouveaux moyens d'agir, il sera attentif. Pourquoi les enfans apprennent-ils si aisément et sitôt leur langue maternelle ? c'est qu'ils sont obligés de la parler. Pourquoi celui qui prend une leçon, qu'il doit répéter ensuite à d'autres enfans moins avancés, y apporte-t-il tant d'attention et de zèle ? c'est qu'il aperçoit, au bout du temps où il se soumet à l'influence de son maître, celui où il pourra exercer aussi une influence et être maître à son tour. Animée et soutenue par de tels motifs, l'attention se concentre sur l'objet dont la connoissance doit amener des résultats si agréables à l'enfance, et s'y applique aussi long-temps que le permettent les forces de son âge.

J'ai vu un enfant allemand qu'on avoit amené en France, sans qu'il sût un mot de français; forcé de vivre au milieu de petits camarades qui ignoroient également sa langue, il apprit rapidement tous les mots, toutes les phrases dont il avoit besoin pour s'entendre et jouer avec eux; bientôt il fut en état de ne se trouver jamais embarrassé, tandis qu'avec son maître qui lui enseignoit le français comme on enseigne communément les langues, c'est-à-dire, en endoctrinant un petit être immobile, debout ou sur une chaise, il étoit incapable d'en traduire quatre lignes. Comme écolier, cet enfant étoit un être passif, peu intéressé à profiter de leçons où il n'agissoit point; comme camarade d'autres enfans, c'étoit un être actif, attentif à observer et à retenir tout ce qui pouvoit lui donner les moyens d'agir et de parler comme les compagnons de ses jeux. Cet exemple suffit pour faire sentir l'importance de ce précepte : *Que l'objet sur lequel vous voulez retenir l'attention des enfans, soit aussi pour eux un objet d'activité.* Quand ils apprennent, ils se sentent dépendans et foibles; dès qu'ils agissent, ils se croient puissans et libres. Quelle différence entre les motifs de constance et de zèle que peuvent fournir ces deux situations!

Ne les astreignez donc pas de trop de bonne

heure à ces études entièrement nouvelles pour eux, qui ne se lient à rien dans leur esprit ni dans leur existence, et qui les obligent à recevoir passivement les idées et les connaissances que vous voulez leur donner. On vient de voir que ce n'est pas là le moyen de fortifier et de fixer l'attention. Or, tant que l'attention est foible et vagabonde, à quoi sert l'étude, telle du moins qu'on a coutume de l'imposer aux enfans ? Nous devons les faire étudier, non pour qu'ils sachent, car on ne sait rien à cet âge, mais pour former les facultés à l'aide desquelles ils acquerront un jour la vraie science, et pour amasser des matériaux dont ces facultés puissent disposer quand elles seront en état de choisir; c'est pour cela que les études qui occupent la mémoire, et en particulier l'étude des langues, sont si convenables à l'enfance. Elles étendent, remplissent les magasins de l'esprit, et lui fournissent de nouveaux instrumens dont il profitera plus tard. Mais toutes ces études, surtout dans les premières années, ne doivent être considérées que comme des moyens de fortifier et de fixer l'attention ; c'est d'après ce but qu'elles doivent être organisées ; c'est à cela que doivent tendre les méthodes d'enseignement. Envisagée sous ce point de vue, réglée et limitée d'après ce principe, l'étude devient non-seulement utile, mais nécessaire; car elle est plus propre que toute autre chose à faire acquérir ce pouvoir de la volonté sur l'attention, si nécessaire dans tout le cours de la vie. Si vous ne présentiez jamais à l'enfant que des objets susceptibles d'exciter et de fixer naturellement son attention, sans que sa volonté raisonnable y prît aucune part, vous pourriez fortifier en lui cette faculté et la rendre capable d'un travail difficile; mais vous ne le rendriez jamais capable de cette attention volontaire, qui se fixe et s'applique selon que l'exige la nécessité ou le devoir. Il ne s'agit pas seulement de donner à l'homme des facultés saines et fortes; ces facultés doivent être, autant du moins que cela se peut, à la disposition de sa volonté; et cela se peut plus, peut-être, qu'on n'est communément porté à le croire. Un homme célèbre (1) étoit si bien maître de son attention, que lorsqu'il avoit été interrompu, au milieu de son travail, par une visite ou un dérangement quelconque, il reprenoit après, sans peine et sans perte de temps, la suite de l'idée et de la phrase qu'il avoit laissées non achevées. Ce pouvoir de la volonté sur l'attention constitue ce qu'on appelle *l'application*, et l'étude seule peut faire acquérir à l'enfance cette qualité précieuse. Lorsque par des excitatifs moraux, tirés soit du sentiment du devoir, soit de l'émulation, soit du desir de satisfaire des parens ou des maîtres, vous aurez disposé l'enfant à faire acte de bonne volonté, et qu'il se mettra ensuite à l'étude, vous verrez son attention, mise en jeu par sa volonté, se changer en une application véritable, et vous aurez ainsi l'avantage de fortifier, à la fois, l'attention même

---

(1) M. de Condorcet.

par l'exercice auquel elle se soumettra, et le pouvoir de la volonté raisonnée sur l'attention, par l'habitude que prendra l'enfant d'exercer l'une au gré de l'autre.

Voilà, je crois, le grand avantage de l'étude, avantage inappréciable, qu'il suffit d'indiquer pour montrer le danger de ces méthodes légères qui veulent faire de tout un amusement pour l'enfance, et qui détruisent ainsi ce qu'il y a de plus nécessaire dans la vie, la puissance de la volonté sur l'exercice des facultés intellectuelles. Tout acte d'attention suppose sans doute un acte de volonté; mais ce qui importe, c'est que l'homme se rende compte de cette volonté, et qu'il sache que s'il peut, c'est parce qu'il veut et quand il veut. Supposons qu'il soit possible, en instruisant un enfant, de l'amuser et de l'intéresser toujours assez vivement pour qu'il soit toujours empressé et attentif, sans que sa volonté, considérée du moins comme agent raisonnable et moral, y prenne aucune part; il grandira : un temps viendra où il sera nécessairement forcé de faire des études qui n'auront plus la même facilité et le même attrait ; il ne saura rien, car on ne sait rien dans l'enfance, et il n'aura pas appris à étudier, car il n'a pas appris à faire usage de sa volonté pour l'étude. Comparez-le à un enfant qu'on a accoutumé, tout en ménageant son caractère et ses forces, à s'appliquer en étudiant, c'est-à-dire, à faire un acte d'attention résultant d'un acte de volonté dont il a la conscience, celui-ci, toujours maître des facultés qui se sont accrues avec l'âge, en disposera pour vaincre les obstacles qu'il rencontrera dans ses nouvelles études; tandis que celui-là, incapable de trouver en lui-même un principe de mouvement et d'action dans des facultés qui n'ont jamais été mises en jeu que par l'attrait même des objets sur lesquels elles se sont exercées, se rebutera aisément et restera superficiel.

Ce qui a trompé, sans doute, la plupart des inventeurs de ces méthodes frivoles, c'est qu'ils ont cru devoir et pouvoir instruire l'enfant sans y faire intervenir sa propre volonté : ils ont séparé l'instruction de l'éducation morale, tandis qu'elles doivent être intimement liées, et que l'une doit tirer de l'autre ses plus puissans mobiles. C'est de l'être moral, c'est-à-dire capable de volonté, que l'être intelligent peut recevoir une impulsion forte et durable. Lorsque vous êtes parvenu à donner à l'enfant ce point d'appui, que rien ne sauroit remplacer, prenez soin alors de lui faciliter sa tâche ; inventez des méthodes simples et promptes qui l'intéressent, éveillent son activité et aplanissent devant lui la route : il est intéressé à réussir, par cela seul qu'il a voulu lui-même entreprendre ; ses succès l'encourageront : c'est à vous à les lui rendre assez faciles pour ne pas rebuter, assez laborieux pour entretenir son application ou son attention volontaire.

Servez-vous à ce dessein d'un des élémens les plus actifs de l'esprit humain, de *l'association des idées*. Personne n'ignore avec quelle facilité rapide une idée nous conduit à d'autres idées qui ont avec elle des rapports quelquefois très difficiles à saisir, et quelle influence cet enchaînement exerce sur les opérations de notre intelligence. Je n'ai pas à parler ici des soins qu'on doit prendre pour régler, dès l'enfance, ces associations d'idées, et empêcher qu'elles ne deviennent, dans la suite, une source de préjugés et d'erreurs; je veux seulement indiquer le parti qu'on en peut tirer pour rendre l'attention plus aisée, tout en l'obligeant à être soutenue. Quiconque a observé les enfans, a pu voir que fort souvent leur attention étoit distraite par une idée que faisoit naître en eux celle dont on les occupoit, et qu'ils suivoient de préférence. Etudiez ces idées qui viennent ainsi à la traverse, cherchez à les deviner, à voir comment elles se sont introduites dans la tête de l'enfant, par quels liens elles s'unissent aux idées précédentes; et au lieu de les mettre entièrement de côté, de les regarder comme non avenues, de gronder l'enfant qui s'y livre, suivez-les avec lui, accoutumez-le à se rendre compte de leur liaison avec l'idée principale à laquelle elles sont venues se joindre, et si cette liaison est logique, profitez-en pour ramener son attention sur cette idée principale et la fixer en quelque sorte dans son esprit par un fil de plus. Un enfant apprenoit à la fois son catéchisme et les fables de Florian : comme cette dernière leçon l'intéressoit beaucoup, il en étoit toujours préoccupé et faisoit peu d'attention à la première; sa mère s'aperçut que chaque démande du catéchisme qui traitoit soit de la reconnoissance ou de l'obéissance due aux parens, lui rappeloit une fable déjà apprise, et qu'alors son attention, détournée de la morale en préceptes, ne s'occupoit plus que des souvenirs de ces animaux dont les actions y tenoient de près ou de loin. Elle profita de cette découverte : à chaque leçon du catéchisme que l'enfant devoit apprendre par cœur, elle se mettoit au courant de la fable qu'il y rapportoit ; en causoit alors avec lui ; le ramenoit de la fable à la leçon, et parvenoit ainsi à lui faire apprendre assez vite, ce qu'auparavant il laissoit traîner plusieurs heures, tant il étoit distrait par les associations d'idées. Beaucoup de parens, sans doute, ont par-devers eux des exemples, qui leur ont montré comment on pouvoit faire tourner ainsi la distraction même au profit de l'attention. On peut dire, en général, que lorsque des enfans se sont écartés d'une idée pour en suivre une autre qui s'y lie, ils oublient bientôt la première, parce qu'ils ne savent pas y revenir. Un premier écart en amène un second, et ils s'éloignent toujours davantage du point de départ ; il ne s'agit donc que de les y ramener en établissant, par un retour heureux, une nouvelle association entre l'idée principale et celles qui en sont sorties. Ces soins minutieux et délicats ne sont cependant pas sans importance : on épargne ainsi à l'enfant beaucoup de contrariétés et de peines ; et ce même principe de l'association des idées, à l'aide duquel on combat les inconvéniens de cette distraction qui affoiblit l'attention en la promenant sur une foule d'objets, peut servir aussi à lui rendre plus facile ce passage d'un objet à un autre, auquel elle est souvent obligée.

L'ordre établi dans les leçons des enfans est en général assez arbitraire : on en règle les heures et la succession d'après des convenances presque toujours étrangères au fond des choses mêmes : ainsi une leçon de latin suit quelquefois une leçon de dessin, et la leçon d'écriture vient ensuite. N'y auroit-il pas de l'avantage, pour faciliter aux enfans leur travail et hâter leurs progrès, à consulter dans cette distribution les associations d'idées qui peuvent les conduire naturellement d'une leçon à l'autre ? L'enfant qui vient de prendre sa leçon de dessin s'est appliqué à copier ; il a étudié des traits, des formes : si l'on n'a pas trop prolongé pour lui cette étude, sa main est peu fatiguée, et son esprit est disposé sans doute à transporter sur une étude analogue l'attention qu'il vient de donner et l'expérience qu'il vient d'acquérir. Que n'en profitons-nous pour sa leçon d'écriture ? On prend bien soin de rapprocher l'étude du latin et du grec, celle de la géographie et de l'histoire ; il seroit aisé, si je ne me trompe, de distribuer ainsi les heures du travail selon une sorte d'ordre des matières qui soulageroit l'enfant d'une partie des efforts que lui cause la multiplicité de ses occupations. Le changement seroit assez sensible pour que cette variété qui délasse l'esprit subsistât encore, et pas assez brusque pour que l'attention fût obligée de se redonner sur nouveaux frais, à l'occasion d'un objet tout nouveau, la peine qu'elle a eue à se fixer d'abord sur un objet quelconque. L'enfant commence par faire un effort pour s'appliquer; cet effort lui réussit : au moment du succès, la leçon change, le cours de ses idées est interrompu; nouvel effort à faire, plus pénible que le premier : aussi n'est-il pas rare de voir des enfans mêler dans une leçon ce qu'ils viennent d'apprendre dans la leçon précédente, bien qu'elles n'aient entre elles aucun rapport. Si elles en avoient d'essentiels, cet inconvénient deviendroit un avantage, et l'enfant lui-même, charmé des facilités inattendues qu'il trouveroit dans son nouveau travail, redoubleroit de zèle. Ajoutez à cela qu'une pareille méthode établiroit de bonne heure dans ses connoissances et dans ses idées cet ordre, cette liaison que la plupart des hommes parvenus à l'âge mûr ont tant de peine à mettre dans les matériaux épars qu'ils ont amassés pendant leur jeunesse.

Tels sont les principaux moyens qui me paroissent propres à diriger et à fortifier *l'attention* de manière à la rendre exigeante, patiente et soutenue. J'ai dû commencer par cette faculté, parce que c'est celle dont la foiblesse ou la force influe le plus sur l'énergie des autres; il me reste à parler encore d'autres facultés fort importantes, et d'abord de la *mémoire*, qui dépend si intimement de l'attention.

F. G.

JOURNAL

ADRESSÉ PAR UNE FEMME A SON MARI, SUR L'ÉDUCATION DE SES DEUX FILLES.

Numéro IV.

Nous avons été plusieurs jours, Sophie et moi, en état d'observation : elle, pour tâcher d'établir une mauvaise habitude; moi, pour l'empêcher. Puisque nous jouions au plus fin, il falloit bien que cette pauvre Sophie fût prise : aussi avoit-elle essayé d'abord d'aller à force ouverte; mais j'ai évité les rencontres.

Elle s'étoit mis dans la tête depuis quelque temps de se faire prier pour prendre son ouvrage : je ne réussissois plus à la piquer d'honneur ; il falloit presque toujours en venir à des ordres positifs. Enfin, l'autre jour, ils ont manqué leur effet : elle s'étoit décidée à la désobéissance, l'entêtement étoit au comble, la colère l'a suivi; toute la matinée s'est passée en désespoirs et en punitions : l'ouvrage, dix fois remis entre ses mains, n'étoit pas, à l'heure du dîner, avancé du quart d'une tâche fort courte. Sophie a été privée de cerises à son dessert; et il n'en a pas moins fallu, après le dîner, reprendre l'ouvrage au milieu des larmes. Je l'ai fait asseoir auprès de moi; j'ai pour ainsi dire dirigé sa main : chaque point exigeoit un ordre et coûtoit un sanglot. Ce n'étoit plus de la colère mais de la douleur, le sentiment d'un malheur profond, suite naturelle des secousses violentes qu'elle avoit éprouvées. La pauvre enfant étoit épuisée : après avoir pleuré encore quelque temps, elle s'est endormie. Je l'ai fait coucher de bonne heure. L'état d'abattement où elle étoit nous a sauvé une explication : en ce moment elle n'auroit pas été à mon avantage ; j'étois décidée à n'en point avoir. On m'avoit opposé une résistance si déclarée, qu'il avoit été nécessaire d'employer à la vaincre l'autorité et même la force, plutôt que de laisser s'établir cette idée, que la résistance pouvoit être bonne à quelque chose. Mais je crois qu'ensuite il eût été dangereux de prolonger ce choc des volontés, où la sienne pouvoit acquérir une force qui, sous peine des plus fâcheuses conséquences, auroit peut-être obligé la mienne à céder. J'ai pensé qu'il valoit mieux revenir par un détour à des habitudes d'obéissance, qui souffrent toujours beaucoup moins d'une interruption que d'un combat.

Le lendemain, elle est entrée chez moi d'un air incertain, ne sachant trop si elle devoit être honteuse ou fâchée, mais disposée à quelque chose d'extraordinaire. Elle s'avançoit lentement, tandis que Louise m'embrassoit. Je lui ai donné une commission ; j'ai ensuite trouvé moyen de l'occuper à plusieurs petites choses qu'elle fait volontiers. Je n'avois point l'air de satisfaction qu'elle me voit quelquefois, mais je ne cherchois pas à témoigner de mécontentement. Toute déroutée de cette manière à laquelle elle ne s'attendoit pas, elle ne sa voit que faire de son humeur. L'heure de la leçon d'écriture est venue, j'ai apporté un exemple nouveau ; ce qui cause toujours un extrême plaisir. Tous les griefs ont été oubliés ; on s'est mis à écrire avec ardeur, avec succès. Après une leçon si bien prise, on n'a pas osé me dire qu'on n'avoit pas étudié celles qu'on devoit savoir auparavant ; on m'a demandé seulement un moment pour les achever. Ce moment s'est prolongé sans que j'y prisse garde ; j'ai trouvé moyen de gaspiller le temps : la matinée étoit passée, que je n'avois pas pu dire à Sophie de prendre son ouvrage. Je lui en ai fait la remarque en riant ; elle en a ri comme moi. J'ai tâché de me faire donner une promesse de réparer le lendemain. On m'a répondu d'un signe de tête affirmatif. J'ai alors hasardé un mot sur la journée de la veille, qu'il ne falloit pas renouveler ; et en insistant, j'ai encore obtenu un signe de tête. On sembloit craindre de se trop engager par des paroles, comme autrefois on refusoit de jurer sur certaines châsses, plus respectées que les autres et plus redoutées des parjures ; mais j'étois décidée à faire respecter mon intervention.

Hier, lorsque j'ai dit de prendre l'ouvrage, je n'ai pas voulu remarquer les murmures et le délai qu'on a mis à m'obéir. Quand Louise m'a demandé à quelle heure nous irions nous promener, j'ai dit que ce seroit lorsque Sophie auroit fini son ouvrage, sans paroître apercevoir qu'il n'étoit pas commencé. Cependant, lorsque Louise s'est plainte d'un retard qui se prolongeoit beaucoup, il a bien fallu voir où en étoient les choses, et en lui cherchant

DE L'EDUCATION.

un amusement pour la dédommager; déclarer que nous ne pourrions pas sortir. Alors Sophie a éclaté en pleurs, comme à l'annonce d'un malheur qu'elle n'avoit pas prévu. Je l'ai prise doucement par la main, et l'attirant vers moi: *Mais, mon enfant,* lui ai-je dit, *tu ne peux avoir envie de sortir, tu m'as promis de travailler aujourd'hui, et si tu sortois sans l'avoir fait, tu manquerois à ta parole.* Sophie attache beaucoup de prix à l'honneur de tenir sa parole: elle m'a répondu, tout embarrassée, qu'il lui restoit encore l'après-dînée. Je n'ai pas voulu lui dire qu'elle savoit bien que nos conditions étoient qu'on eût fini le matin. Ce n'est pas au moment où j'avois besoin de sa probité qu'il falloit la convaincre de mauvaise foi; d'ailleurs, je pense comme Fénélon: « Qu'il ne faut point dire à l'en-» fant son défaut sans lui donner quelque moyen de » le surmonter, qui l'encourage à le faire. » Il en eût trop coûté en ce moment à Sophie pour reconnoître la vérité: il auroit fallu abandonner l'honneur de se montrer fidèle à sa parole, ou la promenade, et j'aurois craint pour l'honneur. Je laissai entrevoir qu'une promesse de travailler le soir nous permettroit de sortir: ce n'étoit point un ordre, c'étoit un marché que je proposois; on y acquiesça. Quelques mots sur les honorables avantages de la probité gonflèrent de joie ce petit cœur; l'instant d'auparavant tout plein d'amertume. Nous nous mîmes à moraliser, chemin faisant, Sophie et moi, sur la nécessité de tenir ce qu'on a promis. Ses pensées étoient toutes à la vertu. En rentrant quelques minutes avant le dîner, elle s'est hâtée de prendre son ouvrage, elle s'est hâtée de le finir après. Ce matin, quand je l'ai avertie que si elle vouloit sortir de bonne heure, il falloit s'y mettre sur-le-champ, elle a laissé à moitié le jeu commencé; la tâche a été bientôt faite, et j'ai pu enfin lui mettre sous les yeux *l'énormité* de sa conduite des jours passés. Nous nous sommes entendues le mieux du monde. Ses idées avoient changé de cours, je lui parlois presque d'une autre personne.

Je ne crois pas que j'eusse gagné à fixer davantage dans son imagination le souvenir de sa faute. Les fautes des enfans, comme la plupart de leurs mouvemens, sans motifs et sans but, tiennent à une impulsion du moment toute prête à s'augmenter si vous attachez leur attention sur l'objet qui les a mis en branle. Un enfant de trois ans dont nous parle miss Edgeworth, le petit William, « chantoit un jour à tue-tête un refrain fort
» ennuyeux. Son père lui dit : *Ne fais pas tant
» de bruit, mon ami.* William se tut un quart de
» minute, puis il recommença son refrain. Son
» frère lui dit : *Chut!* William se tut une seconde
» ou deux, pour recommencer encore. Alors
» son père le mit sur une planche qui se trouvoit
» sur le parquet, et qui étoit mal assurée, en lui
» disant : *Tiens-toi bien.* William se mit à mar-
» cher en équilibre sur cette planche, et son
» refrain fut oublié. » Si au lieu de lui présenter une occupation nouvelle, on se fût obstiné à lui

parler du refrain, il ne lui sortoit pas de la tête de toute la journée. Si je m'étois attachée à fixer les idées de Sophie sur ma volonté et sa désobéissance, c'étoit comme le refrain du petit William, il n'y avoit plus de raison pour que cela finît.

Il faut appliquer à l'humeur de tous les âges ce que dit miss Edgeworth de l'impossibilité où sont les enfans de s'arrêter tout-à-coup lorsqu'une fois ils sont en mouvement. « Si nous » prenons garde, ajoute-t-elle, à ce qui se passe » en nous-mêmes, nous trouverons qu'il est dif- » ficile de détourner brusquement nos idées » d'une chose que nous avons faite long-temps, » ou de suspendre tout-à-coup une impulsion » qui a eu une certaine durée. » Comme William, nous répétons la contre-danse ou le passage de chant qui nous a frappés la veille; comme Sophie, dominés quelquefois par une disposition involontaire d'aigreur et de malveillance, nous nous sentons en révolte contre la vérité, le devoir, la justice. Toute notre raison a peine à triompher de cette espèce de folie d'un moment; la raison des autres ne sert qu'à l'irriter; et l'on a vu des travers durables, de longues injustices résulter d'un mouvement d'humeur contrarié mal à propos. Mais nous avons appris à ménager la foiblesse, nous évitons d'exciter les passions de celui qui ne peut plus les gouverner. Ayons soin seulement de faire pour nos enfans ce que nous faisons pour des personnes parvenues à toute la maturité de leur raison, dont nous craignons d'aigrir le caractère et d'égarer le jugement.

On s'imagine cependant quelquefois qu'une opposition vigoureuse est plus nécessaire envers les enfans dont il s'agit, non pas de ménager les foiblesses, mais de corriger les défauts: comme si les défauts se corrigeoient dans l'enfance. *L'important, a dit Rousseau, ce n'est pas de gagner du temps, mais d'en perdre.* Je ne sais trop comment il ne s'est pas aperçu qu'ici *perdre* ou *gagner* vouloit dire absolument la même chose; mais enfin, un peu de temps ou *gagné* ou *perdu* n'en est pas moins, tant que dure la première enfance, une chose infiniment précieuse; car ce temps-là ne peut être employé qu'à prendre des défauts et non pas à s'en corriger. Recevoir une mauvaise habitude est le propre d'un âge de foiblesse; s'en corriger appartient à l'âge de la force, et l'éducation ne la supplée pas. Des parens *corrigent* leurs enfans, c'est-à-dire, qu'ils les punissent; mais on ne *se corrige*, on ne s'amende que de soi-même. Il n'est pas rare de voir des enfans indociles, inappliqués, menteurs, changer subitement vers l'âge de douze à quinze ans, et surprendre par les progrès de leur instruction et de leur caractère. Ce n'est pas l'éducation qui a fait ce prodige; elle avoit jusqu'alors perdu ses peines; mais une révolution naturelle s'est opérée dans l'élève: il a commencé à penser, à sentir par lui-même; des idées qu'on n'avoit pu faire entrer dans sa tête s'y sont formées spontanément par le développement de ses facultés; et ce sont ces idées de l'homme qui ont triomphé des défauts de l'enfant.

Ces défauts sont purement négatifs, les penchans de l'enfance n'ont pas de force ; mais sa raison est foible. Elle offre donc mille facilités pour détourner ses mauvaises habitudes, mais nul point d'appui pour les combattre. Toutes ses passions sont des caprices, et les caprices n'offrent rien par où on puisse s'en rendre maître. Sur quoi pouvois-je m'appuyer pour combattre l'entêtement de Sophie ? S'il eût été fondé sur de mauvaises raisons, j'aurois eu le moyen d'en opposer de bonnes ; mais sa raison n'étoit point égarée, elle étoit totalement absente: comment aurois-je fait entendre la mienne? Il a bien fallu en quelques instans employer la crainte : mais la crainte, espèce de passion qui n'est bonne à exciter que pour vaincre dans le moment une passion plus violente, ne peut servir que pour ce moment même. La honte n'étoit pas un moyen à mon usage; elle a peu de prise sur des enfans qui comme les miens n'ont de rapports constans et habituels qu'avec leurs parens ou ceux qui les représentent. L'homme peut craindre les regards de ses semblables; mais l'enfant, entouré d'êtres supérieurs à lui, ne sait pas plus rougir devant eux, que nous ne rougissons devant Dieu et les anges. Si je veux me donner à Louise pour exemple, elle me répond : *Vous êtes grande et je suis petite* ; comme nous disons à Dieu, avec plus de contrition, mais pas plus de honte: *Seigneur, vous êtes bon et je suis mauvais.* Une sorte d'habitude de réserve peut bien rendre mes filles honteuses en présence des étrangers; mais je ne veux pas qu'ils entrent pour rien dans leur éducation, et qu'elles puissent recevoir d'autres que de moi le prix ou la peine de leurs actions. D'ailleurs, de quoi aurois-je fait honte à Sophie? de n'être pas raisonnable, quand elle ne savoit plus ce que c'étoit que la raison? La raison, le raisonnement, tout manque chez les enfans pour bâtir un ouvrage solide : c'est un terrain mobile et léger, où il ne faut pas espérer de construire une digue capable de résister au cours des eaux, mais dans lequel il est aisé d'en diriger la pente.

Je ne pense donc pas que des enfans dont l'éducation a été commencée de bonne heure et suivie avec exactitude, puissent avoir précisément ce qu'on appelle des défauts; leurs dispositions seront peut-être telles qu'ils commettront beaucoup de fautes; mais ces fautes tourneront rarement en habitude si l'on évite de mettre en mouvement et en exercice la disposition qui les produit. Pour que ces imaginations si mobiles ne soient pas continuellement exposées à s'égarer, il faut une grande uniformité dans la direction des idées dont on les occupe; tout changement de situation est dangereux pour elles. C'est encore sur ce point que l'on sent le grand avantage de la société habituelle des parens avec leurs enfans. Des enfans habitués à la même surveillance, dirigés par la même main dans leurs devoirs et dans leurs plaisirs, sentent beaucoup moins le passage des uns aux autres, s'exagèrent beaucoup moins la différence. Ils n'éprouvent ni au moment du travail le dégoût d'un esclave qui reprend sa chaîne, ni au moment du jeu cette effervescence d'imagination que, pour des enfans très contenus dans leurs études et abandonnés à eux-mêmes dans leurs amusemens, fait naître le premier moment de liberté et le desir d'en profiter. Il est rare que ceux-ci n'en abusent pas; quittes à dissimuler au moment où ils rentreront sous le joug. Comment espérer qu'un enfant résiste toujours à l'attrait d'une désobéissance, d'un acte de gourmandise, dont il ne voit pas l'inconvénient présent à ses yeux? comment se flatter que, pour éviter ensuite cet inconvénient, pour échapper à une punition qu'on rendra d'autant plus sévère qu'on ne voudra pas prendre d'autre moyen d'empêcher sa faute, il n'ait pas recours au facile moyen du mensonge? Il semble qu'on lui offre la liberté comme tentation, pour le punir ensuite d'avoir succombé; qu'on favorise pendant une heure le progrès de ses défauts, pour travailler l'heure qui suit à les corriger. Mais, que toujours libre à un certain point, et contenu dans de certaines bornes, il ne sente pas le besoin, il n'aperçoive pas la possibilité de transgresser des règles peu sévères, l'idée ne lui en viendra pas; ou bien, promptement dissipée, elle n'exigera point, pour corriger des défauts à peine formés, des efforts presque toujours insuffisans lorsqu'ils deviennent nécessaires.

Vous direz, mon ami, que je n'ai jamais qu'un moyen, le soin et la surveillance. Sous quelque forme que je les déguise, à quelque usage que je les applique, c'est toujours la même chose. Un vieux médecin turc qui traitoit toutes les maladies au moyen de quatre liqueurs, rouge, bleue, jaune et verte, disoit à ses confidens : « Voyez-vous cette fiole rouge ? c'est l'eau de mon puits; et la bleue ? l'eau de mon puits; toujours l'eau de mon puits »; et il guérissoit ses malades, autant du moins que l'on guérit. Mon ami, l'eau du puits, le vin du crû, aussi peu de secours étrangers qu'il sera possible, des moyens simples et tirés du fonds de l'individu, voilà, je pense, ce qu'il y a de plus utile à employer en éducation encore plus qu'en médecine; mais, et la médecine et l'éducation ne peuvent être, à mon avis, que les très humbles servantes de la nature, faites pour la suivre pas à pas, sans autre emploi que d'être toujours prêtes à lui donner le bras si elle venoit à broncher.

P. M.

VUES GÉNÉRALES SUR L'ÉDUCATION (1).

Pour écrire quelque chose de raisonnable sur l'éducation, il faut connoître parfaitement l'esprit humain, il faut avoir fait l'analyse de toutes ses fa-

―――――――――

(1) Ce morceau nous a été donné comme fragment d'un ouvrage inédit. L'auteur nous en est parfaitement inconnu; mais en le lisant on ne doutera sûrement pas plus que nous, qu'il ne soit sorti de la plume d'un écri-

cultés; mais cette analyse n'a été faite que de nos jours, tout à l'heure, et je ne connois guère que Rousseau qui ait établi la théorie de l'éducation sur ces principes dont la découverte est si récente. Avant cette époque, les ouvrages sur l'éducation n'étoient que des traités de morale ou des logiques et des grammaires. Le livre même de Quintilien, si justement célébré par les anciens et par les modernes, n'est guère qu'une excellente rhétorique. Rousseau, dans sa colère contre les sociétés, s'est trop peu occupé à donner à son élève les idées et les vertus sociales. Si Emile existoit réellement, on ne sauroit où le placer pour son bonheur et pour celui de ses voisins. L'*Emile* est admirable pour faire un homme; mais un bon traité d'éducation doit faire des nations, et je me suis souvent étonné qu'un génie aussi étendu que celui de Rousseau, ait renfermé dans un but si étroit le sujet le plus magnifique et le plus vaste.

L'art de penser n'est pas dans nos pures sensations, il est dans une certaine manière de nous servir de nos sensations, de les fixer, de les comparer, de les énoncer par des signes, c'est-à-dire, par le geste ou par la parole. Ce n'est point par ses yeux, mais par la réflexion la plus profonde,

---

vain exercé. Quoiqu'il ne contienne pas de ces préceptes d'une application immédiate, qui doivent faire généralement la matière d'un ouvrage tel que celui-ci, nous avons pensé qu'il ne pouvoit avoir que d'utiles effets, par les idées qu'on en tire et les sentimens qui en résultent.

que l'homme a vu les mondes rouler dans l'espace, et les empires dans le cercle des révolutions qui les élèvent et les détruisent.

Long-temps on a prétendu enseigner l'art de penser au moyen de certaines formules imaginées par Aristote; mais les syllogismes, les dilemmes, les catégories étoient aussi éloignés de la véritable logique, que les ornemens des édifices gothiques étoient éloignés du bon goût de l'architecture. Cependant, quoique la nature guide parfaitement elle-même nos sens et notre réflexion dans la recherche de tous nos besoins naturels, ce modèle n'est pas facile à imiter, lorsque nous recherchons des vérités dont la nature ne nous a pas donné le besoin. C'est avec la même méthode, que l'homme doit chercher la plante qui le nourrit et qui végète à ses pieds, et le mouvement des astres qui roulent sur sa tête et qui embellissent ses nuits; mais dans le premier cas, l'application de cette méthode est l'œuvre de l'instinct; dans le second, c'est l'œuvre du génie.

Jusqu'à présent l'homme s'est montré incapable de remplir la destinée d'un être social. Tout nous atteste que ses facultés intellectuelles se sont constamment trouvées trop foibles et trop timides pour réaliser les magnifiques espérances qu'il a toujours fondées sur la civilisation. Cette tour de Babel, que les hommes ne purent jamais élever jusqu'aux cieux, est peut-être l'emblème de tous les travaux entrepris pour perfectionner la société. Si nous voulons que le genre humain soit plus heureux en Europe qu'il ne ne l'a été en Asie, il faut donc fortifier et agrandir nos facultés intellectuelles. Il faut les porter bien au-delà de l'étendue qu'elles reçoivent de l'exercice de nos organes, et que Rousseau veut donner à son Emile.

Si j'ai bien compris les principes de Locke et de l'abbé de Condillac sur notre manière de concevoir les choses, de les apprendre et de les retenir, c'est une conséquence nécessaire de ces principes, qu'on apprendroit plus facilement et plus promptement trois ou quatre langues à la fois qu'une seule. Que de temps épargné, et quelle force prodigieuse donnée à l'esprit par l'instruction seule! Mais pour cela il faudroit d'autres grammaires, d'autres dictionnaires, d'autres traductions et d'autres instituteurs.....

Cependant, que la nature est bienfaisante, qu'elle est sage dans la mesure avec laquelle elle nous distribue ses dons! Sans le génie, l'homme ne peut perfectionner la société; mais sans la vertu il n'y auroit pas même de société, et l'homme ne s'élèveroit point, par sa destinée, au-dessus des animaux dont il est le dominateur et le souverain. Aussi la vertu, bien plus nécessaire que le génie, est-elle bien plus facile à acquérir. L'état actuel de nos mœurs, où l'on voit, dit-on, beaucoup de lumières et peu de vertus, semble déposer contre mon opinion; mais la foule des infortunés qui languissent dans les douleurs et dans la misère, seroit trop à plaindre, elle trouveroit bien peu de secours, s'il étoit aussi difficile d'être humain et pitoyable, que penseur et éclairé! Heureusement on peut être bon sans les lumières, quoique les lumières fortifient et étendent la bonté. La droiture de l'esprit tourne au profit de la droiture du cœur. Presque toutes les pensées sublimes sont des sentimens d'amour pour l'humanité.

On a dit, en parlant de l'homme :

Il fuit le bien qu'il aime, et fait le mal qu'il hait.

Et ce contraste de nos actions et de nos idées a frappé si vivement, lorsqu'on l'a observé, qu'on l'a cru constant et universel; mais je croirai toujours impossible que le cœur ne s'enflamme pas au moins quelquefois pour cette image céleste de la vertu, que les lumières rendent si pure et si brillante; et je ne croirai point qu'il soit possible de la contempler, de l'aimer toujours, et de ne jamais rien faire pour elle. J'ignore ce qui se passe à cet égard dans l'ame des autres; je n'ai point pénétré dans les consciences, mais j'aime à observer la mienne, lors même qu'elle me condamne. Son intégrité que je conserve inaltérable, m'honore et me relève par les reproches même qu'elle me fait. Que de fois, agité et presque dégradé par des passions désordonnées, une maxime, un vers qui se représentoient à ma mémoire, dans les ténèbres et dans le silence de la nuit, m'ont frappé comme une voix divine qui m'eût rappelé à mes devoirs! Nos ames sont si mobiles, que souvent leurs plus violentes tempêtes tombent et s'apaisent au souvenir de quelques paroles du génie : il ne faut souvent qu'un vers pour désenchanter toute une passion. Ceux qu'on a entendus au théâtre sont propres surtout à exercer cette espèce de puissance magique, parce qu'ils nous transportent au milieu des situations où ils ont été prononcés, et que nous nous croyons menacés nous-mêmes des malheurs que nous avons vus sur la scène. Il faut l'avouer cependant, ces leçons qu'on reçoit du théâtre, ces impressions puissantes et variées que le poëte produit sur nous avec des fictions, ont de grands inconvéniens pour les mœurs des nations qui en sont si avides. L'ame peut s'accoutumer à s'attendrir pour des malheurs qu'on ne soulage point, à recevoir des émotions qui ne se réalisent point en vertus. Vous sentez au théâtre avec la sensibilité du poëte exaltée par l'enthousiasme, enflammée par le génie; au sortir du théâtre, vous serez réduit à votre propre sensibilité, et vous pourrez ne faire aucune attention à des maux qui sont réels, mais dont vous recevrez une émotion bien plus foible. Que sais-je enfin? Quand la toile est baissée, tout ce que vous avez entendu peut vous paroître une fiction, comme tout ce que vous avez vu. Vous pourrez prendre les indispensables maximes de la morale pour l'étalage de l'héroïsme; vous pourrez vous croire aussi dispensé d'agir comme les personnages d'un drame, que de parler comme eux en vers : mais il est une scène, il est un théâtre où l'on est en même temps acteur et spectateur, où toutes les passions se montrent, parlent et agissent, et où tout est réel, où toutes les affections du cœur humain, la pitié, la colère, la douleur, la joie, communiquées d'une ame à l'autre par une sympathie invincible, passent rapidement dans toutes les ames où chaque émotion produit et prépare une action. Cette scène, c'est la vie humaine; ce théâtre, c'est le monde. Législateurs des peuples, vous qui sans cesse faites des lois qu'on viole sans cesse, voulez-vous enfin faire naître des vertus? faites que les enfans soient toujours témoins de la vie des hommes vertueux. Descartes disoit : *Donnez-moi de la matière et du mouvement, et je vais faire des mondes.* Un législateur qui connoîtroit la puissance de la *sympathie*, et qui sauroit la diriger, pourroit dire : *Donnez-moi quelques hommes vertueux et des enfans, et je vais créer des sociétés, où pendant des siècles on ne verra que des vertus.* Cette *sympathie*, dont les effets n'ont été bien observés que de nos jours, et par M. Adam Smith, est si puissante, que par elle les passions d'un seul homme peuvent en un instant devenir celles de tout un peuple.

C'est cette loi de la sympathie, bien plus encore que des passions fugitives et des besoins aisément satisfaits, qui rassemble en troupes les animaux qui seroient dispersés sur le globe, c'est elle qui des individus fait des espèces. Ses impressions ont plus d'étendue, plus d'énergie, plus de délicatesse dans l'homme que dans les animaux, et c'est pour cela que l'homme est bien plus uni à l'homme, que les animaux de la même espèce ne le sont entre eux ; c'est pour cela que les animaux, pour se communiquer leurs impressions, n'ont que des cris et des mouvemens, et que l'homme a des gestes, et des langues ; c'est pour cela que les animaux n'ont jamais formé que des associations, et que l'homme a créé des sociétés.

La sympathie dont je parle ne nous sert pas seulement à étendre, à nous communiquer nos affections ; c'est là son moindre effet. Toutes nos affections peuvent se perfectionner ou se corrompre ; mais elles se perfectionnent surtout dans cette communication. L'ame rejette naturellement celles qui pourroient la dégrader ; elle dispose avec plus de liberté, avec bien plus d'empire, des sensations transmises, que de celles qui naissent de nos propres passions ; elle se ferme aux sensations transmises qui pourroient l'avilir, et s'ouvre toute entière à celles qui l'honorent, et lui donnent une plus haute idée d'elle-même. *La vertu est bien plus contagieuse que le vice*, a dit Diderot. L'expression de Diderot est recherchée ; mais son idée est grande, et Diderot ne l'a pas connue encore avec toute sa grandeur. Les émotions que donne la vertu passent bien plus rapidement dans nos ames, que celles même des passions.

C'est par les effets de la sympathie que la nature exécute ses grands desseins sur l'homme ; c'est par la même puissance, que des législateurs qui auront du génie pourront exécuter leurs desseins sur les nations. La sympathie a formé les sociétés; elle seule pourra les perfectionner.

Nous ne pouvons avoir aucune idée de la félicité qu'elle peut répandre un jour sur le genre humain; mais les prodiges qu'elle peut opérer se sont manifestés par des exemples frappans chez les peuples de l'antiquité. Nous le voyons surtout chez les Grecs et chez les Romains; car il faut en venir toujours aux Romains et aux Grecs : ces noms répétés par tant de siècles, semblent usés, et des siècles s'écouleront encore avant que les lumières qu'on puise dans leur histoire soient épuisées. La nature humaine, plus grande chez les anciens dans tous ses traits, dans ses vices et dans ses vertus, s'y dévoile mieux toute entière aux regards de l'observateur. Cette grandeur même a été l'ouvrage de la *sympathie*. Leurs constitutions, qui mettoient sans cesse les hommes en présence des hommes, qui tantôt exposoient un homme seul aux mouvemens tumultueux de tout un peuple, et tantôt agitoient tout un peuple des mouvemens d'un seul homme, étendoient, agrandissoient les ames dans ces continuelles émotions, et les élevoient à ces vertus dont nous avons seulement entendu parler.

LE LIVRE DES MÈRES ET DES NOURRICES,

ou INSTRUCTIONS PRATIQUES SUR LA CONSERVATION DES ENFANS; par M. *Salmade*, médecin.

Un vol. in-12. Prix : 2 fr., et 2 fr. 50 cent. par la poste. — A Paris, chez Mercier, lib., rue du Hurepoix, près du pont Saint-Michel; et chez le Normant.

« IL existe une foule de traités sur la conserva-
» tion et les maladies des enfans, dit M. Salmade
» en commençant son livre *des Mères et des*
» *Nourrices*, et il n'est aucun sujet sur lequel on
» ait plus écrit. » Cette observation se présente naturellement à tous ceux qui entreprennent de traiter cette matière, et elle ne décourage ni d'écrire, ni de lire ce qui s'écrit de nouveau sur un pareil sujet. Il n'en est pas sur lequel le besoin d'instruction se fasse si vivement et si généralement sentir. On pourra dire que la nécessité de cette instruction, et l'expérience journalière d'où elle se tire, l'ont rendue tout-à-fait populaire; qu'une sorte de tradition environne pour ainsi dire les mères et les nourrices, et leur apporte tellement de tous côtés les lumières et les préceptes conformes aux devoirs de leur état, que sans étude et sans réflexion, comme si elles avoient reçu de la nature cet instinct qui guide si sûrement les animaux dans l'éducation et la conservation de leur famille, on les voit toutes également préparées à remplir leurs fonctions, et

que pour les bien remplir, la seule condition qui semble indispensable est celle qui ne manque jamais, la tendresse maternelle ou ce qui la remplace.

Sans doute il seroit bien fâcheux que les devoirs imposés à toute une moitié, et à la moitié la plus foible du genre humain, fussent environnés de tant de difficultés, qu'on ne pût espérer de les accomplir qu'au moyen d'une étude si souvent impossible. La Providence a mis à la portée de tous ce qui est nécessaire à tous; mais elle a mis aussi à leur disposition les moyens d'en perfectionner l'application. Toutes les femmes accouchent, et cependant on a des accoucheurs; toutes les femmes nourrissent des enfans, et cependant des livres qui ajoutent à leurs connoissances traditionnelles sur cette première éducation, qui en règlent l'emploi et en préviennent les abus, sont et seront toujours de la plus grande utilité pour elles et pour leurs enfans. Mais ces ouvrages doivent être de deux sortes: les uns destinés à instruire, les autres simplement à guider. Instruire est le seul moyen de conduire les esprits capables d'instruction. Il faut leur fournir des idées qu'ils puissent s'approprier, d'après lesquelles ils jugent, appliquent et concluent, et se rendent ensuite capables de profiter de leur propre expérience. Ainsi, l'observateur qui, s'attachant à suivre la marche intérieure de la nature, en indiquera et les développemens et les causes des obstacles qui s'opposent à leurs progrès, deviendra non-seulement utile à la partie médicale de l'éducation physique, mais il sera encore d'un grand secours aux mères réfléchies, qu'il mettra en état, non de se passer des gens de l'art dans les maladies de leurs enfans, mais de les seconder efficacement en sachant appliquer leurs conseils avec discernement selon les variations et les modifications d'un principe de maladie qu'elles auront appris à connoître; en sachant choisir parmi les symptômes de la maladie de l'enfant pour leur en rendre compte, ceux qui peuvent le mieux leur faire juger de son état et les guider dans le traitement qu'il exige.

Mais il est un assez grand nombre de mères, ou peu capables, ou effrayées de ce travail de réflexion, ou trop préoccupées par leur tendresse et leurs inquiétudes pour être en état de s'y livrer avec fruit. Il ne faut rien prétendre de celles-là au-delà des soins journaliers nécessaires à l'enfant dans le cours de sa première éducation physique. Il faut même se garder de les charger de rien, car elles exagèreroient tout; il ne faut leur expliquer rien, car elles s'effrayeroient de tout. Mais il faut qu'un guide sûr, attentif et sage, les conduise comme par la main à travers les vicissitudes de l'éducation; qu'il leur présente tous les symptômes de ces accidens, apanages presque nécessaires de l'enfance, dont elles seules doivent la préserver et la guérir; qu'à chaque symptôme il applique un précepte, et les instruise ainsi jour par jour, heure par heure, des soins nécessaires à l'enfant, soit en état de santé, soit en état de maladie; jusqu'au moment où, dans ce dernier cas, il sortiroit de la tutèle de sa mère pour entrer sous celle du médecin.

Ce guide, elles le trouveront dans l'ouvrage de M. Salmade. Uniquement occupé de se mettre à la portée des intelligences les moins exercées, il leur expose moins ses connoissances que son expérience; c'est moins comme un médecin qu'il les instruit que comme un homme qui a suivi des enfans. C'est uniquement les mères et les nourrices qu'il s'occupe de diriger. Du moment où l'état de l'enfant rendroit nécessaire le concours des soins du médecin, il s'arrête, et le remet à des conseils plus particuliers, à des observations plus directes. Mais jusqu'à ce moment il ne laisse échapper aucun des détails dont la connoissance peut être utile à son bien-être et à sa conservation; les soins nécessaires à la santé des enfans, comme *l'habillement*, *le coucher*, *l'allaitement*, *le sevrage*, etc.; ceux qu'exigent leurs maladies les plus ordinaires, comme *les tranchées*, *la coqueluche*, *les convulsions*, *les vers*, *la dentition*, *la gourme*, etc., sont traités avec une clarté et une simplicité telles, qu'il n'est pas une nourrice raisonnable entre les mains de laquelle un pareil ouvrage ne puisse être mis avec fruit; et en même temps avec un tel développement, qu'il n'est pas une mère éclairée qui n'y puisse trouver encore des détails intéressans pour elle.

Le *Livre des Mères et des Nourrices* est connu depuis long-temps; il a le sceau de l'expérience des mères qui s'en sont servies avec succès, et c'est une raison de plus pour l'annoncer avec confiance. Des ouvrages d'un genre si utile ne sauroient être trop multipliés et trop répandus, et ce doit être un grand encouragement pour ceux qui s'en occupent, que l'importance généralement attachée au succès de leurs efforts, et le sérieux qui a remplacé dans les premiers soins de la maternité cette légèreté avec laquelle la mode les avoit fait adopter d'abord. Peu de mères, je crois, mériteront le reproche que fait M. Salmade à quelques-unes d'entre elles, de troubler le sommeil de leur enfant par une *petite vanité* de mère, qui fait que pour avoir le plaisir de le montrer, *elles ont l'étourderie de l'éveiller, autant de fois qu'elles reçoivent de visites dans la journée.* Je n'ai rien vu en général de si immobile, de si attentif qu'une mère dont l'enfant dort dans la pièce voisine. Elle veille au moindre bruit, voudroit apaiser le moindre souffle. Un caractère plus posé paroît être déjà pour la plus jeune mère le fruit des premiers soins qu'elle donne à son enfant, et de la tendresse que lui demande ce petit être, qui vit sous sa protection. Les ouvrages de la nature de celui de M. Salmade ne peuvent que l'augmenter; plus on s'occupe des enfans, plus on les aime, et ce n'est pas seulement pour le succès de leur éducation physique qu'il est indispensable de les aimer. P. M.

COURS COMPLET DE RHÉTORIQUE,

Par M. J. A. AMAR, professeur d'humanités au Lycée Napoléon; et l'un des conservateurs de la Bibliothèque Mazarine.

Deuxième édition, avec des corrections et des additions. Un vol. in-8°, de 524 pages. Prix : 6 fr. et 7 fr. 50 cent. par la poste. A Paris, chez Hyacinthe Langlois, libraire, rue de Seine, n°. 6; et chez le Normant, imprimeur-libraire, rue de Seine, n°. 8, près le pont des Arts. — 1811.

LORSQUE Quintilien voulut écrire un traité de rhétorique, il l'intitula *Institutiones Oratoriæ*, c'est-à-dire, *Leçons propres à former un Orateur*. Tel étoit en effet, chez les anciens, le but de cette étude : leurs constitutions, la nature de leurs débats politiques et judiciaires, leurs habitudes, leurs mœurs faisoient pour eux de l'art oratoire un art qui se lioit aux affaires les plus sérieuses de la vie, qui avoit une grande influence et amenoit d'importans résultats : aussi les observations, les préceptes, les leçons, les traités relatifs à cet art, se multiplièrent-ils prodigieusement, soit à Athènes, soit à Rome. Depuis les devoirs moraux de l'orateur, jusqu'aux plus minutieux détails de la déclamation et de l'harmonie du style, tout fut examiné, déterminé. Ce n'étoit pas uniquement pour le plaisir de s'instruire ou d'écrire; c'étoit pour agir, pour parvenir aux dignités, pour être quelque chose dans l'Etat, que les jeunes gens consacroient une partie de leur temps à cette étude, rigoureusement nécessaire, et dans laquelle tout étoit conçu, dirigé d'après cet ordre de choses et de besoins. Il n'en est plus de même parmi nous. « Comme on peut dire, » dit M. Amar, qu'il n'y eut plus de Grecs ni de » Romains dès l'instant qu'il ne fut plus permis, à » Athènes ou à Rome, d'exposer publiquement et » de défendre avec courage les intérêts de la li-» berté et la forme du gouvernement, on peut » dire aussi que tout fut perdu pour l'éloquence, » dès qu'il n'y eut plus de peuple essentiellement » libre. » Reléguée dans la chaire et au barreau, restreinte, par là, à des questions de dogme ou de morale et à des intérêts particuliers, l'éloquence n'est guère, aujourd'hui, qu'un bel avantage, un luxe brillant et flatteur; elle a cessé d'être un art nécessaire, elle peut attirer de nombreux auditeurs, valoir une réputation distinguée; mais elle n'a plus ces résultats grands et positifs qu'autrefois elle seule pouvoit amener : on est bon avocat et bon prédicateur sans une grande éloquence; on n'étoit rien chez les anciens si l'on n'étoit orateur.

L'objet de la *rhétorique* est donc changé, et cette science ne peut plus avoir, dans l'éducation, ni la même nature, ni la même forme, ni le même but : dans le fait, elle n'est plus aujourd'hui que l'étude de l'art d'écrire, ou un recueil de préceptes assez vagues, adressés aux prédicateurs et aux avocats. Cependant on a voulu lui conserver son ancienne étendue. Aristote, Cicéron,

Quintilien, nous ont laissé des traités de rhétorique, et nous avons suivi scrupuleusement leurs traces; nous nous sommes astreints à marcher dans la même route, sans nous apercevoir que nous n'avions plus à arriver au même point; que nous n'étions plus les mêmes hommes, que nous ne parlions plus aux mêmes peuples, qu'il ne s'agissoit même plus de parler, que tout enfin assignoit à cette science un nouveau domaine, et lui prescrivoit une nouvelle méthode. Il est arrivé, de là, que la rhétorique a été parmi nous une histoire critique de l'art oratoire chez les anciens, plutôt qu'une rhétorique moderne. Que l'on examine la plupart des traités de ce genre, on y trouvera beaucoup plus d'histoire, de critique historique que de préceptes; et, parmi les préceptes, la plupart paroîtront empruntés d'un ordre de choses qui n'est plus, et peu applicables à l'ordre des choses actuel. Je ne dis pas que ce ne soient là des objets d'étude intéressans, et même de beaucoup d'importance; ce que je crois pouvoir affirmer, c'est qu'ils appartiennent à l'histoire littéraire, non à la rhétorique proprement dite, sciences qu'on ne doit pas confondre. Ainsi, dans l'ouvrage que j'ai sous les yeux, après cent dix pages consacrées à la théorie du goût, du style, des figures oratoires, chapitres qui font véritablement partie d'un cours de rhétorique, l'auteur emploie 280 pages, c'est-à-dire la moitié du volume, à écrire l'histoire de l'éloquence chez les anciens et chez les modernes; il raconte, compare, examine, juge les plus beaux morceaux de

Démosthènes, de Cicéron, de Bossuet, de Fléchier, de Buffon, etc. etc.; mais il en tire peu de préceptes, ou des préceptes si communs, imprimés depuis si long-temps, que je ne vois pas trop quel avantage retire le public de leur réimpression. Vient ensuite un livre qui traite de *la disposition oratoire, ou de l'ordre mécanique du discours* : ceci est bien de la rhétorique; chez les modernes, comme chez les anciens, tout discours doit avoir un exorde, une narration, une confirmation, une péroraison; et les règles de ces différentes parties sont importantes à assigner. Mais pourquoi ce livre est-il si court, et quel rapport a avec la rhétorique, considérée comme une science qui enseigne et prescrit des lois, un livre particulier consacré à l'éloquence des Livres Saints? Personne ne sent plus vivement et n'admire davantage que moi les beautés poétiques et littéraires de nos Ecritures : c'est une source intarissable de beaux sentimens, d'images sublimes, de conceptions grandes et originales. En négliger la lecture et l'étude, c'est se priver des trésors d'une poésie riche, imposante, infiniment propre à élever l'ame et à étendre les idées; mais pourquoi en séparer ainsi l'examen? M. Amar eût pu en tirer des exemples, en semer des citations dans le cours de son ouvrage; elles y eussent été bien placées, bien liées, tandis que son cinquième livre me paroît un hors-d'œuvre qu'on s'étonne de trouver lorsque l'ouvrage semble fini.

Ces défauts d'un livre, d'ailleurs estimable,

tiennent, si je ne me trompe, à la cause que je viens d'indiquer, à cette routine aveugle qui s'est asservie à traiter toujours de la rhétorique comme en traitoient des hommes, pour qui elle étoit toute différente de ce qu'elle peut et doit être pour nous. Comme les ouvrages, et même les genres d'ouvrages se sont fort multipliés depuis la chute de la Grèce et de Rome, on s'est vu obligé d'enchâsser dans un cadre, servilement emprunté des anciens, beaucoup d'idées, de faits, d'exemples qui s'y plaçoient mal; et de là cette confusion, ce défaut d'ordre et d'unité que l'on observe dans la plupart des rhétoriques modernes où l'éloquence sacrée et l'éloquence profane, les Livres Saints et les livres classiques se trouvent ou rapprochés ou séparés de telle sorte, que l'élève ne prend ni des uns ni des autres une idée nette, juste et complète. Lorsque les livres étoient peu nombreux, lorsque les esprits, pour être au niveau de leur siècle, n'étoient pas obligés de parcourir un cercle immense de connoissances et de travaux, on pouvoit, sans un grand inconvénient, réunir et traiter à la fois plusieurs branches des sciences qui sont l'objet de l'éducation, parce que, dans cette réunion, ces branches pouvoient rester entières; mais aujourd'hui elles sont si vastes, si multipliées, qu'on ne sauroit les rassembler sans les confondre et les resserrer dans un même espace, sans les mutiler. La division des études est donc un principe de rigueur, et le *Cours complet de Rhétorique* de M. Amar en est une preuve. Il n'est *complet* en effet ni comme *cours de rhétorique*, ni comme *histoire de l'art oratoire*. Forcé de s'interdire les développemens, l'auteur n'a pu que répéter, soit dans ses jugemens, soit dans ses préceptes, des vérités générales, fort connues et peu instructives, parce qu'elles ne sont plus fécondes. Il y a cependant assez d'instruction et un assez bon esprit, pour que nous eussions le droit d'attendre de lui des observations plus neuves, plus profondes; les écrits de gens tels que Démosthènes, Thucydide, Cicéron, Tacite, sont une mine inépuisable d'idées. Pour l'exploiter il ne faut qu'y descendre; mais pour y descendre il faut s'en donner le temps; et c'est ce qui ne me paroît guère possible lorsqu'on veut réunir dans un volume la rhétorique et l'histoire de l'éloquence. Quintilien avoit bien moins à dire, et il a donné à son ouvrage plus d'étendue; aussi a-t-il dit davantage : celui qui approfondit un sujet, est plus neuf et plus riche que celui qui en effleure plusieurs.

A cet inconvénient principal d'une rhétorique entièrement modelée sur celle des anciens, et où on ne tient nul compte des besoins différens du monde moderne, se joignent des inconvéniens de détail, parfois assez graves. Les langues diffèrent comme les pays, les temps et les mœurs : indépendamment des principes invariables, fondés sur le bon sens et le bon goût, et vrais en tout lieu comme dans tous les siècles, il est des principes particuliers à chaque nation, intimement liés à sa langue, et d'après lesquels doit varier sa rhétorique. Par exemple, la langue française, comme on sait, se prête moins à l'harmonie imitative que les langues grecque et latine, ou même que plusieurs langues modernes; pourquoi donc consacrer à *l'harmonie imitative* un long chapitre qui contient peu de choses applicables au français, dont les exemples sont, presque tous, tirés des littératures étrangères, et qui offre même beaucoup d'assertions douteuses ou d'une vérité peu palpable pour des oreilles en général peu exercées? J'ai fait à ce sujet une remarque que je pourrois appuyer de plusieurs exemples. Quand nous lisons, surtout dans une langue étrangère, une image, un tableau qui retrace vivement et fidèlement à l'imagination, cet œil de l'esprit, l'objet qu'ils nous peignent, nous sommes tentés d'attribuer aux mots qui l'expriment une harmonie imitative, et ce penchant nous abuse souvent. Ainsi M. Amar cite, dans le chapitre dont je parle, cette délicieuse strophe d'Horace, où il parle d'un bosquet charmant :

Quà pinus ingens, albaque populus
Umbram hospitalem consociare amant,
Ramis et obliquo laborat
Lympha fugax trepidare rivo.

« Où un pin majestueux et un peuplier blanc se plaisent
» à confondre l'ombre hospitalière de leurs rameaux, et où
» l'onde fugitive se hâte de s'échapper en murmurant de
» son cours tortueux. »

Je ne saurois entendre là aucune harmonie imitative; mais je vois le tableau qu'Horace a voulu tracer, et cette vérité, qui charme les yeux, trompe l'oreille, en lui persuadant qu'elle peut aussi saisir dans ces vers une certaine vérité de sons : nous sommes, je crois, fort exposés à cette erreur quand nous voulons juger de l'harmonie imitative des langues mortes ou étrangères.

Nous éviterions ces inconvéniens, si nous prenions soin d'écrire une rhétorique française où les anciens seroient toujours consultés comme guides, et présentés comme modèles, mais dont les langues, l'histoire et la littérature anciennes ne seroient pas le fond; qui auroit pour objet principal, non de nous les faire connoître et juger, mais de nous apprendre par quel art, d'après quelles lois nous pouvons, dans notre langue, dans nos idées et dans nos mœurs, écrire comme eux des chefs-d'œuvre. Je dis *écrire*, parce que l'éloquence moderne est bien plutôt une éloquence *écrite* qu'une éloquence *parlée*, et qu'à mon avis, les préceptes d'une rhétorique moderne doivent être dirigés surtout vers l'art d'écrire. L'éducation auroit alors en France une rhétorique comme elle l'avoit à Rome dans l'ouvrage de Quintilien, tandis que, jusqu'à présent, les livres de ce genre ne sont guère que des cours et des extraits de rhétorique ancienne.

Je ne puis m'empêcher de penser que si M. Amar avoit adopté cette méthode, son Traité ne fût à la fois mieux ordonné et plus complet. Par exemple, ce livre sur les Saintes Écritures qui, rejeté à la fin, me paroît un hors-d'œuvre, se fût placé naturellement en tête des chapitres qui traitent de l'éloquence sacrée; les élèves auroient pu voir par la comparaison des chefs-d'œuvre que nous possédons en ce genre et des sources où ont puisé leurs auteurs; quels préceptes prescrit et quelles beautés fournit à l'écrivain la nature de notre religion, de ses traditions, de ses dogmes, de sa morale : des rapports clairs et étendus se seroient développés à leurs yeux, entre les mœurs d'un peuple d'une part, sa littérature et par conséquent sa rhétorique de l'autre; c'est de là seulement que peut naître une vraie philosophie de la rhétorique. Je ne doute pas aussi qu'une fois entré dans cette route, M. Amar ne se fût arrêté davantage sur le caractère de notre langue, sur les ressources qui lui manquent et celles qu'elle offre en abondance aux écrivains. Il eût traité avec plus d'étendue des différens styles, de ceux qui semblent propres à notre littérature, des moyens de réussir dans le style périodique, de l'emploi des figures considéré dans ses rapports avec les divers sujets et avec la langue, etc. : ces matières-là sont le véritable objet de la rhétorique. Il en a parlé, mais brièvement, légèrement, pour donner ensuite à la partie historique et critique de son ouvrage une étendue qui me paroît excessive. Le docteur Blair, qu'il a souvent pris pour guide, écrivoit un *Cours de rhétorique et de belles lettres*, champ beaucoup plus vaste, et cependant il a insisté davantage sur les préceptes, leur développement et les moyens d'application. Je crois cela plus utile, d'abord parce que cela tient de plus près au sujet, ensuite parce que cela est moins superficiel. Il est fort aisé aujourd'hui d'acquérir une certaine variété de connoissances, d'apprendre un certain nombre de mots, de noms, de citations, de jugemens, et de parvenir ainsi à cette facilité de conversation dans laquelle on dépense rapidement cette petite masse de faits et d'idées, que les ignorans aiment à retrouver parce qu'ils les savent; mais cette érudition de l'ignorance tue la vraie science, et ce n'est pas là le but que l'éducation doit se proposer. Ajoutons que c'est la mort de toute étendue d'esprit et de toute profondeur de pensée, c'est-à-dire, des seules qualités qui puissent mettre un homme au niveau des lumières répandues aujourd'hui dans le monde, et le rendre capable, s'il y est d'ailleurs appelé, de contribuer à leurs progrès autant que le permettent les foibles ressources d'un individu.

M. Amar pense sans doute, comme nous, que le devoir de tous ceux qui s'occupent de l'éducation, est de chercher à faire de l'enfant devenu homme, un être moral et éclairé; c'est là sa destination: elle est si belle, qu'il y auroit un tort réel à le détourner de la route qui peut le conduire à la remplir. Des déclamations quelquefois sans fondement et presque toujours outrées contre des hommes qui, dans le dernier siècle, se sont souvent laissé entraîner à de dangereuses erreurs, mais qui n'en ont pas moins, à beaucoup d'égards, servi la cause de l'humanité et des lumières, ne peuvent donc être aujourd'hui qu'une source de préjugés nouveaux; elles nous ont paru déplacées dans un livre élémentaire, où l'impartialité est d'autant plus de rigueur, que ceux à qui l'on s'adresse sont plus incapables de juger eux-mêmes. J'ai été aussi un peu étonné de voir Thomas traité en particulier avec une sévérité excessive : le goût peut trouver beaucoup à reprendre dans ses Eloges, et je suis loin de les proposer pour modèles. La plupart des reproches que lui fait M. Amar me paroissent fondés; mais quand on aime la haute morale, quand « on veut démontrer l'ac- » cord constant et indispensable chez les véritables » grands hommes, de la vertu et de l'éloquence, » des mœurs et des talens » on doit se plaire à faire ressortir les mérites d'un homme qui ne se servit jamais de la parole que pour louer des vertus pures, ou pour exprimer des sentimens élevés, et qui a montré, mieux qu'aucun autre, tout ce qu'on pouvoit devoir de talens et de succès à un caractère vertueux et à une belle ame : de tels exemples sont aussi précieux que rares. Les défauts de Thomas sont aisés à reconnoître, mais ses beautés sont de nature à faire sur les jeunes gens cette impression salutaire qui laisse toujours dans le cœur quelque chose de généreux, et dont on ne sauroit trop fortifier l'influence.

F. G.

LA ROBE DE TOILE,

CONTE.

Elisabeth, âgée de treize ans, étoit une jeune personne d'un caractère doux et aimable; elle avoit des dispositions pour tout ce qu'elle auroit voulu faire, mais elle ne se livroit à rien avec zèle et avec suite. Sa santé, qui avoit été très foible dans son enfance, avoit empêché qu'on ne l'obligeât à s'occuper; en sorte qu'elle avoit pris l'habitude de l'oisiveté, quoique l'oisiveté l'ennuyât; mais elle s'étoit accoutumée à croire que ce qu'elle n'avoit pas fait elle ne pourroit jamais le faire. Elle avoit perdu son père, M. d'Artigny, à l'époque où elle venoit d'atteindre sa dixième année. Comme il laissoit des affaires en fort mauvais état, Mad. d'Artigny, réduite à une très grande gêne, avoit été obligée d'ôter à Elisabeth tous ses maîtres; et, accablée elle-même des soins et des embarras que lui donnoient ses affaires, n'avoit pu suivre comme elle l'auroit voulu l'éducation de sa fille. Ce fut un grand malheur pour Elisabeth, qui commençoit à avoir de l'amour-propre, et qui auroit probablement été humiliée de se voir moins avancée que la plupart des jeunes personnes de son âge; mais elle avoit trouvé un prétexte pour se mettre à l'aise: *Je ne peux pas*, étoit sa réponse toutes les fois qu'on lui

16*

proposoit d'essayer de faire quelque chose toute seule.

Cependant elle sentoit son ignorance, et n'aimoit pas à la montrer; aussi étoit-elle au désespoir quand sa mère, qui cherchoit à lui donner de l'émulation, l'obligeoit d'aller à de petits concerts que faisoient souvent entre elles de jeunes personnes de son âge, en présence de leurs parens. Elle jouoit presque toujours la même sonate, et encore la jouoit mal : alors elle s'embrouilloit, pleuroit, étoit grondée, se désoloit et n'étudioit pas mieux le lendemain. Comme elle avoit négligé même ses leçons de danse lorsqu'elle avoit un maître, elle ne pouvoit se résoudre à danser qu'en présence de ses compagnes et des personnes auxquelles elle étoit habituée ; dès qu'il y avoit une étrangère dans la chambre, il n'y avoit plus moyen de la faire sortir de dessus sa chaise : le sentiment de son peu de mérite lui donnoit une timidité insupportable; elle croyoit toujours qu'on alloit se moquer d'elle, et passoit sa vie dans un état de malheur perpétuel, sans chercher à en sortir.

Mad. d'Artigny, qui habitoit la province, fut obligée pour ses affaires de venir à Paris; elle y amena sa fille. Elisabeth y gagna de n'avoir plus de concerts; mais laissée souvent seule avec la vieille Geneviève, servante de confiance, mais très peu amusante, elle s'ennuyoit à mourir. Quand elle sortoit avec sa mère, c'étoit un autre chagrin : Mad. d'Artigny, tous les jours plus gênée, n'avoit rien pu donner de neuf à sa fille qu'une robe de toile commune, assez jolie les premiers jours, mais qu'Elisabeth n'avoit pas ménagée, selon l'habitude des personnes paresseuses, qui ne prennent point garde à ce qu'elles font.

Elisabeth étoit tellement grandie depuis un an, que le reste de sa garde-robe ne pouvoit presque plus lui servir. Mad. d'Artigny n'avoit pas le temps de la raccommoder; la vieille Geneviève ne savoit que faire la cuisine, blanchir et balayer; et pour Elisabeth, elle ne croyoit pas qu'il fût en son pouvoir d'être jamais bonne à rien.

Un jour que Mad. d'Artigny alloit passer la soirée chez une de ses amies, où elle croyoit qu'il n'y auroit presque personne, en entrant dans l'appartement, elle le trouva rempli de monde : vingt enfans de tous les âges, un salon très éclairé, de jeunes personnes bien mises, un théâtre préparé pour des marionnettes, un goûter servi dans une autre pièce : c'étoit une petite fête. Elisabeth entroit avec sa robe de toile, à laquelle il y avoit plusieurs taches et un trou qu'elle avoit caché, de peur qu'on ne l'obligeât à le raccommoder. Tout étourdie, elle jette les yeux autour d'elle et ne voit pas une figure de connoissance : c'étoit la première fois qu'elle alloit chez cette dame, revenue depuis peu de temps de la campagne. La tête lui tourne, elle perd sa mère, et se trouve au milieu du salon, entourée de personnes qui lui demandent qui elle est, ce qu'elle veut : il lui seroit dans ce moment impossible de répondre; heureusement elle aperçoit sa mère qui cherchoit; elle court à elle, se presse contre elle, voudroit pouvoir se réfugier dans sa robe.

Elle se remit un peu pendant les marionnettes, et s'amusa même malgré son chagrin. Mais ensuite les jeunes personnes se séparèrent des enfans plus petits, et passèrent dans une autre pièce pour s'amuser entre elles. Elisabeth fut obligée de les suivre. Elle vit une d'entre elles, nommée Eugénie, la regarder, et dire à demi-voix à une autre : *Regardez donc cette demoiselle avec sa robe de toile.* Puis toutes les deux se mirent fort impoliment à parler bas et à rire. Ensuite, on vint à s'occuper de modes, de choses qu'on avoit, ou qu'on auroit bien voulu avoir : d'une robe assez jolie qu'Eugénie n'osoit plus mettre, même pour sortir le matin, parce qu'elle étoit trouée et tachée. Personne ne songe à Elisabeth, personne ne la regarde, et elle s'imagine que tout cela se dit pour lui reprocher sa robe de toile. La fille de la maison lui a parlé plusieurs fois ; mais n'obtenant aucune réponse, elle l'a laissée de côté. On propose différens jeux ; Elisabeth ne veut être de rien : elle s'imagine que le moindre mouvement révèlera ce trou et ces taches, dont l'idée lui donne la fièvre. Après l'avoir pressée quelque temps, on finit par la laisser dans son coin : on se contente de la regarder de temps en temps en haussant les épaules, et de dire quelques petits mots sur les personnes maussades et ennuyeuses. Elisabeth sent à chaque instant son cœur se gonfler : la maîtresse de la maison entre, et reproche aux autres de ne pas s'occuper d'Elisabeth; elles s'excusent sur ce qu'elle les a refusées. Alors elle s'adresse à Elisabeth elle-même; mais lorsque celle-ci veut répondre, des larmes lui échappent: les jeunes personnes assurent qu'elles ne comprennent rien à ce caprice. On s'approche, on regarde Elisabeth, on s'étonne. Elle voudroit être bien loin. Mad. d'Artigny arrive; effrayée de l'état de sa fille, elle se hâte de l'emmener, et quand elles sont dehors, elle tâche de la faire expliquer sur le sujet de son chagrin. Mais Elisabeth auroit bien de la peine à le dire, parce que ce chagrin n'avoit rien de fondé. Elle conjure seulement sa mère de ne plus la mener nulle part. Mad. d'Artigny ne veut pas la tourmenter davantage dans un moment où elle lui paroît si agitée. Elle lui promet de laisser du moins à la personne de chez qui elles sortent, le temps d'oublier la scène ridicule qu'a donnée Elisabeth, et que Mad. d'Artigny attribue à sa seule timidité.

Elisabeth passa une bien mauvaise nuit, rêvant qu'elle étoit dans la rue avec une robe tout en lambeaux, et qu'on la montroit au doigt. En se réveillant, elle apprend que Mad. d'Artigny n'a pu refuser pour la semaine d'après une invitation à dîner chez un de leurs parens. Elle tombe dans le désespoir. L'idée de reparoître dans le monde avec cette robe de toile à laquelle elle s'imagine devoir toutes ses humiliations lui cause un chagrin qu'elle ne peut modérer. Dans son agitation, elle veut chercher si parmi ses vieilles robes elle n'en aura pas une plus présentable. Elle en prend une qui paroîtroit devoir aller, mais elle est trop courte de quatre doigts; les manches sont plates, la taille ne joint pas par derrière. Elle en essaie d'autres, c'est encore pis; elle revient toujours à celle-là. N'y auroit-il donc pas moyen de l'arranger? Mais comment le demander à Mad. d'Atrigny? Enfin, pour la première fois de sa vie, Elisabeth imagine d'essayer si elle pourra faire quelque chose par elle-même. Elle se souvient que sa cousine Emilie fait ses robes, ce qui lui avoit paru jusqu'alors une chose incroyable et impossible. Elle commence à découdre; mais ensuite elle ne sait plus que faire. Sa mère arrive, elle voudroit bien lui cacher son ouvrage; car une personne accoutumée à mériter les reproches, les craint, même quand elle fait une chose raisonnable. Cependant Mad. d'Artigny veut savoir ce que c'est, approuve sa fille, lui propose même de l'aider. Elisabeth, enchantée de penser qu'elle aura une robe, se met bien vite à travailler, et s'aperçoit pour la première fois que l'ouvrage est une chose très amusante.

Celui-ci fut un peu long. Elisabeth n'étoit pas très habile; mais enfin, au bout de quelques jours, elle eut une robe de perkale, rallongée avec des plis, refaite à la mode, et blanchie par la vieille Geneviève. On ne peut imaginer la joie et le plaisir qu'elle avoit trouvé à cette occupation; ni le changement qui s'opéra en elle presque tout d'un coup; empressée de tenter de nouveaux essais, elle gâta d'abord un peu, prit patience, raccommoda; enfin, en quelques mois, parvint à faire tout ce qu'elle vouloit, même sans les conseils de sa mère. Dès ce moment, il ne faut plus regarder Elisabeth comme un enfant, c'est une personne qui trouve plaisir à tous ses devoirs. Mad. d'Artigny ne voulant pas qu'elle négligeât ses leçons, elle se hâtoit de les prendre dès le matin, au lieu de les faire traîner toute la journée; et, comme ce qu'on fait avec zèle se fait toujours mieux, ses progrès dans tous les genres étoient sensibles. Sa figure même étoit changée. Ce n'étoit plus cette jeune fille marchant les bras pendans, la tête tantôt sur une épaule, tantôt sur l'autre, se couchant dans tous les fauteuils, et ne sachant quelle posture prendre pour échapper au malaise que lui causoit l'ennui. Sa démarche étoit leste et vive, parce que ses pas avoient toujours un but utile; ses yeux étoient animés comme ceux d'une personne qui a toujours quelque chose d'intéressant à faire. A mesure qu'elle avoit appris à agir, ses mouvemens avoient acquis de la grâce. Le peu d'amis qui venoient chez sa mère étoient enchantés de son air occupé, et de l'ordre qu'elle mettoit autour d'elle; car elle avoit soin, dès que Mad. d'Artigny rentroit, de ranger sa robe ouatée et son chapeau, en regardant auparavant s'il n'y avoit rien à y refaire: elle entretenoit le linge de la maison, ne pouvoit plus voir un bout de frange détaché à un rideau sans le recoudre aussitôt; et elle avoit même raccommodé, dans un moment de loisir, le grand fauteuil de Perse sur lequel s'asseyoit sa mère. Mad. d'Artigny, qui avoit enfin trouvé une aide et une amie dans sa fille, lui laissoit l'inspection de mille détails dont elle n'avoit pas le temps de s'occuper. Elisabeth étoit véritablement la maîtresse de la maison.

Il y avoit plus d'un an que ce changement s'étoit opéré : elle sortoit fort peu, parce qu'elle aimoit mieux rester à s'occuper, et que sa mère étoit trop contente d'elle pour la contrarier. Cependant un soir Mad. d'Artigny reçoit une lettre de l'amie chez laquelle Elisabeth avoit eu tant de chagrin l'année précédente, et qui, depuis ce temps, avoit toujours été à la campagne. C'étoit le lendemain la fête du village où elle se trouvoit. Elle mandoit à Mad. d'Artigny qu'on lui enverroit une voiture de bonne heure, et qu'il falloit qu'elle vînt passer la journée avec sa fille. Elisabeth rougit en pensant à la honte qu'elle avoit éprouvée, et dont elle n'étoit pas encore bien remise ; et puis il lui vint tout de suite une pensée, c'est que dans ce moment elle n'avoit précisément rien de propre que la robe de toile, qu'à la vérité elle venoit de remettre à neuf. Geneviève, pour peu qu'on lui en eût dit un mot, eût volontiers passé la nuit à savonner la robe de perkale, car elle aimoit à la folie Elisabeth, qu'elle avoit vu naître ; mais elle avoit eu ce jour là du rhume et un peu de fièvre, et Elisabeth auroit été bien fâchée de la fatiguer. Elle ne fit pas non plus de réflexions à sa mère, qu'elle voyoit enchantée de lui procurer ce petit plaisir, et elle tâcha de prendre son parti. L'habitude de l'occupation rend raisonnable sur tout, parce qu'elle ne laisse le temps de penser qu'à ce qui en vaut la peine ; au lieu que les personnes désœuvrées, qui n'ont rien de mieux à faire que de mettre de l'importance aux petites choses, s'exagèrent toujours les chagrins qu'elles ont et les plaisirs qu'elles n'ont pas.

Le lendemain, la voiture arriva à huit heures précises. Elisabeth étoit prête, et avoit même déjà préparé son ouvrage du lendemain. Le temps étoit superbe ; Elisabeth fut enchantée de la route ; mais en arrivant et en entrant dans le jardin, qu'il falloit traverser pour se rendre à la maison, la première personne qu'elle aperçut, fut Eugénie qui courut pour voir la voiture, et qui étoit suivie de cinq ou six autres jeunes personnes toutes en blanc. La pauvre Elisabeth songea à sa robe de perkale; elle auroit pu être mise comme les autres, et c'étoit un plaisir auquel elle auroit été fort sensible : elle soupira un peu, mais elle ne se sentit pas honteuse. En entrant dans le salon, elle fut étonnée de l'accueil qu'elle reçut des personnes qui s'y trouvoient ; on lui parloit comme à une personne pour qui l'on a une sorte de considération. Les jeunes personnes arrivèrent, vinrent s'asseoir près d'elle ; elles la regardoient avec une attention qui embarrassoit Elisabeth. Elle croyoit qu'elles pensoient à la scène du goûter. Cependant, comme en devenant raisonnable elle avoit pensé qu'il falloit vaincre sa timidité, elle fit un effort pour s'adresser à celle qui étoit à côté d'elle. La conversation une fois engagée, on lui proposa de descendre dans le jardin. Aussitôt qu'elles y furent, les jeunes personnes se pressèrent autour d'elle.

« Mon Dieu, lui dit Eugénie, est-il vrai que ce soit vous qui tenez le ménage de votre maman ? » Elisabeth répond que cela est vrai.

« Est-ce vous aussi, demande une autre, qui avez fait ce joli chapeau ? » — « Oui. »

« Et cette robe ? » — « Oui. »

« Elle est charmante, s'écrie Eugénie. » Elisabeth rougit un peu. La robe, il est vrai, étoit si bien faite, et Elisabeth se tenoit si bien, qu'elle lui alloit à merveille.

Pendant ce temps, Eugénie qui avoit mis son chapeau à son bras, parce qu'il lui tenoit trop chaud, toujours étourdie, le laisse tomber et marche dessus. La voilà désolée, son chapeau est abîmé, elle n'osera aller dans le village ainsi coiffée. Une de ses compagnes le lui met sur la tête, et toutes, excepté Elisabeth, rient de la figure qu'il lui donne. Eugénie se fâche ; Elisabeth, pour l'apaiser, dit qu'elle croit que le chapeau peut se raccommoder. Eugénie passe du chagrin à la joie, et la prie d'y travailler sur-le-champ. On rentre bien vite, on monte dans la chambre des jeunes personnes. Elisabeth se met à l'ouvrage, toutes veulent l'aider. L'une lui tient les ciseaux, l'autre la pelotte ; une autre coupe la soie, une autre enfile les aiguilles. Elisabeth retourne le taffetas de fond qui étoit sali, raccommode la passe, refait le nœud; en moins d'une heure, il n'y paroît plus. Eugénie prétend même que le nœud d'Elisabeth est plus joli que celui de la marchande de modes. On descend dans le salon de musique, on joue des sonates à quatre mains, on chante des romances. Elisabeth, sans se faire prier, quoiqu'elle ne pût être bien forte, n'ayant pas de maître, joua un concerto qu'elle avoit appris avec soin pour la fête de sa mère. On la comble d'éloges : ses compagnes semblent oublier leurs talens pour songer aux siens. Après le dîner, on và danser dans le village; toutes veulent être le *danseur* d'Elisabeth, surtout Eugénie; enfin on se sépare en s'embrassant, en s'appelant *ma bonne amie*, et en se promettant de s'écrire. Elisabeth étoit enivrée de joie, et Mad. d'Artigny étoit bien heureuse de voir tant de plaisir à sa pauvre Elisabeth, qui menoit ordinairement une vie si sérieuse.

Après lui avoir rendu compte de sa journée, Elisabeth ajouta : « Ces demoiselles sont devenues bien aimables depuis l'année passée. »

« Et ta robe, dit en riant Mad. d'Artigny, est devenue bien jolie. » Car Elisabeth, depuis long-temps, lui avoit tout conté.

« Mais, dit Elisabeth, en rougissant un peu, je n'avois pas tort d'en être honteuse l'année passée; c'étoit à Paris, et il y avoit tant de monde. »

« Suppose que tu te retrouvasses maintenant à

Paris avec ce même monde et la même robe, penses-tu que la soirée fût aussi fâcheuse ? »

« C'est bien différent ; à présent elles me connoissent. »

« Mais si elles t'avoient connue l'année dernière, crois-tu qu'elles eussent fait autant de cas de toi qu'à présent, qu'elles eussent toujours voulu danser avec toi, et qu'Eugénie eût trouvé ta robe aussi jolie ? »

« Je ne le crois pas, dit Elisabeth »; et elle rougissoit encore, mais ce n'étoit pas d'une manière désagréable; elle sentoit que si on avoit trouvé tout si bien, c'étoit parce que l'on commençoit à avoir de l'estime pour elle ; car, comme on aime à se trouver dans la société des personnes qui se conduisent bien, lorsqu'elles sont modestes et douces, tout en elles fait plaisir, et on aime à les louer de beaucoup de choses qu'on ne regarderoit seulement pas dans les autres.

« Crois-tu aussi, reprit Mad. d'Artigny, que si tu te retrouvois à présent avec ta robe de toile au milieu de cinquante personnes parées, cela te rendît aussi malheureuse que l'année passée ? »

« Non, répondit Elisabeth, en hésitant, » car elle sentoit bien encore que cela lui feroit un peu de peine.

« Ne crains rien, lui dit en riant sa mère ; je ne t'y mènerai pas : il faut, autant qu'on le peut, éviter de se montrer dans les endroits où l'on ne peut être comme tout le monde, parce qu'il est désagréable de se faire remarquer ; mais il faut se conduire de manière à ce que si l'on nous remarque par hasard, on ait trop de choses à dire de notre bonne conduite pour s'occuper beaucoup de la laideur de notre robe. »

Peu de jours après cet entretien, Mad. d'Artigny gagna un procès qui lui rendit un peu d'aisance; Elisabeth n'en continua pas avec moins d'activité des occupations toujours très utiles dans une fortune médiocre. Elle se lia plus particulièrement avec Eugénie, à qui elle apprit à ne se plus moquer des personnes mal mises, et qui, lorsque Elisabeth lui eut rappelé l'histoire du goûter, voulut avoir une robe de toile pareille à la sienne.
P. M.

NOUVELLES LITTÉRAIRES

CONCERNANT L'ÉDUCATION.

Quelque empressement que mettent les rédacteurs des ANNALES DE L'EDUCATION à rendre compte des ouvrages publiés sur ce sujet soit en France, soit dans l'étranger, ils ne peuvent ni se les procurer tous, ni annoncer sur-le-champ et avec détail tous ceux qui paroissent. Des Catalogues de titres, recueillis avec exactitude et avec soin, serviront du moins à indiquer les livres qui existent, et dont les plus importans seront ensuite analysés avec plus d'étendue.

Livres d'éducation publiés en Angleterre; du mois d'octobre 1809 *au mois de décembre* 1810.

1°. Contes pour la Jeunesse, formant une suite de morceaux en prose et en vers; par P. H. Piercy. Un vol.

2°. Les Fruits de la Réflexion, ou Souvenirs moraux sur divers sujets; par Elisabeth Helme. Deux vol. in-12.

3°. Recherches sur le meilleur Système d'Education pour les Femmes; par le Rév. J. L. Chirol. In-8°.

4°. Le Tuteur Anglais, ou le Conseiller de la Jeunesse; par W. C. Oulton. Un vol.

5°. Soirées récréatives, ou Conversations entre une Gouvernante et ses Elèves. Un vol.

(Extrait du *Monthly Repertory*.)

ANNALES DE L'ÉDUCATION.

DE L'INÉGALITÉ DES FACULTÉS, DE SES INCONVÉNIENS ET DES MOYENS DE LES PRÉVENIR.

(IIIe Article.)

« On croit communément, dit M. Dugald Ste-
» wart (1), que de toutes nos facultés, *la mémoire*
» est celle que la nature a le plus inégalement
» répartie aux différens individus de l'espèce
» humaine. Il se peut que cette opinion soit bien
» fondée. Il faut pourtant remarquer qu'il n'y a
» point d'homme, ou presque point, dont la
» mémoire ne suffise à l'étude de sa langue, et
» qui n'ait appris à reconnoître au premier coup
» d'œil un nombre infini d'objets familiers.
» On doit inférer de là que les différences pri-
» mitives qui peuvent réellement avoir lieu entre
» les hommes, relativement à la mémoire, sont
» moins grandes qu'elles ne le paroissent au pre-
» mier coup d'œil; et que celles qui nous frap-
» pent, doivent être imputées en grande partie à
» des différences d'habitudes dans l'emploi de

―――

(1) Élémens de la Philosophie de l'Esprit humain, tom. 2, ch. 6, sect. 2, p. 216.

» l'attention, ou au choix que fait l'esprit entre
» les objets et les évènemens offerts à sa curiosité. »

L'éducation peut donc espérer encore ici de trouver des moyens pour venir au secours de la nature, et fortifier ou corriger ce qu'elle a de foible ou de défectueux. On a reconnu de tout temps que *la mémoire* étoit une des facultés qu'il importoit le plus de cultiver dans l'enfance. C'est à elle à remplir les magasins de l'esprit. La vie humaine est si courte, qu'on ne sauroit prendre trop de soins pour n'en rien perdre, pour en bien employer les différentes époques. On pourroit presque dire que chaque faculté a son âge, un temps où elle s'exerce de préférence, plus que toutes les autres; et les années où l'homme est encore incapable de juger et d'imaginer, sont sans contredit celles pendant lesquelles il doit amasser et préparer les matériaux qu'il mettra en œuvre plus tard (1). D'ailleurs, en y regardant de près, on verra que, sans la mémoire, les plus belles facultés restent inutiles, et que toute faculté vraiment supérieure a pour aide, et pour base une mémoire forte. On a donc raison de choisir cette faculté comme la première dont on exige un travail fréquent et soutenu. L'enfant reçoit des impressions, il se les rappelle, ainsi que les objets qui les ont produites; c'est par là qu'il commence

---

(1) *In iis de quibus nunc loquimur ætatibus quæ nihil dum ipsæ generare ex se queunt (memoria) propè sola est quæ juvari curâ docentium possit.* QUINTIL. Instit. Orat.; l. I, ch. 1, §. 5.

DE L'EDUCATION.

à connoître : tel est l'ordre de la nature; l'éducation doit s'y conformer.

Par malheur, elle n'a pas toujours assez examiné comment s'exerçoit la mémoire, quels étoient ses procédés, et à quelles autres facultés elle se rattachoit. Ainsi, l'on oublioit souvent autrefois que la mémoire dépend essentiellement de l'attention, et l'on faisoit apprendre aux enfans des choses qui ne pouvoient fixer leur attention, soit parce qu'elles étoient fort au-dessus de leur portée, soit parce qu'elles n'avoient aucun attrait pour eux. On se trompoit en croyant cultiver ainsi leur mémoire. Nos facultés sont liées entre elles par une dépendance réciproque; elles influent l'une sur l'autre d'après une certaine généalogie qu'il faut connoître et suivre pour favoriser et diriger avec succès leur développement. Comment l'enfant parvient-il à se rappeler ? C'est ce qu'il importe de savoir, avant de chercher par quels moyens on peut aider et fortifier sa mémoire.

J'ai dit que la mémoire dépendoit beaucoup de l'attention : c'est ce dont personne, je crois, n'aura de peine à se convaincre. « Il n'est pas » douteux, dit Quintilien, que l'attention n'ait » une grande influence en se fixant, comme les » yeux du corps, sur les objets qu'elle considère, » sans s'en détourner jamais (1). » Bacon fait à

___

(1) *Ne dubium est quin plurimum, in hác parte, valeat mentis intentio, et velut acies luminum, à prospectu rerum, quas intuetur, non aversa.* QUINTIL. Instit. Orat., l. XI, ch. 8, §. 1.

ce sujet une remarque fort simple. « Si vous lisez
» un passage vingt fois, dit-il, vous ne l'appren-
» drez pas par cœur aussi facilement que si vous
» le lisez dix fois seulement, mais en essayant
» par intervalles de le réciter de souvenir, et en
» regardant le livre lorsque la mémoire vous
» manque (1). » Beaucoup de parens, sans doute,
engagent leurs enfans à faire usage de cette méthode pour s'aider dans leurs leçons, et ils n'ignorent pas que son utilité vient de l'effort auquel se
soumet l'attention de l'élève, qui sait qu'après
avoir lu, il cherchera tout de suite à se répéter
ce qu'il vient de lire. On peut donc affirmer sans
crainte, que lorsque nous voulons apprendre pour
nous rappeler, c'est de la force de l'attention que
dépend surtout le succès de la mémoire.

Mais cette faculté agit quelquefois sans qu'une
volonté continue y intervienne ; un objet, une
idée nous en rappellent une foule d'autres : la
mémoire dépend donc aussi de l'association des
idées, et cette opération de l'esprit lui est d'un
grand secours. Une occasion se présente où nous
avons besoin de nous retracer tout ce que nous
savons sur un certain sujet : en vertu de la loi
d'association, cette occasion fait naître une série

---

(1) *Si scriptum aliquod vicies perlegeris, non tam facile illud memoriter disces quam si illud legas decies tentando interim illud recitare, et ubi deficit memoria, inspiciendo librum.* BACON, *Nov. Organ.*, l. 2, aph. 26. Voyez aussi QUINTILIEN, *Instit. Orat.*, l. XI, ch. 2, §. 5.

d'idées qui s'y rapportent, et parmi lesquelles nous choisissons celles dont nous voulons nous servir; sans ce principe, la mémoire, réduite à des actes isolés, sans liaison, seroit pénible, incomplète et insuffisante. Elle tire principalement de l'association des idées son étendue et sa facilité (1).

Nous avons donc les deux élémens de *la mémoire*; c'est-à-dire, les deux facultés à l'aide desquelles elle s'exerce. Ne perdons jamais de vue cette liaison; nous pouvons en conclure déjà que tout ce que j'ai tâché d'indiquer dans les articles précédens sur la manière de fortifier l'attention, tournera au profit de la mémoire. Plus nous parviendrons à rendre l'attention exigeante, patiente et soutenue, plus la mémoire sera sûre et fidèle. Examinons maintenant quelles qualités doit avoir une bonne mémoire, à quelles dispositions d'esprit ou de caractère s'allient communément les unes ou les autres de ces qualités, de quelles facultés elles paroissent dépendre; enfin, comment on peut remédier à leur imperfection ou à leur foiblesse.

Les hommes retiennent plus ou moins facilement ce qu'ils voient et ce qu'ils apprennent; ils en gardent plus ou moins long-temps, plus ou moins exactement le souvenir; ils se le rappellent plus ou moins promptement, lorsque l'occasion s'en présente. Une bonne mémoire doit donc être

---

(1) Voyez, dans les *Elémens de la Philosophie de l'Esprit humain*, l'analyse de la mémoire, t. 2, c. 6, sect. 1re, p. 195.

facile pour retenir, tenace pour garder, prompte à rappeler : ce sont là ses fonctions, et telles doivent être ses qualités. La facilité sans la ténacité est de peu d'avantage ; la ténacité sans la promptitude du rappel devient souvent inutile.

Il est aisé d'observer dans les enfans comme dans les hommes de grandes différences dans la distribution de ces qualités. Les uns retiennent facilement et oublient vite ; les autres apprennent avec lenteur, mais se rappellent long-temps. Souvent ceux-ci n'ont pas, dans l'occasion, un souvenir aussi rapide que les premiers. Que fera l'éducation ? Elle commencera par chercher à reconnoître de quel genre de mémoire est doué l'enfant ; elle s'appliquera ensuite à donner de la ténacité à une mémoire facile, mais peu sûre ; de la facilité et de la promptitude à une mémoire tenace, mais pénible et lente.

La facilité de la mémoire est presque toujours, si je ne me trompe, une disposition naturelle, tandis que sa *ténacité* dépend beaucoup de l'attention dirigée par la volonté, c'est-à-dire, de l'application. Les enfans sur qui les objets extérieurs font une impression vive, se les rappellent dès qu'ils les ont vus ; mais comme les objets changent souvent, et les affectent d'autant plus vivement qu'ils sont plus nouveaux, leur attention, sans cesse distraite, ne s'arrête pas d'elle-même sur un seul objet, et leur volonté, toujours portée à suivre les caprices de leurs impressions, ne s'efforce guère de la retenir. Ces mêmes enfans, dès qu'ils s'appliquent, dans l'intention d'apprendre, retiennent bien ce qu'ils ont appris facilement. Il y a cependant ici une distinction importante à faire. Prenez-les au moment de l'étude, donnez-leur un motif intéressé pour faire usage de leur facilité naturelle; qu'ils soient sûrs d'aller s'amuser dès qu'ils auront appris, en peu de minutes la leçon sera récitée: mais comme elle n'étoit pas le principal objet de leur activité, comme le jeu auquel ils se livrent ensuite, éveille et fixe bien davantage leur attention, si vous essayez, au moment où ils en sortent, de leur demander ce qu'ils savoient si bien tout-à-l'heure, vous verrez avec quelle rapidité se sont effacés de leur esprit ces mots et ces idées qui n'ont jamais été le premier but de leur application et de leurs efforts. Avez-vous réussi, au contraire, à leur inspirer, du moins pour un temps, le goût de l'étude ? Apprennent-ils pour savoir véritablement, non pour aller s'amuser aussitôt après ? Leur attention se concentre sur leur leçon; elle ne voit rien au delà, n'abandonne pas son objet dès que la tâche proprement dite est finie, se soutient même alors, et parvient ainsi à rendre la mémoire tenace. Cette différence est aisée à observer et à prévoir. Dans le premier cas, dès que l'enfant a récité, il oublie ce qu'il vient d'apprendre; aucune arrière-pensée ne lui reste ni de sa leçon, ni des contrariétés qu'elle lui a causées, et qu'il n'a vaincues que dans un but d'amusement; tout est fini, et il va jouer. Si au lieu de cela il s'est appliqué à apprendre, sans autre vue ultérieure que celle de savoir, vous le verrez, lors même qu'il aura récité, rester près de vous, vous questionner sur le sujet dont il s'occupoit naguère : son attention se prolonge, sa leçon fait naître en lui de nouvelles idées auxquelles elle s'associe : il n'oubliera pas ce qu'il aura appris ainsi.

La ténacité de la mémoire exige donc d'abord que l'attention s'applique *exclusivement* à l'objet dont elle s'occupe, qu'elle se prolonge au-delà de l'heure même de l'étude, et que cet objet soit le but *final* des efforts de la volonté. Pourquoi les enfans retiennent-ils si bien les jeux qu'ils ont une fois appris ? C'est qu'en les apprenant, ils n'ont pensé à rien au-delà. Voyez-les au moment où ils cessent de jouer pour retourner à l'ouvrage ; ils ont l'air d'étudier, mais c'est encore le jeu qu'ils étudient ; leur esprit s'y est fixé, et médite sur cet important sujet : aussi ne l'oublient-ils point. C'est par la même raison qu'après avoir essayé de retenir une suite quelconque de faits ou de raisonnemens, et n'y avoir pas parfaitement réussi, nous nous retrouvons souvent le lendemain beaucoup mieux instruits que nous ne l'étions la veille. Notre attention est revenue dans l'intervalle sur l'objet qui nous avoit occupés ; elle en a ressaisi les différentes parties, et la mémoire s'en est rendue maîtresse. N'espérez donc pas exercer utilement la mémoire de vos élèves, en faisant de l'amusement qui doit suivre le travail le mobile de leur activité, où ils seront tellement distraits par cette perspective, qu'ils ne pourront même pas profiter de leur facilité naturelle, pour apprendre promptement leur leçon; ou, s'ils en font usage, l'attention qui mettra en jeu cette facilité sera si passagère, et cessera si complétement, qu'ils oublieront bientôt ce qu'ils avoient paru savoir.

N'allez pas croire, cependant, qu'il suffise de rendre l'enfant appliqué, pour donner à sa mémoire toute la ténacité dont elle a besoin : l'application est toujours foible et courte à cet âge; il faut la seconder et la soutenir : l'ordre est le meilleur moyen de remplir ce but. Personne n'ignore à quel point la classification des faits et des idées soulage la mémoire qui doit les retenir. Il suffit d'ailleurs, pour s'en convaincre, de songer aux inconvéniens du désordre et à l'impossibilité où nous serions de nous rappeler où sont nos livres, nos papiers, nos effets, etc., s'ils n'étoient rangés suivant un certain ordre qu'il nous est facile de ne pas oublier. Établissez donc dans les études de vos enfans et dans la manière dont vous leur présentez tout ce qui doit entrer et rester dans leur jeune tête, une méthode simple, régulière, qui les mette d'abord en état de distinguer bien nettement chaque objet, et qui leur donne ensuite des principes généraux auxquels ils puissent rapporter tout ce que leur offrira une instruction plus étendue. Je n'ai pas besoin de prouver combien il importe, pour la ténacité de la mémoire, que les objets qu'elle étudie soient distincts. Plus deux objets se ressemblent, plus il est difficile d'en saisir et d'en retenir la différence. Voyez un enfant qui étudie un catéchisme ou tout autre livre d'instruction, s'il rencontre deux demandes qui disent en termes divers des choses à peu près semblables, il aura beaucoup de peine à les apprendre; elles se confondront et s'embrouilleront dans son esprit, ou elles ne laisseront, même quand il sera parvenu à les réciter, que des traces peu durables. Le premier avantage de l'ordre est donc de distinguer nettement les objets d'étude, en les mettant tous à leur place, en réunissant ceux qui peuvent l'être et séparant ceux qui different. A cet avantage s'en joint un autre plus important encore; c'est celui de rassembler sous quelques chefs essentiels la multitude des faits et des conséquences que l'enfant doit connoître. Pour enseigner l'histoire aux enfans, ne commence-t-on pas par leur indiquer ses grandes périodes, et dans chacune de ces périodes les grands évènemens qui l'ont signalée, afin de fournir ainsi à leur mémoire des cadres qu'elle retient sans peine, soit à cause de leur petit nombre, ou à cause de leur importance, et à l'aide desquels elle se rappelle ensuite plus sûrement les noms et les évènemens qu'elle y rattache? On peut user d'un procédé semblable dans l'enseignement de toutes les sciences: il rend, dans certaines études, les premiers pas plus lents et plus pénibles; l'enfant a besoin de plus de temps et de plus d'efforts pour saisir et retenir quelques principes généraux, qu'il n'en mettroit à apprendre un pareil nombre de faits particuliers; mais dès qu'il s'en est rendu maître, il y rapporte les faits et les grave solidement dans sa mémoire. L'étude des langues en fournit un exemple remarquable. « Si » quelqu'un, dit M. Dugald Stewart, étudie une » langue étrangère uniquement en l'entendant » parler, et sans en connoître les principes, il » parvient d'ordinaire à la parler avec plus de » facilité que celui qui en a fait une étude gram- » maticale; et cette facilité dure aussi long-temps » qu'il demeure dans le pays où tout le monde en » fait usage; mais un petit nombre d'années d'ab- » sence suffit pour la lui faire oublier, et alors il » se trouve aussi ignorant à cet égard qu'avant » d'avoir fait cette étude. Quand on a bien étudié » une langue par principes, le défaut d'usage ne » la fait pas si aisément oublier. » On tombe donc, en voulant enseigner les langues *par rou- tine*, dans un inconvénient beaucoup plus grave que celui qu'on prétend éviter; car à quoi sert d'avoir appris rapidement, si on doit oublier aussi vite? Cette erreur, souvent commise de nos jours, s'est étendue même quelquefois jusqu'à l'enseigne- ment des langues anciennes. On a cru qu'il suf- firoit de parler latin aux enfans pour le leur apprendre; et l'on n'a pas même songé que, comme l'enfant entend parler latin à fort peu de gens, la méthode de routine est ici non-seulement mau- vaise en elle-même, mais fort insuffisante; car elle met peu de choses dans une mémoire où au bout de quelque temps il ne reste plus rien. C'est ainsi, dit-on, que nous apprenons notre langue maternelle; d'accord, mais nous parlons notre langue toute notre vie, ainsi nous n'avons jamais le temps de l'oublier : d'ailleurs, à un certain âge, nous en étudions aussi la grammaire; et qui ne sait enfin quelle supériorité ont sur les autres hommes, pour la connoissance même de leur langue, toutes choses d'ailleurs égales, ceux qui ont étudié philosophiquement une langue morte ?

C'est donc un excellent moyen pour donner à la mémoire de la ténacité, que de ranger dans un ordre clair et systématique les objets qu'on lui confie. On y réussit en classant les faits ou les idées d'après les véritables rapports qui les lient, et en rattachant chaque série d'idées ou de faits ainsi classés, aux principes généraux dont elle dépend. Je dis qu'on doit classer les faits et les idées d'après leurs rapports naturels, toutes les fois qu'on peut se dispenser d'établir des rapports arbitraires et de pure convention. Qui ne voit en effet que ces derniers rapports sont tellement sujets à l'erreur et au changement, qu'on ne sauroit sans inconvénient en faire la base de l'instruction ? Prenons la géographie pour exemple. Si vous n'enseignez à l'enfant que d'après les divisions politiques des empires, royaumes, etc., ces cadres que vous donnez à sa mémoire pour qu'il y place tout le reste de la science, seront sujets à de grandes incertitudes. Faites-lui connoître, au contraire, la configuration de notre globe et les divisions réelles qu'y établissent les chaînes des montagnes, les vallées, les mers, le cours des fleuves, etc., sa mémoire pourra retenir cette classification sans crainte d'avoir à la changer ensuite : elle y rapportera toutes les classifications arbitraires, quelles qu'elles puissent être; elle aura ainsi, au milieu des vicissitudes des États, des cases immobiles toujours prêtes à recevoir les noms qu'on voudra leur donner, tandis qu'autrement elle s'embarrassera si l'on vient à renverser l'ordre qu'elle a une fois adopté. J'engage ceux qui avoient étudié la géographie uniquement d'après la méthode que je crois pouvoir blâmer, à se demander ce qu'il leur en a coûté pour suivre et voir avec clarté les changemens politiques de notre continent, et ce qu'ils se seroient épargné de peine, ce que leurs connoissances géographiques auroient acquis de netteté, si les divisions naturelles de la terre leur avoient servi de première base.

On voit déjà, d'après ce que je viens de dire, que l'ordre favorise non-seulement la ténacité de la mémoire, mais encore sa facilité à retenir et sa promptitude à rappeler : de même que la première de ces qualités dépend surtout de l'attention, les deux autres tiennent de plus près, si je ne me trompe, à l'association des idées, à la rapidité et aux lois qui la gouvernent. C'est donc sur cette dernière faculté qu'il faut agir pour les cultiver avec succès; établir dans les études et par conséquent dans les connoissances qui en résultent, un ordre philosophique, est encore, sans contredit, le meilleur moyen d'y réussir. Toute classification lie entre eux les objets qu'elle comprend; des qu'ils sont liés, ils sont soumis à l'association des idées; et l'on sait avec quelle promptitude agit cette faculté : ce qui importe, c'est que cette liaison ne s'opère pas au hasard et par des circonstances purement accidentelles, mais d'une manière logique et conforme aux véritables rapports des choses. En vertu de cette heureuse harmonie qui existe entre l'esprit humain et la vérité, la mémoire retient plus facilement ce qui est vrai et fondé en raison, que ce qui est incohérent et absurde. On ne sauroit donc, pour la servir utilement, veiller avec trop de précaution sur la justesse et la légitimité des associations d'idées que forme l'enfant; car indépendamment des erreurs sans nombre auxquelles leur fausseté entraîneroit son esprit, elle auroit pour la mémoire même des inconvéniens très graves. J'ai vu un enfant à qui l'on n'avoit jamais bien fait saisir en lui enseignant l'histoire; le principe suivant lequel doivent s'associer dans la mémoire les noms et les évènemens dont elle parle; c'est-à-dire, celui de la contiguité de temps et de lieu. Il ne savoit point l'histoire, quoiqu'il se fût donné beaucoup de peine pour l'apprendre; elle n'étoit pour lui qu'un immense chaos de personnages et de faits qu'il oublioit sans cesse; tandis que si on l'eût accoutumé de bonne heure à ne jamais voir un nom ou un fait sans l'associer à l'idée du tems et du lieu auxquels il se rapportoit réellement, ainsi qu'aux autres noms et aux autres faits appartenans au même lieu et au même temps, ce chaos se seroit rangé et éclairci

DE L'ÉDUCATION.

de telle sorte, que sa mémoire en auroit été infiniment meilleure.

C'est à cause de cela que la méthode syncronistique, c'est-à-dire celle qui retrace simultanément tout ce qui s'est passé en même temps dans les divers lieux dont s'occupe l'histoire, a de si grands avantages pour cette étude. Elle range et lie les faits suivant le principe d'association propre aux sciences historiques, le rapport des temps, et grave les dates dans la mémoire, en les rattachant à chacun des faits qui appartiennent à la même époque. Aussi les hommes qui ont étudié l'histoire d'après cette méthode, sont-ils, je crois, les seuls qui la connoissent bien et surtout nettement.

On doit tirer de là cette conséquence générale, qu'il importe beaucoup pour aider la mémoire dans l'étude des différentes sciences, de fixer d'abord dans l'esprit le principe d'association propre à chaque science en particulier. « Dans
» toute science, dit M. Dugald Stewart, les idées
» sur lesquelles elle roule sont unies entre elles
» par quelque principe particulier d'association.
» Dans l'une, par exemple, dominent les asso-
» ciations des idées fondées sur la relation de
» cause et d'effet; dans l'autre, celles qui dépen-
» dent des relations nécessaires, propres aux
» vérités mathématiques; dans une troisième,
» les associations fondées sur la contiguité de
» temps et de lieu. Ceci nous révèle une cause de
» l'accroissement graduel qu'éprouve notre mé-
» moire, quand on l'applique aux objets d'une

» étude qui nous devient chaque jour plus fami-
» lière : car quel que soit le principe d'associa-
» tion dominant entre les idées qui nous occu-
» pent habituellement, il doit se fortifier par
» notre attachement à un genre d'étude où ce
» principe est constamment employé (1). » Il
agit alors plus rapidement, et les associations, fondées sur ce principe, deviennent plus nombreuses :
nouvelle cause de promptitude et de ténacité dans
la mémoire. Plus en effet nos connoissances s'é-
tendent sans cesser d'être liées, plus est grand le
nombre de fils par lesquels chaque objet est retenu dans notre esprit, et plus sont fréquentes les
occasions qui nous le rappellent. « Ceci nous fait
» voir, dit encore M. Dugald Stewart, à quoi
» tient la facilité de retenir un nouveau fait ou une
» nouvelle idée. Cette facilité dépend du nombre
» des relations qui unissent ce fait ou cette idée
» aux objets de nos connoissances précédentes. On
» voit aussi que bien loin de charger la mémoire,
» chaque acquisition de ce genre ancre plus pro-
» fondément dans notre esprit les choses que nous
» savions déjà, et qui ont avec elle quelque rap-
» port ou quelque liaison. »

Lors donc qu'un enfant est susceptible d'une
attention assez forte pour examiner avec patience
et saisir nettement chaque objet qui lui est présenté, il ne faut pas craindre de varier ses études.

_____

(1) *Elémens de la Philosophie de l'Esprit humain*, tom. 2, ch. 6, sect. 3, p. 289.

Plus il acquerra de connoissances et d'étendue dans l'esprit, plus la facilité et la promptitude se joindront dans sa mémoire à la ténacité qu'il doit surtout à la force de son attention, et qui ne laissera pas de s'en accroître. Si, en revanche, son attention est foible, s'il ne sait pas la concentrer, ne profitez pas de la facilité qu'il peut avoir d'ailleurs à apprendre pour disséminer les forces de sa mémoire sur une foule d'objets divers : il n'en retiendra aucun solidement, ou les liera dans son esprit par des relations qui ne seront point fondées sur la nature intime des choses et sur la connoissance qu'il en a acquise, mais sur de premiers aperçus nécessairement vagues et superficiels. Cette dernière disposition est la plus commune, surtout dans l'enfance; aussi la ténacité est-elle, à cet âge, ce qu'il faut le plus soigner dans la mémoire. A mesure que l'enfant grandira, et que ses facultés se fortifieront, vous verrez la facilité et la promptitude de la mémoire augmenter sans que la ténacité en souffre. Les hommes d'un âge mûr éprouvent eux-mêmes cet effet. Nous avons déjà dit que ce qu'ils apprennent leur rappelle et affermit en eux ce qu'ils savoient déjà : c'est qu'ils se rendent compte des liens qui unissent leurs anciennes et leurs nouvelles connoissances. Or, pour tirer du principe de l'association des idées tous les avantages qu'il peut fournir, il ne faut vouloir en obtenir de grands résultats que lorsque celui en qui il doit agir peut en saisir lui-même le jeu et les conséquences. J'ai indiqué, en traitant de l'attention, la meilleure manière dont on puisse, à mon avis, se servir utilement dans l'enfance de l'association des idées ; c'est en établissant dans les leçons et les études des enfans un ordre conforme à l'analogie des matières qui en font le sujet.

On s'apercevra que je me suis borné jusqu'ici à exposer quelques-uns des moyens simples et naturels par lesquels on peut agir directement sur la faculté de la mémoire. Je n'ai rien dit de la mémoire artificielle, c'est-à-dire de ces méthodes à l'aide desquelles « on lie dans son esprit des choses dif- » ficiles à retenir avec d'autres choses que l'on » retient plus aisément, et cela dans le but de se » rappeler les premières par les dernières. » Simonide passoit chez les anciens pour l'inventeur de la première méthode de ce genre ; Quintilien paroît en faire assez peu de cas. Les modernes ont renouvelé ces tentatives : la *Mémoire technique* (*Memoria technica*) de M. Gray, les essais de M. Fenaigle et de quelques autres Allemands, etc., offrent des méthodes dont quelques faits semblent prouver l'utilité, mais dont mille raisons m'empêchent de recommander l'usage. Il vaut infiniment mieux, à mon avis, s'appliquer à fortifier les facultés elles-mêmes, à guérir leur foiblesse, que chercher à suppléer leur force par des secours étrangers, qui nuisent souvent à l'économie générale de l'esprit. On pourroit aussi multiplier à l'infini le détail des petits moyens que les parens et les maîtres peuvent prendre pour cultiver la mémoire de leurs élèves. J'aurois pu insister, par exemple, sur l'avantage de faire entrer autant que possible, l'instruction par les yeux plutôt que par les oreilles. « Les sensations de la vue, dit Quintilien, sont plus vives que celles de l'ouïe (1). » La *figure* étant quelque chose de permanent, tandis que le son est passager, se grave mieux dans la mémoire; c'est d'après la figure plutôt que d'après le son que les enfans qui apprennent à lire reconnoissent les lettres. Qui ne sait que dans l'étude des mathématiques la vue des figures contribue beaucoup à faire retenir les propositions? Quiconque a ses enfans à élever, saura tirer de là mille petites ressources pour secourir une mémoire pénible. De pareils détails doivent être pris en considération par les parens ou les maîtres eux-mêmes, mais ne sauroient leur être prescrits d'avance. Je n'ai voulu ici que faire sentir la nécessité de l'équilibre des facultés en général, développer en particulier la nature et la dépendance réciproque des deux facultés qu'il importe le plus de cultiver dès l'enfance, l'attention et la mémoire; et indiquer les principes essentiels de la méthode qu'on doit suivre, en consultant leur ordre de développement et leur influence sur l'ensemble de l'esprit. De tels sujets sont nécessairement un peu secs, mais leur gravité et l'utilité que peut avoir leur examen, si l'on s'y arrête avec patience pour en tirer de nombreuses conséquences pratiques, doivent faire oublier cet inconvénient momentané. Comment

___

(1) *Acrior est oculorum quam aurium sensus.* Instit. Orat., l. XI, ch. 2, §. 4.

18 *

savoir former l'homme sans le connoître, et comment le connoître sans avoir étudié tout ce qui constitue son intelligence, et contribue ainsi à déterminer ses volontés ? F. G.

JOURNAL

ADRESSÉ PAR UNE FEMME A SON MARI, SUR L'ÉDUCATION DE SES DEUX FILLES.

Numéro V.

VOTRE oncle, vous le savez, mon ami, n'aime pas les enfans, il n'en a jamais eu : les détails de l'éducation lui paroissent une chose assez frivole, il n'y a jamais pensé. Ce sont pour lui des occupations vides d'intérêt, comme tous les objets dont on ne connoît que la surface. Il dit que nous avons tous été élevés sans tant de peine; qu'il sembleroit, à la manière dont on s'y prend actuellement, que les hommes ne viennent au monde que pour en élever d'autres ; puis il me cite pour exemple. Ma nièce, disoit-il l'autre jour, est bien aussi bonne mère qu'une autre, sans penser qu'il soit nécessaire de s'occuper de ses enfans du matin au soir. J'ai retenu un sourire qui eût mis notre bon oncle dans l'embarras entre l'estime qu'il a pour mes principes et le cas qu'il fait des siens, et j'ai cherché en moi-même s'il y avoit un instant dans la journée où mes enfans ne fussent pas présens à ma penséee. Mon ami, je ne crois pas même qu'ils soient absens de mes rêves. Mais ce qui résulte de cette habitude avec une idée qui ne me quitte pas, c'est qu'en m'occupant toujours, elle ne me dérange jamais. Fondue, pour ainsi dire, avec mes autres idées, mes autres occupations, comme elle fait partie de tout, elle ne m'absorbe presque jamais toute entière, et n'a guère de peine d'ailleurs à s'arranger avec mes autres pensées, puisqu'elles s'y rapportent toutes, quelqu'éloignées qu'elles en puissent paroître. Il ne faut donc pas s'imaginer que le métier de mère soit si difficile.

Quand Sophie vint au monde, je crus que les vingt-quatre heures de la journée ne suffiroient pas à toutes les affaires qu'elle alloit me donner. Louise est venue ensuite, et je me suis trouvé plus de temps que je pensois que ne m'en devoit laisser Sophie toute seule. Le temps de la nourriture est pourtant l'époque où l'on peut le moins prétendre à cet air de liberté qui plaît tant à votre oncle. On peut dire que nos enfans alors font encore physiquement partie de nous-mêmes. C'est de nous qu'ils attendent leurs alimens ; ils ont besoin de nos soins pour exister, comme nous avons besoin de notre œil pour nous guider, de nos mains pour écarter ce qui peut nous nuire. Nous ne pouvons donc guère plus nous éloigner d'eux, que nous ne pouvons éloigner de nous cette faculté qui veille en nous à notre propre conservation.

Mais à mesure que l'enfant grandit, cette espèce de co-existence physique diminue, et se remplace insensiblement par une co-existence morale qui, en unissant les pensées, permet un peu plus de séparer les personnes. Il faut veiller un petit enfant pour lui ôter de la main ce qui lui feroit du mal; à l'enfant plus grand, un ordre de sa mère pourra suffire, une défense générale pourra même l'empêcher de s'exposer au danger. Ce n'est plus par un exercice continuel de notre pouvoir que nous agissons sur lui, mais par des idées d'autorité qui, une fois reçues, lui serviront au moins pour quelque temps. Un enfant de sept à huit ans a donc déjà un assez grand nombre des actions de sa journée indépendantes de cette surveillance de détail qui exige l'attention de tous les momens. Il a déjà sa petite sphère à lui, dans laquelle il agit par ses propres moyens et use de sa liberté, dans l'exercice de laquelle il est d'autant moins nécessaire de le troubler, qu'on sait mieux d'avance la manière dont il en usera. Rien n'est si aisé à connoître que les habitudes des enfans: tant que l'humeur ou le caprice ne les emporte pas, ils font toujours la même chose. Leur inconstance ne les porte qu'à parcourir rapidement tout le cercle de leurs amusemens, mais ce cercle demeure toujours le même. Comme ces insectes dont l'existence se borne à un jour, ils accomplissent chaque jour toute leur vie en vingt-quatre heures. Il faut un but pour avoir un avenir, et les enfans n'en ont pas : c'est cet avenir qui nous appelle; c'est l'empressement d'arriver à ce but qui nous fait, de la répétition des choses que nous connoissons déjà, une cause d'impatience et d'ennui. Les enfans n'attendent rien, ne conçoivent rien au-delà du moment actuel, et leur imagination, vive pour rappeler en même temps qu'impuissante à créer, cherche dans les objets déjà connus les impressions qu'elle en a reçues. C'est l'histoire qu'ils savent que les enfans veulent qu'on leur raconte, c'est le jeu de la veille qu'il faut pour les amuser. Si votre imagination vient au secours de la leur, ils saisiront avec avidité l'objet nouveau que vous leur présentez, mais il est très rare qu'ils le cherchent d'eux-mêmes.

Il est donc facile de surveiller, sans un soin continuel, des enfans dont on a suivi toutes les pensées, dont on connoît toutes les habitudes. Mes filles peuvent jouer dans la chambre voisine sans que nous soyons séparées; je sais ce qu'elles font, elles savent ce que je veux, nous nous sommes entendues d'avance. Si quelque transgression venoit à rompre notre intelligence, un coup d'œil suffit pour m'instruire, un mot suffit pour rétablir l'ordre. Je n'ai point à faire comprendre de nouvelles idées, je n'ai qu'à rappeler une volonté connue, qu'à imposer, s'il est nécessaire, une privation appliquée à telle faute, et qu'on supporte le plus souvent sans se plaindre, parce qu'on s'y étoit pour ainsi dire préparé. Cette même communication de pensées, établie entre nous sur tout ce qui a rapport aux objets de leurs amusemens, m'épargne une grande partie des frais que je pourrois avoir à faire. On sait que j'entends tout, que je suis au courant de tout; je n'ai quelquefois qu'un mot à dire pour prendre à leurs plaisirs toute la part qu'on désire que j'y prenne. Ce qu'il faut surtout aux enfans comme aux hommes, c'est que vous ne soyez jamais entièrement absent de l'objet qui les occupe. *Il suffit*, dit Fénélon, *de les laisser faire, et de les observer avec un visage gai.* Du moins, un mot d'approbation, ou peut-être d'admiration, est le plus souvent tout ce qu'on demande; et l'habitude dispense de beaucoup de réflexions pour le bien placer.

Cependant, il le faut avouer, cette portion de notre commune existence est celle dont je dispose le moins, et où se fait le plus sentir cet empire de la foiblesse, qui commande par ses besoins. Déterminée à vouloir que mes filles dépendissent de moi pour leurs plaisirs, j'ai dû me résigner à dépendre de leurs désirs. Je ne les ai cependant pas accoutumées à penser que je pusse y sacrifier ce que demandent d'autres devoirs. Je ne leur donne que ce qui m'appartient, et alors je me crois permis de le leur donner tout entier, sans craindre qu'il résulte pour leur caractère aucun inconvénient de cette habitude de complaisance. Mon ami, je vois plus d'une mère gâter ses enfans, sans prendre autant que moi sur elle-même ce que demandent leurs plaisirs, mais elle le prend sur les autres ; elle fait venir l'enfant d'une femme de chambre ou d'une nourrice, pour le donner à son fils comme un objet d'amusement dont il peut user à son plaisir ; elle souffre que le bavardage de cet enfant mal élevé interrompe la conversation qu'elle aura avec une personne étrangère, c'est en lui permettant ainsi d'exercer ses fantaisies sur tout ce qui l'entoure, qu'elle l'accoutume à ne se former aucune idée des égards qui doivent les retenir. Celles de mes filles ne s'exercent que sur moi ; c'est un cercle dont je ne leur permets pas de sortir. Que Sophie me sollicite de sortir par un temps affreux pour lui aller acheter une chose qu'elle desire ; que Louise, au dessert, me demande, outre sa part, celle que j'ai pu réserver pour moi ; que je cède même à leur petit égoïsme, je ne crains pas que du droit qu'elles s'imagineront avoir sur ma complaisance, il résulte l'idée ou l'habitude d'un droit sur la complaisance des autres. Je ne suis pas *une autre* pour elles : si on dit à Louise qu'il ne faut pas s'accoutumer à déranger les autres, elle dira : *C'est maman que je dérange*, et croira n'avoir manqué à aucun de ses devoirs. Ces devoirs d'égards, d'oubli de soi-même, ne sont point en effet de ceux qu'elle peut avoir à remplir envers moi ; ce n'est point dans nos rapports que je puis trouver de quoi la former aux vertus de la sociabilité, car notre union n'est pas une société ; il n'en existera jamais entre deux êtres dont l'un ne peut que donner, et l'autre ne peut que recevoir. De telles conditions ne sauroient avoir lieu qu'entre deux parties d'une même existence, unies en quelque sorte, comme le membre l'est à la personne ; dont l'une profite de tout ce qu'elle donne à l'autre, et dont l'autre ne peut être tenue à aucune obligation pour un soin nécessaire à la conservation de l'ensemble dont elle fait partie.

Le lien qui nous attache se compose donc de ce que les besoins d'un côté commandent de devoirs de l'autre. Ainsi les plaisirs que nos enfans peuvent recevoir de nous sont au nombre de nos devoirs tant qu'ils sont au nombre de leurs besoins. Je ne puis dire à Louise : « Remercie-moi de ce que je te mène à la promenade qui est nécessaire à ton plaisir et à ta santé. » Non plus que je ne puis lui dire : « Remercie-moi de ce que je te donne à manger. » Si je lui demandois un remercîment de ce genre, elle ne manqueroit pas de me répondre : *Il faut bien que vous me donniez à manger, car sans cela je mourrois.* Puis-je lui répliquer : « Je suis la maîtresse de te laisser mourir ? » Je ne puis davantage lui dire : « Je suis la maîtresse de te priver des plaisirs nécessaires à ton âge. » Et quand elle passeroit, ce qui lui arrive sans cesse, la mesure de la nécessité, je n'ai nul moyen de lui faire sentir en quoi elle a tort. Ne me connoissant que par ses besoins, incapable de porter son imagination jusqu'à l'idée des miens, elle n'a encore senti, pensé que pour elle. C'est là l'égoïsme. L'égoïste est celui dont l'imagination, préoccupée de ses propres intérêts, n'est jamais arrivé à une idée distincte des intérêts, des sentimens, de l'existence des autres ; de même que Louise, il les regarde comme un des instrumens de sa propre existence, dont il se sert tout autant qu'il le peut, et que cela lui peut être agréable, et ne conçoit pas qu'il soit jamais nécessaire de renoncer par égard pour eux à ce qui est un avantage pour lui. Tout sentiment d'égoïsme est un résultat de la foiblesse et de la misère de l'individu. L'égoïste n'a rien à employer au service des autres.

Sophie, lorsqu'elle n'est pas entraînée par une fantaisie trop vive, commence déjà à me faire quelques politesses sur les privations que je m'impose pour elle, et à mettre dans ses demandes plus de discrétion que sa sœur. Plus capable de se passer de moi, elle commence à sentir davantage la distinction des personnes; la faculté qu'elle a de me rendre de petits services en se donnant une peine pour m'en épargner une autre, lui apprend que nous pouvons avoir des intérêts séparés, et elle conçoit déjà qu'il n'est pas juste de me demander que je sacrifie mes intérêts aux siens. Ses idées de justice s'étendront à mesure que l'égalité augmentera entre nous; plus elle pourra se passer de moi, plus elle sentira que mes complaisances sont un effet de ma bonté; plus elle pourra me rendre ce que je ferai pour elle, plus elle s'y croira obligée : le sentiment naturel à toute âme droite, c'est qu'elle doit tout ce qu'elle peut; et par conséquent elle sera plus réservée à me demander le sacrifice qu'elle ne pourra me payer. En même temps le plaisir qu'elle recevra des miens, lui donnera goût au plaisir que je puis recevoir des siens. Elle apprendra cette préférence des autres à soi-même, résultat nécessaire du sentiment vif et distinct de l'existence d'un autre, ou plutôt elle ne fera que me l'appliquer; car elle l'aura déjà appris dans ses relations extérieures, où j'aurai eu soin de ne laisser germer aucune espèce d'égoïsme. Il me suffira donc de lui avoir enseigné à vivre avec ses semblables, elle finira par me mettre du nombre, quoiqu'avec les restrictions qu'exigera le respect, dettes accumulées de tout le temps où elle n'a pu me rien payer. Chaque jour elle deviendra moins ma fille et plus mon amie, jusqu'au moment où l'âge, la foiblesse, le malheur pourroient me donner le besoin de son appui; alors, autant que le lui permettront d'autres devoirs, elle confondra de nouveau nos deux existences, et sera obligée de me rendre ce que j'aurai été obligée de lui donner.

Voilà, je crois, mon ami, de quelle manière les devoirs de nos enfans doivent insensiblement prendre la place des nôtres. Chaque degré de force amène un progrès, et substitue, sans qu'ils s'en doutent, nos convenances aux leurs. L'enfant qui peut marcher n'appelle plus sa mère, il vient la chercher. De même Sophie qui commence à pouvoir s'associer à mes occupations, a moins besoin de m'associer à ses plaisirs. Tenir l'écheveau que je dévide, m'aider à recueillir les fruits de mon jardin ou à éplucher la fleur de mes orangers, sont des plaisirs pour lesquels on interrompt tous les jeux, et que vient de temps en temps partager Louise elle-même, enchantée de *faire comme maman*. C'est ainsi qu'en tâchant de s'assimiler à moi, elles se préparent à me remplacer; et, destinées à recevoir de moi le dépôt des soins de la vie, elles diminuent déjà graduellement la tâche des soins que m'impose leur éducation.

P. M.

Des mots EDUCATION, INSTRUCTION, *considérés comme synonymes.*

Les mots *éducation* et *instruction* n'ont été comparés comme synonymes ni entre eux, ni avec d'autres termes analogues, par aucun des auteurs qui ont écrit sur cette partie de la philologie française, depuis Girard jusqu'à l'auteur du *Nouveau Dictionnaire universel des Synonymes français*. Roubaud en parle seulement d'une manière indirecte, à l'article *éduquer, élever*, en voulant établir les droits du premier de ces deux mots que rejetoient les critiques de son temps, et que l'autorité de Buffon pourroit rendre français.

EDUCATION, INSTRUCTION, *synonymes.*

Le mot *éducation* est une traduction du mot latin *educatio*; telle est son origine prochaine. *Educatio* est un dérivé d'*educatum*, formé du verbe *educare*. *Educare*, au sens propre, signifie *nourrir, élever*; pris au sens figuré, *former, instruire*.

Si les idées de nourriture et de soin physique ne précédoient pas celle de diriger et de conduire, dans le mot *educare*, on seroit tenté de le rapporter à la racine du verbe *ducere* (mener, conduire), en considérant ce mot comme formé de la préposition *e* et de la terminaison *are* jointes à la racine (1) *duc*, et dans ce cas la coupe lexique (2) du mot *educare* seroit *educare*. Mais les idées de conduite et de direction n'étant pas antérieures aux idées de nourriture et de soin que ce terme a offertes primitivement, on ne sait trop par quels tropes rallier à l'idée de *mener* l'idée de *nourrir*, sans s'exposer à tomber dans le vague des conjectures. Dans la nécessité de chercher au mot *educare* une autre étymologie qui soit plausible sous le double rapport de la décomposition lexique et de la signification du mot, ne pourroit-on pas analyser ce mot de la manière suivante ?

L'*e* initial d'*educare* ne seroit point une préposition, mais bien un élément du radical; *uc* n'appartiendroit point à la racine, mais bien à la désinence dont il feroit partie. Dans cette hypothèse, *educare* s'analyseroit donc ainsi, ed*uc*are. Alors il seroit un dérivé de *edere*, *esum*, manger. Je dis

---

(1) Le rédacteur des Annales de l'Éducation ne sauroit penser comme l'auteur de cet article sur l'étymologie du mot *educare*. Plusieurs raisons le portent à croire qu'*educare* vient effectivement d'*educere*; mais quelle que soit son opinion, celle de M. Butet mérite d'être connue et développée.

(2) C'est-à-dire, *l'étymologie*.

edĕre, esum, manger, parce que *edēre, edĭtum*, mettre au jour, n'a aucun rapport lexique ni significatif avec ce verbe *edĕre, esum*. En effet, *edĕre, esum*, manger, a pour racine *ed*, et pour terminaison *ĕre*; tandis qu'*edēre, edĭtum*, mettre au jour, a pour préposition *e*, pour racine le *d* uniquement, et pour terminaison *ēre*. *Edēre*, dans ce cas, est *e-d-ēre* (dare ex.) Ce ne seroit donc pas de *edēre, editum*, mais de *edĕre, esum* que *educare* pourroit être un dérivé, de même que *manducare* en est un de *mandere*; la désinence *ucare* pour *icare* est un signe de sinuation, de variation dans la direction de l'action, d'où les mots affectés de cette désinence, souvent traduite en français par *oyer*, forment un genre de dérivés que j'appelle sinuatifs. C'est ainsi que *flamboyer, tournoyer, soudoyer, verdoyer*, etc., sont des sinuatifs de *flamber, tourner, solder, verdir*, etc. Par application du même principe, *manducare* étant le sinuatif de *mandere*, broyer les alimens d'ici et de là, *educare* seroit celui de *edĕre, esum*. Dans ce dérivé seulement le sens de *edĕre* ne seroit pas *manger*, mais *faire manger, nourrir*. Ce seroit le nom du moyen donné à la fin, trope assez fréquent. *Educare* signifieroit donc faire manger d'ici et de là, nourrir par différens moyens; *educare* signifieroit l'action de nourrir considérée sous le rapport de la variété et de la multiplicité des moyens d'emploi, et des différentes manières d'opérer l'action. C'est de ce sens propre que *educare* auroit signifié ensuite *élever*, *former*, d'où l'expression figurée *educare oratorem*, parce que l'idée de nourrir et celle d'élever sont deux idées très analogues, comme nous le voyons par le verbe *alere, alitum, altum*, nourrir, d'où *altus*, nourri, au sens physique, élevé, au sens figuré, et traduit dans ce même sens en français par le mot *haut*. Le mot *élever* confirme encore cette analogie par ses deux significations.

Le mot *éducation*, par son étymologie, se rapporteroit donc plus spécialement à l'expression des soins physiques, des soins maternels prodigués à la plus tendre enfance.

Le mot *instruction* est la traduction de *instructionis, instructio*, dérivé de la forme *instructum* du verbe *instruere*, dont *instruire* est pareillement la traduction. Mais *instruere* est composé de la préposition *in* et du verbe *struere*, ou du nom simple *struis, strues* (amas), avec la terminaison verbale *ere*. *Struere*, amasser, réunir en un tas, bâtir; *instruere* (*struere in*) joint à l'idée de bâtir, l'idée de compréhension, d'intériorité qui appartient à la préposition *in*; c'est composer un tout sous le rapport des parties *qui entrent* dans sa formation, lier *intimement* ces parties entre elles. De cette liaison *intime*, de cet *ensemble* résulte l'idée de force, d'où *instruire* s'est dit pour fortifier, pour munir. Les Latins disoient *instruire un vaisseau*, pour *armer un vaisseau*. Par une déduction analogue, quand on réunit, quand on assemble, quand on ordonne, quand on fait un tout systématique des parties éparses d'une cause, on *instruit* un procès. Par ce rapprochement des objets, il est facile de les comparer, d'en saisir les rapports, de déduire les conséquences plus ou moins rigoureuses des principes posés, d'acquérir des connoissances exactes; d'où *instruire* signifie *éclairer*, donner des idées, *munir*, *fortifier* l'intelligence, y lier en système un ensemble de perceptions.

L'instruction, par une série d'idées, déduites du sens primitif de sa racine, se rapporte donc plus particulièrement à la culture de l'esprit.

Passons maintenant des spéculations étymologiques, qu'on regarde assez généralement comme des rêveries, aux observations philosophiques que l'on peut faire sur les rapports de l'*éducation* et de l'*instruction* considérées en elles-mêmes; c'est-à-dire, passons des mots aux choses, et voyons si les idées et les signes sont coordonnés de la même manière.

Qu'y a-t-il de commun et quelle différence existe-t-il entre l'*éducation* et l'*instruction* ?

L'*éducation* et l'*instruction* ont cela de commun, que, comme actions, sous le double rapport de cause et d'effet, elles tendent à développer, agrandir et multiplier même les facultés de l'homme.

Leur différence est facile à saisir : l'une se propose de redresser et de perfectionner les facultés physiques et morales, ce qui donne lieu à sa division naturelle en *éducation physique* et *éducation morale*; l'autre a pour objet de rectifier et de développer les facultés intellectuelles, d'où elle n'est pas sujette à se diviser de la même manière que la première.

L'*éducation* est toute pratique dans ses conséquences ; l'*instruction* est particulièrement spéculative dans ses résultats.

L'*éducation* se donne et se reçoit par des exemples, dans des relations de famille, et elle a ses *maisons*; l'*instruction* se transmet dans des leçons, par des préceptes, et elle a ses *établissemens*.

Les bonnes et les mauvaises habitudes naissent de l'*éducation*; l'*instruction* produit les connoissances et le savoir. La science n'a rien que d'estimable et d'utile ; l'abus seul qu'en fait l'homme instruit, est blâmable et dangereux. De là l'*instruction* ne peut être qualifiée de *bonne* ni de *mauvaise*. Il n'en est pas de même de l'*éducation*; elle fortifie des inclinations et des penchans qui peuvent être l'appui comme le fléau de la société.

Séparons par la pensée l'*éducation* de l'*instruction*, et, dans leur indépendance mutuelle, examinons, par l'effet de leur influence propre, à laquelle des deux nous devrions la préférence, si elles devoient exister isolément.

L'homme peu instruit, je dirai plus, l'homme ignorant, mais bien élevé, n'a-t-il pas de la douceur et de l'affabilité dans ses expressions, de l'aménité dans ses manières, du liant dans ses relations, de l'obligeance et de la délicatesse dans ses procédés ? L'homme instruit sans *éducation*, au contraire, s'il n'est concentré, sera dédaigneux dans ses communications; son peu d'usage fera ressortir la gaucherie de son maintien; une fierté mal entendue l'empêchera de former les liaisons les plus utiles; sa misanthropie le rendant un être incommode et fâcheux, complétera sa nullité sociale, en mettant le comble à son égoïsme.

Mais pourquoi nous arrêter plus long-temps sur l'isolement de deux choses faites pour être réunies? Pourquoi détacher plus long-temps une partie de son tout; car l'*instruction* fait partie de l'*éducation*, comme l'*enseignement* fait partie de l'*instruction* : l'une et l'autre se rencontrent dans leurs influences. L'*instruction* étant compagne de l'*éducation*, a, comme elle, sa manière de nous civiliser, d'agrandir le cercle de nos vertus sociales: aussi les anciens qualifioient-ils les lettres de *fort humaines* (*humaniores litteræ*). Les mots *humanités* et *humanistes*, consacrés comme termes d'études, ont établi le même trope dans notre langue. Tout ce qui est connoissance et savoir est également fait pour nous *humaniser*, pour nous polir : aussi l'esprit d'un homme instruit est-il *cultivé*, a-t-il franchi les *rudimens* ou les obstacles épineux que présentent les premiers élémens des études, et lui-même est arraché à la *rudesse*, puisqu'il est *érudit*, c'est-à-dire sorti de l'état *rude*; d'où l'érudition, au sens propre, signifie action de civiliser. Le mot *érudit*, du nom de l'effet devenant celui de la cause, la qualité d'érudit, de négative en principe devient positive en conséquence, et, dans ce sens, ce mot sert de base au composé *inérudit*.

En admettant donc que l'*éducation* proprement dite a pour objet de former le cœur, et que l'*instruction*, rigoureusement parlant, se restreint à la culture de l'esprit, l'une et l'autre doivent faire partie d'un tout, la culture des facultés de l'homme, et se désigner sous la dénomination de la plus importante des deux, l'*éducation*, qui est, suivant le Dictionnaire de l'Académie, « le soin que l'on » prend de l'instruction des enfans, soit en ce qui » regarde les exercices de l'esprit, soit en ce qui » regarde les exercices du corps, et spécialement » en ce qui regarde les mœurs. »

BUTET (de la Sarthe), *chef de l'Institution connue ci-devant sous la dénomination d'*ÉCOLE POLYMATIQUE.

LETTRES

SUR LES PRINCIPES ÉLÉMENTAIRES D'ÉDUCATION;

Par *Elisabeth Hamilton*, traduites par M. *Chéron*, et publiées en 1804.

Deux vol. in-8°. Prix : 7 fr. 50 cent., et 10 fr. par la poste. — A Paris, chez Demonville, libraire, rue Christine ; et chez le Normant, imprimeur-libraire, rue de Seine, n°. 8, près le pont des Arts.

IL existe, surtout dans les langues étrangères, un tel nombre d'ouvrages destinés à diriger les parens dans l'éducation de leurs enfans, qu'une mère qui voudroit en connoître seulement la dixième partie, passeroit à s'instruire le temps qu'elle doit employer à instruire ses enfans, et les laisseroit grandir, tandis qu'elle apprendroit à les élever. Cependant, la plupart de ces livres contiennent des observations utiles, des idées dont il est possible de profiter, soit comme bonnes en elles-mêmes, ou comme capables d'en faire naître d'autres; mais elles se trouvent souvent mêlées à un grand nombre d'idées fausses ou communes, ou présentées sèchement, ou mal appliquées. Nous recueillerons ces idées utiles partout où elles se trouveront, en indiquant les ouvrages où nous les aurons puisées : mais, sans prétendre en donner l'analyse ou en faire connoître les défauts, nous développerons seulement ce qu'ils nous paroîtront offrir de bon, et combattrons ce qu'il nous semblera avantageux de combattre.

L'ouvrage de miss Elisabeth Hamilton, malgré la traduction qu'en a faite M. Chéron, n'est pas très connu en France; ce qui tient à une manière un peu abstraite de présenter des idées d'ailleurs assez simples, utiles, et appuyées par d'heureuses observations. Les préceptes de miss Hamilton ont généralement pour objet l'éducation morale des enfans, que l'on néglige beaucoup trop, dit-elle, pour s'occuper principalement de leur instruction. Ne seroit-ce pas que l'un est beaucoup plus aisé que l'autre ? Il est infiniment plus facile de faire prendre une leçon, que de corriger un mauvais penchant. On peut, à force de réprimandes, obliger un enfant à fixer son attention ; mais elles ne l'obligeront jamais à prendre le goût d'une vertu qui lui semble pénible, ni le dégoût d'une action répréhensible à laquelle il attache du plaisir. Il pourra se soumettre aux leçons dont on l'accablera, peut-être même prendre l'habitude d'une certaine régularité de conduite dont il aura fini par sentir la nécessité; mais n'obéissant qu'à la nécessité, il renoncera à ces vertus d'emprunt, dès que les circonstances cesseront de les lui rendre nécessaires; ou supposé même que, jusqu'à la fin de ses jours, la crainte des dangers et celle du déshonneur travaillent à le soutenir contre la tentation, il pourra résister à cette tentation du mal, mais il ne connoîtra pas celle du bien; il n'aura pas les plaisirs de la vertu pour le dédommager de ceux que lui pourroit offrir le vice, et passera sa vie à s'ennuyer d'être honnête homme.

Il faut donc donner aux enfans le goût de ce qui est bon, et de l'éloignement pour ce qui est mauvais; et cependant leur raison ne peut encore connoître le bon et le mauvais; nul raisonnement ne peut les amener à comprendre pourquoi il est bien d'être doux, juste, sincère; ce qu'ont d'odieux le mensonge, l'égoïsme, l'emportement : mais il n'a pas fallu de raisonnemens pour apprendre à l'enfant que sa mère nourrit à l'accueillir par des cris de joie, et à continuer ce même accueil quand elle a cessé de lui donner son lait. On ne lui a pas dit d'abord que ce lait soutenoit sa vie, et on ne lui a pas appris ensuite quelle reconnoissance et quel amour il devoit à celle dont il l'avoit reçu; mais une idée de plaisir s'est unie dans son esprit à celle de sa mère, et l'une ne peut plus se réveiller sans l'autre. L'aversion pour ce qui lui déplait n'a pas été davantage l'effet d'un raisonnement. J'ai vu une petite fille de quinze mois dont le grand divertissement étoit de baiser les dessins encadrés qui décoroient la chambre où elle venoit tous les jours. Il n'y en avoit qu'un seul qui ne fût pas compris dans cette bienveillance générale. Il lui inspiroit même une aversion si marquée, que quand on la portoit auprès, au lieu de le baiser, elle détournoit la tête sans qu'on pût l'engager à le regarder. On le changea plusieurs fois de place, jamais elle ne s'y trompa. Ce dessin représentoit une femme qui, donnant mystérieusement une lettre par une fenêtre, mettoit le doigt sur sa bouche pour recommander le secret. Ce geste étoit celui qu'on employoit pour faire cesser les cris de l'enfant, ou arrêter ses fantaisies : il s'y étoit joint pour elle une idée de contrariété qu'elle n'en pouvoit plus détacher.

Les premiers sentimens des enfans sont vifs, parce que rien ne les modifie. Bien que passagers, ils peuvent laisser de fortes impressions, parce qu'étant en petit nombre, ils se renouvellent souvent. De là vient que les objets prennent pour eux une teinte agréable ou désagréable, selon qu'ils se trouvent leur rappeler des impressions de l'un ou de l'autre genre. Miss Hamilton remarque qu'on ne peut voir sans horreur le lieu où un ami a été assassiné, ni sans plaisir celui qu'on a parcouru avec un objet chéri. Ces lieux n'ont en eux-mêmes rien qui mérite le sentiment qu'ils nous inspirent; mais ils partagent celui qui s'attache au souvenir qu'ils réveillent en nous.

Tel est l'empire que prennent sur nous les *associations* d'idées. Miss Hamilton veut qu'on s'en serve pour attacher dans l'esprit des enfans une idée de plaisir à ce qui est bien, à ce qui est mal une idée de dégoût ou de déplaisir; doctrine qu'il ne faut pas confondre avec celle qui fonde nos vertus sur l'intérêt personnel. Elle y est même diamétralement opposée. L'idée d'un plaisir actuel, ou l'espoir d'un plaisir futur, peut produire un sentiment intéressé; mais le sentiment qui se fonde sur un plaisir passé est désintéressé; il est même souvent contraire à l'intérêt. On voit souvent un enfant fuir l'étranger qui lui présente une dragée et l'appelle d'une voix caressante, pour se réfugier dans les bras de sa mère qui ne lui donne rien, et le gronde de cette sauvagerie. Ce caprice, qu'il faut cependant tâcher de réprimer, n'en tient pas moins au sentiment soit d'affection ou d'habitude qui lui fait préférer sa mère à l'étranger, et l'emporte sur la tentation, sur le plaisir du moment. Ne seroit-il pas heureux qu'on pût de même, par l'association d'une première idée de plaisir, attacher à chacune de nos vertus un sentiment fixe et invariable, capable de nous préserver des séductions de l'intérêt personnel qui fait errer nos desirs et nos sentimens sur tous les objets d'où nous croyons pouvoir tirer quelque plaisir ou quelque avantage nouveau?

Mais ces associations sont difficiles à faire, dangereuses à provoquer. Miss Hamilton veut que, sur ce point, on suive la nature, sans prétendre à la diriger; autrement il y auroit à craindre de se tromper. Ne connoissant pas les associations qui se sont déjà faites dans la tête de l'enfant, vous pourriez, par des soins imprudens, en produire de toutes contraires à celles que vous auriez voulu provoquer. Ainsi, pour attacher dans l'esprit de votre enfant une idée de plaisir à l'obéissance, ou à quelqu'autre acte des vertus de son âge, vous le payez par une récompense : n'est-il pas à craindre que ce ne soit l'idée du matériel de la récompense qui s'associe à l'idée de la vertu que vous voulez récompenser ? à l'idée de l'obéissance pourra s'allier un sentiment de gourmandise, si c'est à la gourmandise que la récompense s'est adressée ; et il ne connoîtra, en obéissant, d'autre plaisir que celui d'obtenir un fruit ou un gâteau. Si vous promettez à vos enfans qui commencent à grandir de récompenser par une somme convenue le courage qu'ils auront montré en se faisant arracher une dent ou en prenant une médecine, un sentiment d'avidité, l'espoir du gain, pourra s'associer pour eux au sentiment du courage, et il seroit possible alors qu'ils en fissent un jour un très fâcheux emploi. Ces sortes de récompenses ne doivent donc être employées qu'avec de très grandes précautions.

Si, au contraire, pour associer l'idée de peine à une action répréhensible, vous vous hâtez d'employer les châtimens quelquefois nécessaires, mais dont il faut, autant qu'on peut, retarder l'emploi pour le rendre moins fréquent et plus utile, il est possible, comme on l'a déjà observé dans ce Journal, que l'idée pénible que vous voulez associer à la faute, s'associe à l'idée de celui qui inflige le châtiment, et qu'au lieu de faire haïr à l'enfant ce qui lui attire la punition, vous parveniez seulement à lui faire craindre celui qui le punit.

Il faut donc, dans le premier âge, au lieu de chercher à faire dans l'esprit de l'enfant des associations d'idées utiles, veiller soigneusement à ce qu'il n'en reçoive pas de mauvaises. Celles-ci écartées, les autres trouveront naturellement leur place. L'enfant à qui on n'aura pas permis d'associer à l'idée d'opiniâtreté celle d'une petite victoire remportée sur la volonté de ses parens, s'empressera bientôt de renoncer à des contestations qui ne lui offriront ni honneur ni profit. Celui qui n'aura pas associé à l'idée des larmes et de la colère celle d'obtenir plus tôt ce qu'il desire, songera beaucoup moins souvent à pleurer et à se fâcher ; et celui à qui on n'aura pas laissé prendre l'idée que tout est pour lui, et doit lui être sacrifié, trouvera tout simple qu'on traite ses camarades aussi bien que lui, et se portera de lui-même à ce partage. Ces sortes d'associations, qu'on pourroit appeler *négatives*, puisqu'elles sont le résultat nécessaire de l'absence d'associations contraires, seront toujours à la portée du plus petit enfant, puisque leur opération consiste seulement à écarter ce qui pourroit corrompre son jugement, et le laisse ensuite à son intelligence. Les associations positives offertes avant le temps pourroient introduire dans sa tête des idées qu'il lui seroit impossible de bien comprendre ; il faut attendre que les occasions les produisent, et alors même les surveiller soigneusement. En attendant, il n'y en a que de deux sortes qu'on puisse employer avec un avantage certain, celles qui naissent de l'amour d'un enfant pour ses parens, et celles que produit la religion.

Les premières viennent naturellement. Un enfant qui aime ses parens associera de lui-même l'idée de plaisir à ce qui leur plaît, et de peine à ce qui leur déplaît : il attachera un sentiment d'amour et de respect à tout exemple, toute maxime qu'il recevra d'eux, et un sentiment d'éloignement à tout ce qui aura attiré leur improbation. Les associations d'idées produites par un sentiment religieux ne peuvent naître elles-mêmes que d'une première association qui n'entrera dans la tête de l'enfant que par le soin que prendront les parens de l'y former. Avant que d'attacher à notre conduite l'idée d'un devoir religieux, avant que de donner la volonté de Dieu pour règle à nos actions, il faut non-seulement que nous ayons reçu l'idée de Dieu, mais encore qu'elle se soit associée à nos idées les plus familières, aux objets les plus habituellement présens à nos regards ou à notre pensée ; en sorte que reproduit et représenté dans tout ce qui nous environne, Dieu ne soit jamais absent de nous, et que, dans les occupations qui

paroissent les plus étrangères à toute idée religieuse, nous nous sentions avertis par un sentiment secret de cette société habituelle. « Etre
» avec les gens qu'on aime, dit La Bruyère, cela
» suffit : rêver, leur parler, ne leur parler point,
» penser à eux, penser à des choses plus indifférentes, mais auprès d'eux, tout est égal. » Toujours auprès de son protecteur et de son père, l'enfant élevé dans des sentimens religieux n'aura plus un moment de vide, plus une action indifférente, plus un sentiment inutile : cette présence divine contiendra tout, sanctifiera tout. « Je me
» rappelle en ce moment avec un plaisir infini,
» dit miss Hamilton, l'époque délicieuse où, avec
» la simplicité d'une innocence enfantine, j'épanchai mon ame en action de grâces envers le
» Très Haut, pour le bonheur que j'éprouvai
» un jour à un bal. » Quelle pureté doit porter dans ses plaisirs l'ame qui ose en rendre grâce au ciel !

J'indiquerai dans un autre article les principes de miss Hamilton sur la manière de conduire un enfant à « cette société simple, familière et tendre,
» nous dit Fénélon, où il s'accoutume à épancher
» son cœur devant Dieu, à se servir de tout pour
» l'entretenir, et à lui parler avec confiance,
» comme on parle librement et sans réserve à une
» personne qu'on aime, et dont on est sûr d'être
» aimé du fond du cœur. » Les idées de miss Hamilton sur l'instruction religieuse des enfans se rencontreront si souvent et d'une manière si frap-

pante avec celles que Fénélon a exprimées sur le même sujet dans son *Traité de l'Education des Filles*, que ce rapport inspirera sans doute à nos lecteurs la confiance qu'il nous a inspirée à nous-mêmes pour les opinions de cette sage et spirituelle Anglaise. P. M.

Suite des EXPÉRIENCES SUR LE PERFECTIONNEMENT DES SENS, *tiré de l'allemand de Salzmann.*

Nous sommes rarement trompés par nos sens, mais très souvent par notre esprit qui, ne faisant pas assez d'attention à leur rapport, juge ainsi des objets sur un exposé peu approfondi, et se trompe sur les faits, ou bien en laisse échapper qui lui seroient nécessaires pour déterminer la nature de l'objet qui lui est présenté. « On voit, » dit Salzmann, des milliers d'hommes dépour- » vus de l'esprit d'observation, ce qui vient de ce » qu'ils ne sont pas accoutumés à fixer leurs yeux; » c'est-à-dire, à faire attention aux impressions » faites sur l'œil, et à y réfléchir. » Il n'y a personne qui n'ait éprouvé que l'objet éloigné, qui se présente d'abord confus à l'œil, se démêle bientôt par l'attention que porte notre esprit à l'observer, sans que rien d'ailleurs vienne aider l'organe de la vue. C'est l'attention qui nous fait distinguer plusieurs sons dans le son qui ne nous avoit d'abord frappés que comme un bourdonnement uniforme. Il en est de même des autres sens; on touche, on goûte, on flaire avec attention ce qu'on veut bien connoître. Accoutumer les enfans à fixer leur attention sur les rapports de leurs sens, est donc le moyen de porter ces sens au plus haut degré de rectitude et de perspicacité.

Salzmann voit pour y parvenir deux méthodes à employer. La première est d'habituer les enfans à soumettre, autant qu'il sera possible, à l'examen de tous leurs sens les objets qui leur seront présentés, et à augmenter ainsi leurs moyens de reconnoître et de juger : c'est ce qu'il appelle la méthode naturelle. L'autre, qu'il appelle méthode artificielle, et qu'il ne croit bonne à employer que lorsque l'enfant, parvenu à l'âge de huit ou dix ans, a été bien pourvu par la première méthode de connoissances suffisantes sur les impressions des sens, consiste à le priver momentanément de l'usage de plusieurs de ses sens pour porter toute son attention sur les impressions d'un seul. On a vu un exemple détaillé de quelques-uns des moyens qu'il emploie pour perfectionner le sens du toucher; nous allons rapporter ceux qu'il indique en général comme les plus propres au perfectionnement soit du toucher, soit des autres sens.

Exercice du toucher. La vue et l'ouïe, plus promptes que le toucher, nous portent naturellement à négliger ce dernier moyen de connoissance. Il faut donc l'avertir, pour ainsi dire, de tout l'usage que nous en pouvons tirer. Après avoir bandé les yeux à l'enfant, on pourra l'exercer, 1°. à reconnoître les personnes qui se trouvent autour de lui, en touchant soit leur visage, soit leurs mains, ce qui ne sera nullement facile s'il se trouve beaucoup de monde dans la chambre; 2°. à distinguer les différentes pièces de monnoie; 3°. à reconnoître les caractères que l'on tracera dans sa main avec la pointe d'un crayon; 4°. à distinguer les feuilles des différens arbres ou plantes dont il a connoissance; 5°. à estimer, d'après sa sensation, le degré du thermomètre; 6°. à distinguer des ustensiles de divers métaux, mais de même forme, au degré de chaleur particulier à chaque métal; 7°. à estimer en livres, onces, gros, etc., le poids de différentes substances; 8°. à distinguer les différentes sortes de bois et les différentes étoffes; 9°. à estimer le nombre de feuillets d'un livre contenus entre ses doigts; 10°. à reconnoître, entre plusieurs feuilles de papier de la même espèce, le papier blanc, le papier écrit et le papier imprimé; 11°. à écrire; 12°. à estimer en pieds et en pouces la longueur de différens bâtons, la surface d'une table, la valeur du contenu de divers objets de forme régulière, la capacité de différens vases; 13°. à mouler en terre ou en cire quelques figures simples et faciles, telles, par exemple, que des figures de géométrie d'une grandeur déterminée; 14°. à tailler des plumes, etc.

Exercice de la vue. Les impressions faites sur l'organe de la vue peuvent facilement échapper à notre attention; il est bon, par conséquent, d'accoutumer cette attention à s'arrêter sur les objets de la vue. 1°. On peut placer l'enfant à une fenêtre offrant une perspective un peu étendue, l'engager à la bien regarder, et ensuite, lui faisant tourner le dos à la fenêtre, lui demander un compte détaillé de ce qu'il aura vu. Il sera bon aussi de l'accoutumer à fixer sa vue sur un objet éloigné, à en démêler à l'œil tous les différens détails, se servant ensuite d'une lunette pour confirmer ou rectifier ses observations. On pourra aussi (si toutefois cet exercice ne fatigue pas son œil) l'accoutumer à lire à une certaine distance, à distinguer de loin différentes sortes d'étoffes, de fils, etc. 2°. On l'accoutumera à déterminer à la vue les différentes mesures d'étendue, soit qu'elles s'appliquent à une étendue capable de se diviser en lieues ou en milles, comme celle du pays qu'on aperçoit, ou bien en perches, arpens et autres mesures de terrain ; soit qu'elles s'adaptent à des objets plus petits et susceptibles d'être déterminés en pieds, pouces ou lignes. Il est nécessaire, pour cet exercice, que l'enfant ait bien nettement dans la tête l'idée des différentes mesures ; et il servira à l'y fixer encore davantage, surtout si l'on a soin, lorsque l'élève aura porté son jugement, de le soumettre à des mesures exactement prises. J'ai vu des jeunes gens acquérir ainsi très promptement cette faculté de mesurer à l'œil. 3°. Habituez-le à dessiner sans instrumens toutes sortes de figures de géométrie; à diviser des lignes également, et à la simple estimation de l'œil, en un nombre donné de parties; à marquer sur des bâtons, des pieds, des pouces, des lignes, etc. 4°. Dans un tableau composé d'un grand nombre de couleurs, exercez-le à se rendre compte des différentes nuances, en les distinguant entre elles, et en démêlant de quelles couleurs elles se composent. 5°. Faites-lui estimer à la vue le poids des corps. 6°. Faites-lui boucher les oreilles, et soutenir une conversation, en devinant, au mouvement des lèvres, les paroles de son interlocuteur.

Exercice de l'ouïe. Plusieurs jeux des enfans ont rapport à ce genre d'exercice, entre autres celui où, les yeux bandés, l'enfant reconnoît, au son de la voix, qu'on tâche de déguiser le plus possible. Ce jeu n'exige qu'un léger degré d'attention. Il y a d'autres exercices un peu plus difficiles, comme de deviner au son l'action qui le cause. Cependant les actions ordinaires, comme de marcher, écrire, tailler des plumes, seront bientôt devinées. Il en faut chercher d'un peu plus extraordinaires, et dont le bruit soit moins marqué, comme de monter sur une chaise, de s'asseoir par terre, etc. Encore l'enfant s'en tirera-t-il aisément. Mais on peut lui donner à conjecturer, d'après le son que rend un objet, quelle peut être la matière dont il est composé, sa taille et sa figure.

Exercice de l'odorat et du goût. On pourroit faire distinguer à l'odorat ou au goût différentes fleurs d'une odeur peu saillante, différens métaux, différentes feuilles d'arbres, différens bois ou verts ou secs, toujours les yeux bandés et sans y toucher.

Toute personne qui aura réfléchi sur les fonctions des sens peut étendre et compliquer à l'infini ces expériences. Il seroit trop long d'indiquer ici la méthode qui convient à chacune en particulier. On peut donner seulement pour règle générale, que la méthode à suivre ici doit être précisément l'inverse de la méthode naturelle; c'est-à-dire qu'il faut employer d'abord à la connoissance d'un objet le sens sur lequel il produit les impressions les moins fortes. Ainsi, on ne donnera pas à reconnoître une rose par l'odorat, ni un morceau de papier par le toucher; mais, par exemple, j'approche du nez de l'enfant un morceau de papier, et je l'engage à faire attention à l'odeur; si elle ne lui indique rien, en mouillant ce morceau de papier ou un autre semblable, je la rends plus sensible. S'il reconnoît le papier, je l'engage à ne pas précipiter son jugement, et le laisse dans une incertitude suffisante pour l'engager à examiner avec attention le rapport qu'il recevra des autres sens sur le même objet. Alors, passant mon doigt sur le papier, ou bien le laissant tomber à terre, je produis un léger bruit. S'il me dit de nouveau : *C'est du papier*, je lui demande : *Ne pourroit-ce pas être un parchemin ou une feuille sèche ?* Alors le goût vient à son secours, augmente la certitude, et le toucher vient la confirmer.

Mais je n'ai permis de toucher qu'un coin du papier, je le laisse tomber plusieurs fois à terre;

je passe mon doigt autour des bords; il faut qu'au bruit on me dise quelle est sa grandeur; en peu de temps on parviendra à distinguer un feuillet in-8° d'un feuillet in-4°. Il faut ensuite qu'après l'avoir touché on me donne le nombre de pouces qu'il contient en longueur et en largeur, et qu'on me décrive sa figure. Si elle est trop irrégulière pour prêter à la description, il faut qu'on la retienne pour me la dessiner lorsqu'on aura les yeux ouverts. Je m'informe ensuite de la couleur du papier. Je doute très fort que par le toucher on puisse parvenir à une connoissance immédiate des couleurs, mais l'enfant en devinera quelques-unes à d'autres signes, et distinguera, par exemple, le papier gris du papier bleu, ou du papier brouillard, le papier blanc ou taché, ou écrit, ou imprimé. Alors j'ôte le bandeau; on me dessine la figure du papier; nous comparons, et l'œil vient justifier le rapport des autres sens.

L'IMPRÉVOYANCE,

CONTE.

« NON, ma bonne, je vous assure, disoit Julie, maman ne le trouvera pas mauvais, ils sont si pauvres ! » et en même temps elle versoit dans le chapeau d'un pauvre homme entouré de trois enfans malades, le fond de sa bourse, où il y avoit bien douze sous en petite monnoie; c'étoit le reste de sa pension du mois, qu'elle avoit reçue la veille. Le pauvre s'en alla bien content, et Julie, enchantée, n'écoutoit guère les remontrances de sa bonne qui lui rappeloit combien de fois on lui avoit recommandé de ne pas se livrer ainsi à ses premiers mouvemens, comme elle le faisoit toujours sans en considérer les suites; ce qui la mettoit souvent dans des situations très désagréables. En continuant à suivre le boulevard, elles virent plusieurs enfans du peuple s'attrouper autour d'un petit garçon d'environ quatre ans qui pleuroit. Un gros chien, en traversant le boulevard pour joindre son maître, l'avoit presque fait tomber, et avoit renversé un poêlon de lait qu'il tenoit à sa main. Le pauvre petit avoit peur d'être grondé par sa mère.

« Il faut, dit tout bas Julie à sa bonne, lui donner de quoi aller acheter d'autre lait. Je vous en prie, demandez-lui pour combien il y en avoit. »

« Pour deux sous, répondit le petit garçon, qui avoit entendu. »

« Mais vous n'avez pas d'argent, dit la bonne. » Julie avoit compté qu'elle lui prêteroit les deux sous, mais la bonne s'y refusa. M. de Jassan, le père de Julie, qui lui voyoit du penchant à manquer d'ordre, avoit défendu qu'on lui prêtât jamais rien que ce qu'elle pourroit acquitter dans la journée, et la bonne savoit bien qu'alors elle ne le pouvoit pas, puisqu'elle avoit dépensé tout son argent du mois. La bonne s'éloigna donc, et Julie fut forcée de la suivre. Alors les petits garçons se mirent à crier : « Ah ! elle veut payer, et elle n'a pas d'argent. » Julie, toute honteuse, affligée d'ailleurs des pleurs de l'enfant qui redoubloient depuis qu'il avoit vu qu'elle ne lui donnoit rien, se mit aussi à pleurer; car bien qu'elle eût près de douze ans, par une suite de cette foiblesse qui ne lui permettoit pas de résister à aucun de ses mouvemens, elle se laissoit volontiers aller aux larmes.

Elle les cachoit le plus qu'elle pouvoit dans son mouchoir, et marchoit les yeux baissés, lorsqu'elle entendit murmurer à son oreille une voix bien foible qui lui dit : « Je relève de maladie, j'ai dépensé tout ce que j'avois, et n'ai rien mangé d'aujourd'hui. » Elle se retourna, et vit une femme si pâle, si maigre, qu'elle avoit l'air mourant; elle s'appuyoit contre la barrière du boulevard, parce qu'elle ne pouvoit se soutenir, et tenoit à la main une feuille de laitue qu'elle avoit à demi rongée, faute d'autre nourriture. Pour le coup le cœur de Julie fut prêt à se fendre, elle ne put que répondre en sanglottant : « Je n'ai pas d'argent. » La bonne donna un sou pour son compte, et elles continuèrent leur route. La pauvre femme s'éloigna lentement aussi de son côté, sans doute pour aller acheter du pain, et cette idée consola Julie, qui se consoloit aussi facilement qu'elle s'affligeoit.

Cependant, en rentrant, elle avoit encore les yeux rouges. Elle rencontra son père qui lui demanda la cause de son chagrin ; elle lui dit qu'il venoit de n'avoir pu donner au petit garçon et à la pauvre femme. « Pourquoi, lui dit son père, n'avois-tu pas emporté d'argent ? » Il fallut bien avouer qu'elle avoit tout donné au premier pauvre, encore M. de Jassan ne savoit-il pas que c'étoit le reste de la pension. « Ils étoient si pauvres, ajouta Julie, quel bien leur auroit fait un sou ? »

« Mais, dit M. de Jassan, crois-tu que tes douze sous aient pourvu à tous leurs besoins ? »

« Non, assurément. »

« Ils ne les auront donc pas empêchés de demander encore l'aumône ? »

« Oh ! non, car j'ai vu ensuite une femme qui leur donnoit. »

« Ils ont donc ensuite reçu l'aumône comme les autres, et n'en ont pas moins eu tes douze sous, tandis que les autres n'ont rien eu de toi ? » Julie en convint ; mais ils lui avoient fait tant de pitié !

« Si on ne donnoit aux pauvres que pour son plaisir, reprit M. de Jassan, on pourroit donner tout ce qu'on a au premier qui se présente, et qu'on a du plaisir à soulager, quitte à s'exposer au chagrin de ne pouvoir plus rien pour ceux qui viendront ensuite. Mais comme c'est aussi un devoir de soulager les malheureux, il faut, en s'occupant de l'un, garder autant qu'on le peut de quoi remplir ce devoir envers les autres; et jusqu'à ce que tu puisses juger quels sont les besoins les plus grands et les plus pressés à satisfaire, ta justice doit consister à partager les aumônes le plus également que tu pourras. »

M. de Jassan embrassa sa fille, et celle-ci, contente de n'avoir pas été grondée, monta chez elle, sans beaucoup réfléchir à ce que lui avoit dit son père. Ce n'étoit pourtant pas la première fois qu'il lui arrivoit d'éprouver qu'on peut se repentir, même d'une action de bonté, lorsqu'on l'a faite uniquement pour son plaisir, et sans consulter la raison; car lorsque quelque chose vient détruire le plaisir qu'on y a pris, il n'en reste rien. Ainsi Julie avoit deux fois dans la promenade regretté ses douze sous, parce que le chagrin qu'elle avoit eu de ne plus trouver rien à donner au petit garçon et à la pauvre femme, lui avoit ôté le plaisir qu'elle avoit eu à donner tout son argent au pauvre. C'étoit toujours de la même manière que Julie gâtoit une foule de bons mouvemens en s'y livrant avec précipitation, sans songer si elle pourroit ou même si elle voudroit les soutenir ensuite, car l'inconstance étoit un résultat naturel de son caractère; Julie ne trouvant jamais de raison pour continuer la chose qu'elle avoit commencée, quand une autre lui plaisoit davantage. Ainsi depuis plus d'un mois elle s'occupoit de la fête de sa mère, et n'avoit pu parvenir à rien finir. D'abord elle avoit entrepris un dessin fort difficile : transportée de l'idée du plaisir qu'auroient ses parens de lui voir exécuter une chose si fort au-dessus de ce qu'elle avoit fait jusqu'alors, elle s'y étoit mise avec une ardeur incroyable, quelque chose qu'eût pu lui dire son maître, qui savoit bien qu'elle manqueroit de constance pour en venir à bout. Pendant trois jours elle n'avoit pensé à autre chose; et comme le troisième, après avoir dessiné quatre heures le matin, elle voulut encore, malgré les remontrances de sa bonne, travailler à la lumière, elle gâta son ouvrage ; en sorte que lorsqu'il fallut le lendemain le raccommoder, elle se découragea, se dégoûta, le dessin n'avança plus, et Julie trouva qu'un dessin n'étoit pas ce qui devoit faire le plus de plaisir à sa mère. Mais voyant un jour chez une de ses amies un très joli panier à ouvrage brodé en chenille, comme on lui laissoit la libre disposition de son argent, pourvu qu'elle ne fît pas de dettes, elle alla avec sa bonne, en sortant de là, acheter un panier et de la chenille pour tout ce qu'il lui restoit d'argent, et se mit à travailler au panier, comme elle avoit travaillé au dessin ; mais, à la première fleur, elle s'aperçut qu'il lui manquoit une couleur nécessaire à la fleur qu'elle avoit entreprise; elle auroit pu en faire une autre, mais elle ne la savoit pas si bien; il auroit fallu l'apprendre et avoir un modèle, et pour cela attendre au surlendemain, qu'elle devoit revoir son amie. Attendre deux jours étoit une chose impossible à Julie; elle trouva plus simple de renoncer au panier, et commença à broder un dessus de pelotte en mousseline; mais Julie n'aimoit pas à soigner ce qu'elle faisoit, en sorte qu'en tirant son coton inégalement et sans précaution, elle érailloit la mousseline; puis, pour réparer, au lieu de s'y prendre doucement, elle tiroit encore avec la pointe de son aiguille soit d'un côté, soit d'un autre; enfin, elle fit un nœud à son coton, essaya de le défaire, et, au premier essai, imagina qu'elle n'en viendroit pas à bout; elle voulut le passer de force, et emporta le morceau de la mousseline. Il falloit faire une reprise et une fleur par-dessus, mais c'eût été trop de patience pour Julie; la pelotte fut abandonnée pour une bourse vert et or. Elle songea ensuite qu'elle seroit plus jolie en lilas et argent; puis le jaune et argent lui donna dans l'œil, jusqu'au moment où elle regarda comme un trait de génie de la faire en couleur de rose et blanc.

De cette manière elle étoit arrivée à l'avant-veille de la Saint-François. Craignant alors de n'avoir fini aucun de ses ouvrages, elle passa les deux jours qui lui restoient à les reprendre l'un après l'autre, toujours persuadée dans le premier moment d'ardeur que celui dont elle commençoit à s'occuper ne lui demandoit plus que quelques instans ; mais rebutée dès qu'elle s'apercevoit de la longueur du travail qui lui restoit à faire, elle changeoit de pensée, et diminuoit ainsi à chaque nouvel essai la possibilité de finir, jusqu'à ce qu'enfin, le soir du second jour, guère plus avancée qu'elle ne l'étoit la veille au matin, et tout-à-fait désespérée, elle prit le parti de tout laisser là, et tâcha de se persuader que Mad. de Jassan oublieroit sa fête, parce qu'elle ne se la rappeloit presque jamais que lorsque ses enfans venoient la lui souhaiter, et que M. de Jassan, fort occupé d'affaires, n'y songeoit pas non plus ordinairement. Elle se flatta que comme ce n'étoit pas le lendemain jour de congé, son petit frère Edouard, qui étoit en pension, ne viendroit pas ce jour-là, et qu'elle auroit du temps pour penser à ce qu'elle avoit à faire.

Cependant, elle ne dormit pas d'inquiétude, et le lendemain matin, en attendant que sa mère fût éveillée, elle s'attacha à la fenêtre, tremblant de voir arriver quelqu'un qui rappelât la Saint-François. Le nom de François, le garçon de cuisine, chaque fois qu'il étoit prononcé, lui donnoit un frisson et une sueur froide qui la prenoient depuis les pieds jusqu'à la tête. Elle le vit passer avec un bouquet à sa boutonnière, et pensa se trouver mal. Ses angoisses augmentoient à mesure que le moment d'entrer chez sa mère s'approchoit, lorsqu'enfin, s'étant écartée un instant de la fenêtre, elle vit entrer dans sa chambre son petit frère Edouard, avec son habit neuf et un air de joie et de satisfaction. Il avoit préparé pour la fête de sa mère un beau thème latin ; et, comme il avoit obtenu de son maître un congé pour l'apporter le matin, il avoit écrit à son père, sans lui rien dire de plus, qu'il le prioit de l'envoyer chercher, parce qu'il avoit congé. Il apportoit, tout fier et tout content, son thème, qu'il avoit écrit d'une belle écriture en fin, sans être rayé, qu'il avoit signé *Edouard de Jassan*, et autour duquel il avoit fait lui-même des ornemens en encre rouge, sans vouloir souffrir que son maître y touchât.

Il dit à sa sœur qu'il venoit souhaiter la fête de leur mère, lui montra le bouquet qu'il avoit caché dans son chapeau, et puis son thème, dont il lui faisoit surtout remarquer les coins, où il avoit mis le chiffre de sa mère, de son père, celui de sa sœur et le sien. Julie, tout interdite, écouta d'abord son frère sans rien répondre, et puis se mit à pleurer. Elle raconta à Edouard tous ses malheurs, car elle les appeloit ainsi, et elle croyoit si bien que c'étoient des malheurs, qu'Edouard le crut comme elle. « Mon Dieu, disoit-il, en regardant tous ces commencemens d'ouvrage que sa sœur lui avoit montrés, n'aurois-tu pu finir cela ou cela ? » Mais Julie trouvoit des impossibilités à tout, et à chaque objection, Edouard disoit : « Qu'allons-nous faire ? »

« Maman ne pensera pas à sa fête, disoit Julie. » Edouard n'en étoit pas bien sûr, et puis son thême lui tenoit au cœur. Julie reprenoit : « Tu le donneras un autre jour; » et alors Edouard répondoit : « Qu'allons-nous faire ? »

Enfin, Mad. de Jassan sonna pour faire descendre ses enfans; alors Julie commença à se désoler d'une telle manière, qu'Edouard, emporté par son bon cœur, lui dit : « Eh bien ! je ne donnerai pas mon thême. » Julie l'embrassa. « Cependant, Edouard, lui dit-elle, si cela te fait trop de chagrin. » Mais Edouard avoit promis, et comme il savoit déjà que rien n'est plus honteux à un homme que de promettre ce qu'il n'est pas sûr de tenir, quand il avoit une fois dit une chose, rien n'étoit capable de le faire manquer à sa parole.

Ils descendirent. Le pauvre petit Edouard étoit tout embarrassé, tant il étoit peu accoutumé à cacher quelque chose à ses parens. Julie n'étoit pas plus à son aise. Mad. de Jassan demanda à Edouard par quel hasard il avoit un congé; Julie trouva moyen de détourner la conservation; mais chaque instant pouvoit ramener cette question ou quelqu'autre aussi embarrassante. Julie auroit dû penser qu'il valoit cent fois mieux avouer tout simplement ce qui lui étoit arrivé, que de s'exposer à toutes ces angoisses; mais les personnes de son caractère craignent surtout le chagrin du moment, et s'exposent pour l'éviter à des chagrins beaucoup plus longs et plus grands. Cependant, ni M. ni Mad. de Jassan n'avoient pensé à rien, et les enfans commençoient à se rassurer, quand ils virent entrer M. Roger. C'étoit l'ancien gouverneur de M. de Jassan qui avoit donné à Edouard les premières leçons de latin; il l'aimoit beaucoup, et alloit souvent le voir à sa pension. Edouard lui avoit montré son thême, dont il avoit été fort content. Il venoit s'informer du succès qu'avoit eu le présent de son petit ami, et apportoit à Mad. de Jassan un bouquet. Mad. de Jassan, tout étonnée d'apprendre que c'étoit sa fête, regarde involontairement Edouard; Julie s'étoit sauvée en voyant entrer M. Roger. M. de Jassan, après avoir embrassé sa femme en lui demandant pardon de son oubli, dit à Edouard qui étoit là tout confus et tremblant : « Et toi, n'as-tu pas souhaité la fête à ta mère? »

« Il l'a apparemment oubliée », dit Mad. de Jassan, qui étoit très bonne, et qui ne vouloit pas que sa fête fût un sujet de chagrin pour ses enfans.

« Non pas, non pas, dit M. Roger, il y a fort bien pensé; j'ai vu le thême qu'il a composé pour vous l'apporter, il est très bon. »

On regarde Edouard, on le questionne; également incapable de mentir et de trahir sa promesse, il ne répond rien. Il se tenoit immobile comme s'il eût craint de laisser échapper quelque chose; il regardoit la terre, et des larmes rouloient dans ses yeux. Pauvre Edouard! en ce moment il se trouvoit bien malheureux! Cependant Julie étoit derrière la porte, dont une moitié étoit ouverte, et où elle étoit revenue tout doucement pour savoir ce qui se passoit. Elle croyoit qu'Edouard alloit tout dire, et se disposoit à se sauver une seconde fois, quand M. de Jassan, mécontent de ce qu'il regardoit comme de l'obstination, prit Edouard par le bras, et le mit à la porte de la chambre, en lui disant que si dans cinq minutes il n'avoit pas répondu à ce qu'on lui demandoit, il pouvoit se préparer à retourner à la pension. Alors, ne pouvant plus se contenir, Edouard se mit à sangloter de toute sa force, et Julie, emportée cette fois par un bon mouvement, se jeta au-devant de son père, en lui disant : « Papa, papa, ne grondez pas Edouard, il avoit fait quelque chose pour la fête de maman. » Et tirant le papier de sa poche, elle le montra.

« C'est cela même, dit M. Roger. » Mad. de Jassan alla chercher le pauvre Edouard qui pleuroit encore à la porte, et M. de Jassan lui demanda plus doucement pourquoi il ne l'avoit pas donné. Edouard, incertain, n'osoit encore répondre, et regardoit Julie qui de son côté baissoit les yeux; enfin, embrassant sa mère qui l'avoit assis sur ses genoux, Edouard dit :

« Julie avoit voulu faire un beau dessin, une belle bourse, et d'autres belles choses qu'elle n'a pas pu achever. »

« Et c'est pour cela, dit Julie toute confuse, que nous n'avons pas parlé de la fête de maman. »

Alors tout fut expliqué; M. de Jassan embrassa tendrement son fils; M. Roger étoit enchanté de son bon petit Edouard; et, pendant qu'on faisoit raconter à Julie ce qui étoit arrivé, celui-ci courant à la chambre de sa sœur, en rapporta le dessin, les quatre bourses, la pelotte et le panier. Il croyoit ne pouvoir trop multiplier les preuves du zèle et de la bonne volonté de Julie. Mad. de Jassan ne put s'empêcher de rire en voyant tout cela; principalement le dessin, commencé par tous les bouts, et où Julie avoit fini la moitié d'un nez, le quart d'une oreille, un coin de joue, une boucle de cheveux, etc. Julie, quoiqu'embarrassée, rit aussi en voyant rire sa mère, et alla l'embrasser, ce qu'elle n'avoit pas osé faire encore. On ne voulut pas la gronder, il y avoit déjà eu bien assez de chagrin pour un jour de fête. Mais quand le calme fut rétabli, qu'on eut loué Edouard de sa fidélité à tenir sa promesse, en lui disant cependant qu'il feroit bien d'éviter autant qu'il lui seroit possible de recevoir des secrets qu'il ne pourroit pas dire à ses parens, M. de Jassan dit à Julie que, pour punition de son inconstance, elle seroit condamnée à ne rien entreprendre qu'elle n'eût fini tout ce qu'elle avoit commencé pour la fête de sa mère. Julie, pour ce jour-là, trouva la punition bien douce; mais il n'en fut pas de même les jours suivans, car aussitôt qu'elle formoit quelque nouveau projet d'ouvrage, on lui demandoit : « La bourse ou la pelotte est-elle finie ? » On ne les lui laissoit pas prendre à son gré, et il fallut que chacun de ces objets fût achevé avant de penser à un autre. Par la suite, toutes les fois qu'elle vouloit entreprendre quelque chose, on l'obligeoit à y réfléchir; son père ou sa mère lui en faisoient voir d'avance les difficultés, qu'elle n'auroit aperçues qu'après avoir commencé, et si elle persistoit malgré cela, on lui annonçoit qu'elle seroit obligée de finir ce qu'elle auroit entrepris, ce qui l'effrayoit quelquefois assez pour l'empêcher de commencer, et elle prétendoit qu'on la dégoûtoit de tout. Cependant elle prit insensiblement l'habitude de ne rien entreprendre sans y avoir réfléchi. On l'obligea aussi à régler ses dépenses, non par mois, mais par semaine, ne lui permettant jamais de dépenser dans une semaine au-delà de la somme convenue; en sorte que si elle vouloit faire quelque dépense un peu plus considérable, elle étoit obligée d'économiser d'avance. Comme elle étoit très peu prévoyante, elle eut d'abord plusieurs fois des chagrins fort vifs; mais enfin elle s'accoutuma à l'ordre, si bien que lorsqu'une chose qu'elle desiroit passoit ce qu'elle pouvoit y mettre raisonnablement, elle ne pensoit pas deux minutes de suite à l'avoir, parce qu'elle voyoit bien que cela étoit impossible.

P. M.

ANNALES DE L'ÉDUCATION.

Les personnes qui n'ont souscrit que pour six mois, sont prévenues que leur abonnement est expiré.

DES MOYENS D'ÉMULATION.

(Ier Article.)

On entend en général par *émulation*, « cette » espèce de jalousie qui excite à égaler ou à » surpasser quelqu'un en quelque chose de » louable (1). » Cette définition suppose toujours plusieurs personnes entre lesquelles existe la rivalité. Je me permettrai de prendre le mot *émulation* dans un sens plus étendu, et d'entendre par *moyens d'émulation* tous les moyens que l'on peut employer pour exciter l'activité des enfans et hâter leurs progrès ; moyens au nombre desquels se range l'émulation proprement dite, c'est-à-dire la rivalité d'élève à élève. Cette acception, je le sais, n'est pas exactement conforme à l'étymologie ni à l'usage, mais elle est facile à saisir, et je ne connois aucun mot propre à remplacer commodément celui auquel je la prête.

---

(1) Dictionn. de l'Acad. Franç., édit. de 1777.

Ire Année. VIe Cahier. 21

Donner de l'émulation à un enfant est donc, dans ce sens, lui inspirer du zèle pour l'étude, engager sa volonté à mettre en jeu les facultés qui doivent lui servir à s'instruire ; c'est le ressort que l'éducation morale emploie pour seconder et presser la marche de l'instruction. Ce ressort est le seul qui soit vraiment utile et efficace. Ce n'est que de l'être moral, c'est-à-dire, capable de volonté, comme j'ai déjà eu occasion de le remarquer, que l'être intelligent peut recevoir une impulsion forte et durable. « C'est la bonne volonté, dit Plu-
» tarque, qui est un lien plus fort que toute autre
» contrainte que l'on sauroit donner aux hommes,
» et le pli qu'ils prennent par bonne institution
» dès leur première enfance, qui fait que chacun
» d'eux se sert de loi à soi-même (1). » Je sais que, dans l'enfance, cette volonté est plus changeante, plus foible, et qu'on doit moins exiger d'elle ; mais ce qui résulte de là, c'est tout simplement qu'un enfant ne peut faire autant d'efforts de volonté qu'un homme ; non qu'un effort de volonté ne lui soit pas nécessaire pour faire bien ce qu'il fait : c'est la même puissance, quoique moins énergique ; sa tâche doit être plus aisée, mais elle seule peut la remplir.

La volonté de l'enfant est donc l'intermédiaire sur lequel on ne sauroit se dispenser d'agir, si l'on veut qu'il avance dans la route de l'instruction. Cette vérité est assez généralement reconnue, de

---

(1) Plut., Vie de Lycurgue, c. 10.

nos jours : cependant, je crois devoir y revenir parce que les vérités, même quand elles sont reconnues, n'exercent pas aussitôt tout leur pouvoir. Il faut qu'elles aient eu le temps de déraciner les habitudes contraires, et ce temps est plus long qu'on ne pense : l'homme agit plus souvent d'après ses habitudes que d'après ses opinions; tout le monde convient de la sagesse et de l'utilité d'un principe, tandis que personne n'en fait encore une application uniforme et soutenue : on doit alors revenir constamment sur ce principe, le suivre dans tous les détails, en justifier sans cesse la bonté, et montrer comment on peut s'en servir, pour qu'il se change en une habitude salutaire. Nous vivons dans un temps où, en éducation comme ailleurs, cette précaution est de la plus haute importance : c'est le seul moyen de ne pas laisser perdre des vérités dont nous sommes loin d'avoir tiré encore tous les fruits qu'elles semblent promettre. Voyons donc en particulier comment on peut influer sur la volonté de l'enfant.

Quels sont les mobiles qui déterminent l'activité des hommes? le besoin d'agir, l'intérêt personnel, le sentiment du devoir. On pourroit en quelque sorte classer les individus selon qu'ils obéissent à l'un ou à l'autre de ces mobiles. Les idiots, les gens ineptes et imprévoyans agissent par un besoin de leur nature, et souvent sans songer à ce qui leur est nuisible ou avantageux. Les hommes plus réfléchis examinent ce qui leur convient, prévoient, combinent, calculent, et se gouvernent selon ce qu'ils croient de leur intérêt personnel. C'est un pas de plus vers le développement de la raison ; rien n'est fait encore pour la morale. Viennent les hommes vertueux qui consultent avant tout la conscience, et la prennent pour guide dans toutes les occasions où elle a à parler. La même gradation se fait observer dans l'enfance : le besoin d'agir est la première cause des mouvemens et des volontés de l'enfant ; à mesure qu'il grandit, il s'accoutume à agir par intérêt, quelle que soit la nature de ce qu'il considère comme tel ; le sentiment du devoir naît en lui plus tôt ou plus tard, selon qu'on néglige ou qu'on prend soin d'en favoriser le développement, mais toujours après ces deux premiers mobiles. Comment peut-on et doit-on mettre en jeu ces différens ressorts ?

Le besoin d'agir a, je crois, une puissance plus forte, plus étendue et plus durable qu'on ne le pense communément. Personne ne peut calculer jusqu'où va son influence sur la conduite des hommes, et personne, ce me semble, n'a assez insisté encore sur le parti qu'on en peut tirer pour diriger celle des enfans. Comme c'est une cause secrète et toute intérieure, dont celui-là même qui y est soumis ne se rend pas compte, et que les autres ne démêlent qu'à force de sagacité, on a trop négligé de l'examiner et de s'en servir. C'est du besoin d'agir que naît l'ardeur que portent les enfans dans leurs jeux ou dans les exercices qui leur plaisent, et c'est parce qu'ils sont libres alors de satisfaire ce besoin qu'ils réussissent si bien dans ce genre d'occupations. Voyez-les jouant à la cachette ou au milieu d'une partie de barres : ils sont en grand nombre, ils se croisent dans leurs courses; sont-ils jamais embarrassés pour se rappeler quel est celui qu'ils peuvent faire prisonnier, et celui par lequel ils ont à craindre d'être pris eux-mêmes ? Toutes leurs facultés, la mémoire, l'attention, le jugement, se déploient avec une énergie, une rapidité singulières : c'est qu'ils agissent, c'est que toutes les forces de leur esprit et de leur corps s'exercent de concert, c'est que rien ne contrarie et ne gêne ce besoin de leur nature. Que leurs études soient arrangées de manière à leur fournir aussi les moyens de le satisfaire, ils s'y plairont et y feront des progrès. Les Grecs s'entendoient mieux que nous à mettre à profit, en s'y conformant, cette disposition de l'enfance. Chez eux, l'étude étoit active; ils savoient heureusement allier les travaux de l'esprit et les exercices du corps : c'étoit en causant, en discutant et en se promenant que les hommes même s'instruisoient. Les enfans ne passoient pas leurs jeunes années, immobiles et muets, à être ennuyeusement endoctrinés; ils vivoient entre eux à l'instar des hommes, et pouvoient toujours faire tourner les connoissances nouvelles qu'ils acquéroient au profit de leur activité. Je suis loin de croire que nous devions imiter servilement les Grecs; tout est différent entre eux et nous; nous avons autre chose à apprendre, à savoir et à faire : nos institutions ne sauroient et ne doivent pas être les leurs; mais les vérités restent les mêmes, quels que soient l'usage auquel elles s'appliquent et la forme qu'elles revêtent. Les Grecs savoient profiter en éducation de ce penchant naturel qui nous porte à agir dès que nous pouvons remuer, et ils ne réussissoient pas mal à former des hommes. Nous avons à former non des Grecs, mais des Français : suivons, sinon la même route, du moins une route parallèle : nous rencontrerons plus d'obstacles, j'en conviens; nous serons obligés de faire plus de sacrifices; mais il faut aller droit, dût-on ne pas espérer d'aller bien loin.

Je ne saurois donc trop recommander aux parens et aux instituteurs de consulter avec soin ce besoin d'agir qui se manifeste de bonne heure chez les enfans, et de chercher à faire tourner au profit des études nécessaires à cet âge, cette disposition qui tourne si naturellement au profit de ses jeux. Quand l'enfant commence à se développer, le germe d'activité qui fermente en lui ne s'est encore fixé sur aucun objet : c'est alors qu'il faut lui présenter les objets qui lui conviennent, et donner à tous ceux dont on l'occupe une forme propre à exercer ce penchant à l'action; mobile d'autant plus important à employer, que s'il n'est pas satisfait, il se porte ailleurs, et détourne les forces de ce jeune esprit du point sur lequel on vouloit les concentrer. « Les enfans, dit Rousseau, » oublient aisément ce qu'ils ont dit et ce qu'on » leur a dit, mais non pas ce qu'ils ont fait et ce

» qu'on leur a fait (1). » Ne pas les appliquer de trop bonne heure à des études où ils n'ont qu'à écouter ; prendre soin de les laisser agir eux-mêmes dans les études qu'ils doivent nécessairement faire de bonne heure, telle est la méthode à suivre, si vous voulez que leur volonté, stimulée par le plaisir qu'ils trouvent à déployer leur activité, concoure avec la vôtre à presser et à assurer leurs progrès.

Si vous savez donner à ce moyen d'émulation toute l'extension et toute la force dont je le crois susceptible, vous ne serez pas obligé d'avoir sans cesse recours à un mobile dont on se sert communément, parce que c'est le plus commode, *l'intérêt*. Accoutumés à voir quel empire l'intérêt exerce sur les hommes, et maîtres d'exercer ce même empire sur nos enfans, puisque nous disposons de leurs punitions et de leurs récompenses, nous usons inconsidérément de cette facilité. Des bonbons dans le premier âge ; plus tard, des plaisirs, de l'argent, les jouissances de l'amour-propre ; voilà les ressorts à l'aide desquels nous faisons marcher ces jeunes créatures dans une route qui, disons-nous, leur déplairoit sans cela. Les bonbons me paroissent avoir peu d'inconvénient : l'enfant, à cet âge, n'attache à la gourmandise aucune idée d'immoralité ; le goût lui en passera sans peine, si nous ne lui en faisons pas une habitude, et l'importance qu'on a mise quelquefois à défendre

---

(1) Emile, l. 2.

l'usage de ces petits moyens, souvent les seuls dont on puisse se servir avec des êtres qui n'ont encore qu'une existence de sensation, est, selon moi, fort exagérée. C'est à l'époque où le raisonnement commence à prendre de la suite et de l'étendue, où l'enfant devient capable de distinguer les idées de devoir et de plaisir, qu'il ne faut user du ressort de l'intérêt qu'avec une extrême précaution. Je ne saurois trop insister ici sur une distinction trop souvent négligée : faire d'une récompense promise à l'enfant, s'il remplit bien sa tâche, la source de son zèle, le mobile de sa volonté, et le récompenser quand il a bien fait, sont deux choses totalement différentes. Je vois beaucoup d'avantages et nul inconvénient à ce que le plaisir, qui est le bonheur de l'enfance, se place pour elle, à la suite du devoir satisfait : c'est le meilleur moyen de faire aimer la vertu à l'enfant, jusqu'à ce qu'il puisse l'aimer pour elle-même, indépendamment de ses résultats : accoutumé ainsi à trouver tout facile et agréable, lorsqu'il a bien fait, l'importance qu'il met à bien faire s'accroît pour lui de tout le bonheur qui accompagne sa jeune vertu, sans qu'il l'ait ni calculé ni arrangé d'avance. Il aime à être sage, parce qu'il aime à être heureux ; mais si l'idée du bonheur ne se sépare jamais de celle du devoir, celle du devoir marche toujours la première, et elles se fortifient ainsi mutuellement. Promettez au contraire à un enfant tel ou tel plaisir, telle ou telle récompense, s'il s'acquitte bien de sa tâche ; toute idée de devoir disparoît ; un calcul intéressé en prend la place, occupe seul son esprit; la tâche pourra être bien faite, mais il n'aura point appris à bien faire; ses efforts de volonté ne seront que momentanés, et le lendemain, si vous ne lui proposez pas un nouveau plaisir, vous courez risque de le voir travailler fort mal. Que l'enfant s'amuse parce qu'il a bien fait, rien de plus juste; mais qu'il ne fasse bien que pour s'amuser, rien de plus dangereux. Accoutumez les enfans à voir, non l'amusement de quelques heures, mais le bonheur de tous les momens dépendre de leur bonne conduite; ils se plairont à se bien conduire, et le devoir leur paroîtra si impérieux, si nécessaire, que son accomplissement sera l'objet des efforts libres et soutenus de leur volonté. Si vous ne savez au contraire animer cette volonté que par la promesse d'un plaisir, le plaisir deviendra la loi suprême de l'enfant; ce sera le seul but de ses travaux: faire son devoir ne sera pour lui qu'un moyen d'arriver à ce but, une idée secondaire qui n'acquerra à ses yeux ni la hauteur ni la gravité qu'elle doit avoir. J'ai déjà fait observer que les progrès qu'on pouvoit obtenir par là n'étoient ni bien vrais, ni bien solides, parce que l'attention, toujours fixée sur le but auquel l'enfant veut arriver, abandonne sur-le-champ, dès qu'il y est parvenu, les objets d'étude dont il vient de s'occuper, et n'a pas le temps de les graver profondément dans la mémoire. Mais, en supposant même que ces progrès fussent réels, vous n'auriez pas résolu ce grand problème de l'éducation morale, considérée dans ses rapports avec l'instruction:

inspirer à l'enfant cette bonne volonté qui le porte à faire de lui-même, constamment et avec zèle, les efforts dont il a besoin pour réussir et avancer dans ses études.

Il y a donc un double inconvénient à mettre en jeu le ressort de l'intérêt de la manière que je viens de blâmer : on n'inspire pas ainsi à l'enfant une bonne volonté vraiment efficace, et l'on dirige mal le développement de ses dispositions morales. Qu'on ne s'en prenne pas à la nature même des mobiles dont nous pouvons disposer: l'homme n'a rien en lui qui ne puisse tourner au profit du bien comme au profit du mal: tout dépend des principes d'après lesquels il s'accoutume à agir et à juger. Malheureusement on gouverne les enfans, comme les hommes, plutôt par leurs défauts que par leurs qualités : veut-on les faire obéir? on se sert de leur foiblesse; s'agit-il de leur faire remplir une tâche? on emploie toutes les séductions de l'intérêt. Ces dispositions que l'on devroit combattre comme on doit combattre les dispositions de l'enfance, en ne leur donnant jamais une occasion de s'exercer, en les laissant dans une inertie absolue, sont précisément celles dont on éveille l'activité, dont on augmente la puissance: n'est-ce pas ainsi que dans le monde, le plus fort et le plus habile assujettit et avilit ceux qui l'entourent, en profitant de leur foiblesse et de leur penchant à tout oublier pour leur intérêt personnel? User de cette méthode avec les enfans est plus coupable encore que s'en servir pour conduire les hommes, parce que dans ce dernier cas, elle est souvent la seule que l'on ait à sa disposition, tandis qu'avec des êtres dont le caractère et les idées sont encore flexibles, on est plus libre de choisir et d'arranger à son gré les ressorts que l'on met en jeu. Servez-vous donc pour faire agir et avancer vos enfans, de ce qu'il y a de bon, non de ce qu'il y a de mauvais dans leur nature morale, et ne craignez pas de manquer jamais de prise sur eux; le bien et le mal sont partout; il ne s'agit que de les séparer nettement, et de se répéter sans cesse que le mal doit être combattu avec les armes que nous fournit le bien: nous verrons bientôt une nouvelle confirmation de cette vérité, en traitant d'un intérêt d'un genre particulier, je veux dire de *l'amour-propre*, considéré comme moyen d'émulation.

F. G.

JOURNAL

ADRESSÉ PAR UNE FEMME A SON MARI, SUR L'ÉDUCATION DE SES DEUX FILLES.

Numéro VI.

VOTRE sœur m'a écrit, mon ami, pour me demander de lui indiquer une bonne pour sa fille; je n'en connois pas qui puisse lui convenir, et je crois qu'en ce genre, comme dans beaucoup d'autres, on ne trouve rien de tout fait. Voici sa lettre et ma réponse:

LETTRE.

Je ne sais plus, chère sœur, comment m'y prendre avec Zéphyrine; elle devient tous les jours plus difficile à conduire; sa bonne surtout ne sait pas s'en faire obéir; j'en voudrois trouver une qui lui imposât un peu davantage. J'ai été obligée de me séparer d'Emilie, celle que vous avez vue chez moi; elle me convenoit à beaucoup d'égards: d'abord elle ne gâtoit pas ma fille, et puisque vous prétendez que je la gâte, au moins suis-je bien aise qu'il n'y ait que moi qui m'en mêle; son éducation avoit été assez bonne, elle ne manquoit pas d'esprit; et il résultoit de tout cela une sorte de fierté dédaigneuse qui m'assuroit qu'elle ne seroit pas trop familièrement avec les autres domestiques; ses mœurs étoient sûres et son ton convenable, quoiqu'une disposition habituelle à l'humeur la rendît souvent un peu aigre. Zéphyrine souffroit quelquefois de cette humeur; malgré cela, elle aimoit sa bonne avec une sorte de passion, et cette femme avoit pris sur elle un tel empire, que j'aurois été bien heureuse de me faire obéir aussi facilement. Les cent mille devoirs de société que j'ai à remplir m'obligent, comme vous le savez, à quitter souvent ma fille. Je trouvois un grand avantage à la savoir en mon absence sous une autorité, je l'avoue, beaucoup plus respectée que la mienne. Je me résignois même à n'être pendant la première enfance de Zéphyrine que la seconde personne en crédit près d'elle; et supportois sans me plaindre quelques dégoûts dont j'étois bien sûre d'avoir un jour ma revanche. Mais je m'aperçus qu'en attendant le caractère de ma fille se gâtoit, sans mauvaise intention de la part d'Emilie, mais par une suite naturelle du sien. Brouillée avec tous les gens de la maison, elle faisoit partager à Zéphyrine ses animosités, et je trouvai un jour cette petite fille dans une colère horrible contre ma femme de chambre, avec qui Emilie étoit en querelle ouverte, et l'accablant d'injures sur ce que celle-ci, en lui rapportant ses gants, lui avoit dit que sa bonne *les laissoit toujours traîner dans mon appartement.* Lorsqu'Emilie avoit quelque renouvellement d'humeur contre le cuisinier, pendant huit jours Zéphyrine trouvoit sa soupe mauvaise ou ses épinards trop salés. Elle étoit instruite à fond des griefs de la fille de cuisine, des profits qui se faisoient à l'office, enfin de tous les commérages dont sa bonne s'entretenoit avec ses amies; en sorte que sa séparation absolue d'avec les domestiques, ne servoit qu'à occuper davantage son imagination de leurs caquets, des détails de leur conduite, et des vilains petits intérêts qui les divisent. Elle savoit aussi qu'il ne falloit pas me dire telle ou telle chose; et si je l'eusse interrogée, je ne sais à quel point, pour défendre ou pour excuser sa bonne, elle ne se seroit pas permis d'embellir au moins la vérité.

Je voyois tout cela et ne savois comment faire, n'ayant rien de positif à reprocher à Emilie. Enfin, il s'est présenté pour elle un établissement avantageux, je l'ai fort encouragée à l'accepter. Son aversion pour ma femme de chambre, avec qui elle ne pouvoit plus vivre, a aidé à mes argumens. Quoiqu'elle ait eu tout lieu d'être contente de moi, son départ a donné à Zéphyrine une humeur épouvantable; son dépit s'est tourné en indocilité pour la nouvelle bonne que je lui ai donnée. Elle a décidément pris le parti de ne pas l'écouter. Il faudroit, pour la réduire, des pénitences perpétuelles; d'ailleurs, sa bonne trouve plus simple de laisser aller, que de venir se plaindre à toute minute. Quand je demande pourquoi une chose ne s'est pas faite, *mademoiselle Zéphyrine ne l'a pas voulu*; et ce que mademoiselle Zéphyrine veut faire est toujours précisément le contraire de ce que veut sa bonne; en sorte que, quand elle n'est pas avec moi, c'est à peu près comme si elle étoit seule. Je ne puis compter sur sa bonne pour faire bien prendre les leçons, pour empêcher le babil avec les maîtres, les courses dans la maison ou toute autre sottise. Je n'ai même aucun moyen de me rassurer contre les accidens dont on ne peut garantir une enfant de neuf ans, indocile. Il y a quelque temps qu'à ma porte elle a pensé se faire écraser par une voiture en passant d'un côté à l'autre de la rue pour échapper à sa bonne qui vouloit l'obliger de rester près d'elle. Le pied du cheval l'a tellement touchée, qu'il a crotté sa robe. La bonne est rentrée à demi-morte de frayeur, et moi j'ai cru que j'en mourrois tout-à-fait. Deux jours après, elle s'est abîmé les jambes avec une cafetière d'eau bouillante qu'elle a voulu prendre, quoi qu'on pût lui dire, et qu'elle a lâchée ensuite, parce que l'anse la brûloit. Depuis ce temps, je suis si tourmentée, qu'elle me quitte le moins que je puis; je la garde chez moi, même quand j'ai du monde, ce qui me gêne et l'ennuie. Je la fais sortir avec moi, ce qui dérange les leçons. Trouvez-moi, je vous en prie, chère sœur, une bonne qui soit sûre, ce sera me rendre un service essentiel à mon repos et même à ma santé; car depuis quinze jours je ne dors pas d'inquiétude.

RÉPONSE.

N'allez pas vous aviser, ma pauvre sœur, d'avoir une mauvaise nuit toutes les fois que Zéphyrine vous aura donné une mauvaise journée. Voici le moment de la patience.

Votre fille est un de ces enfans vifs qui exercent de bonne heure leurs forces et sentent tard leur raison. Il faut attendre cette raison, et seulement en surveiller avec soin le développement. Votre fille a de l'esprit, elle vous aime, elle n'aura autour d'elle que de bons exemples; c'est tout ce qu'il lui faut pour être encore un de ces enfans gâtés qui ont la malice de tourner si bien, qu'ils encouragent à en gâter d'autres.

Je voudrois, en attendant, pouvoir vous indiquer une bonne telle qu'il vous la faut; mais je ne connois personne, et je ne répondrois de personne. Je ne pourrois vous donner qu'un sujet bien disposé, et ce seroit à vous à le façonner ensuite à l'emploi que vous voulez lui confier. Songez que cet emploi, c'est de vous remplacer. De qui voulez-vous qu'elle l'apprenne, que de vous? Il faut que, pour Zéphyrine, sa bonne et vous ne soyez qu'une autorité en deux personnes; que lui désobéir soit vous désobéir, que la mécontenter soit vous déplaire. *Celui qui m'a vu a vu mon père.* Il faut que, sous les yeux de sa bonne, Zéphyrine soit comme sous les vôtres, ce qui ne peut être si vous confiez à la bonne un pouvoir indépendant, si vous vous reposez sur le caractère et les principes que vous lui connoîtrez, et non sur ceux que vous lui ferez adopter. Pour qu'Emilie convînt à l'éducation de Zéphyrine, il ne lui manquoit que de l'élever pour vous, au lieu qu'elle l'élevoit pour elle-même. Elle en faisoit une petite fille obéissante à ses volontés, attachée à ses intérêts, non aux vôtres. C'est ce qui est très difficile à éviter, dans les premières années surtout, sans une grande surveillance. Les volontés au moyen desquelles on dirige la première enfance ne peuvent se réduire comme les lois qu'on impose à des hommes, à un certain nombre d'articles généraux et de cas prévus.

Comment prévoir ce qu'exigera un être qui ne prévoit pas lui-même, dont les desirs et les actions ne sont assujettis à aucune règle ? Il faut à chaque instant, près d'un petit enfant, une volonté nouvelle pour répondre au caprice, au besoin du moment ; et la bonne qui, dans tous les cas, seroit obligée de se soumettre à une loi prescrite d'avance, passeroit sa vie comme le général obligé de suivre les directions de son cabinet, à perdre des batailles ou à manquer des occasions. Il n'y a certainement pas de principe moins sujet à exception, que celui qui défend à une bonne de frapper l'enfant qu'on lui confie ; à quoi servira cependant celle qui ne pourra, sans un ordre exprès, répondre par une chiquenaude à l'enfant qui bat ou qui mord, ou repousser par un coup léger le doigt obstiné à se faire prendre dans une porte ?

Il est donc impossible qu'une mère qui ne peut partager avec la bonne les soins qu'exigent les premières années de ses enfans, ne lui laisse pas, comme vous aviez fait, chère sœur, un empire de détail qui est celui que les enfans sentent le mieux, le seul même dont ils se doutent. Un enfant de quatre ans dira fort bien à sa mère, si elle prétend lui ôter ou lui remettre son bonnet : *Ma bonne ne le veut pas*. Il est à peu près impossible aussi qu'il n'en résulte pas une préférence de l'enfant pour sa bonne. L'affection des êtres foibles se porte presque toujours vers le côté d'où leur vient la dépendance. Cette préférence n'a pas en elle-même de grands inconvéniens, car elle ne peut durer : elle diminuera naturellement à mesure que l'enfant sentira diminuer ses besoins physiques et augmenter ceux de sa raison et de son imagination. C'est de la mère que dépend directement pour ses plaisirs une petite fille de douze ans, et, à moins d'une grande négligence de la part de leurs parens, on n'en voit guère conserver à cet âge pour leur bonne la préférence que presque toutes lui ont accordée dans leur enfance.

Mais c'est à la bonne qu'il reste de ce premier empire des habitudes fâcheuses; elle est accoutumée à une autorité indépendante; elle la conserve d'autant plus long-temps, que la petite fille, quoiqu'elle en souffre quelquefois comme Zéphyrine souffroit de l'humeur de sa bonne, ne cherche point à s'y soustraire, parce qu'elle fait servir cette indépendance à ses fantaisies. Une bonne, presque toujours plus soigneuse qu'une mère, lorsque ses fonctions se bornent à des soins matériels, le devient beaucoup moins lorsqu'ils s'étendent à un autre genre de surveillance. Mettant moins d'importance que nous à mille petites choses que nous regardons comme essentielles dans l'éducation de nos filles, elle se permettra plus aisément les relâchemens que lui demandera sa propre commodité. Elle défendra de causer avec les maîtres, mais elle commencera elle-même une conversation, et la petite fille s'en mêlera. Il lui sera agréable de sortir tel jour ou à telle heure, et elle passera plus aisément sur une leçon mal prise ou mal sue. Elle consentira plus aisément un jour de froid à abréger une promenade qui lui sera pénible. Enfin nous n'avons d'intérêts que ceux de nos enfans, c'est ce qui nous rend fermes à leur égard; elle en aura de particuliers dont ils sauront profiter pour la plier à leur caprice; en sorte qu'une petite fille élevée de cette manière se sentira plus libre avec sa bonne qu'avec ses parens. Elle aura dans sa journée beaucoup de petites actions qui, sans être précisément répréhensibles, craindront les yeux de sa mère; et l'âge aura amené l'affection, que la confiance sera encore long-temps à s'établir;

supposé même qu'elle s'établisse jamais parfaitement.

Je regarde donc comme très heureux que vous ayez pu vous séparer d'Emilie. Il faut empêcher à présent qu'une autre ne vienne comme elle se mettre entre votre fille et vous, ce qui ne manquera pas d'arriver si vous chargez la bonne de Zéphyrine de lui imposer par elle-même, et non par l'appui qu'elle tirera de votre autorité. Cette autorité doit être son guide comme son soutien; mais il faut qu'à chaque instant elle puisse y avoir recours; qu'elle connoisse à chaque occasion celle de vos volontés dont elle pourra appuyer la sienne; qu'elle puisse dire positivement : *Madame votre mère le veut*; en sorte qu'il n'y ait pas à lui résister sans vous désobéir à vous-même. Mais il faut pour cela que vos volontés lui soient manifestées autrement que par des ordres comme on en donne à un domestique, uniquement pour se débarrasser sur lui des soins ou de la fatigue qu'on lui impose. Il faut partager avec la bonne de votre fille les soins de son éducation, non vous en débarrasser sur elle. Ce partage établira entre vous sur les objets dont vous vous occuperez ensemble une sorte de familiarité et de communauté qui la fera entrer dans vos intérêts et dans vos vues. J'ai vu des mères n'avoir de communication avec la bonne de leurs enfans que lorsque celle-ci les amenoit dans l'appartement, se retirant lorsqu'elle les voyoit avec leurs parens, comme une femme de chambre dès qu'elle a fini son service. Je ne crois pas que la bonne des enfans doive s'établir dans l'appartement de la mère, mais la mère doit être souvent dans la chambre de ses enfans. La bonne de mes filles est accoutumée à me voir entrer et passer dans leur chambre comme dans la mienne. Ma présence n'interrompt ni ne dérange ce qu'elle fait; elle leur commande devant moi comme si je n'y étois pas. Ma présence ne peut suspendre l'exercice de son autorité, puisque cette autorité c'est la mienne; et mes filles sont accoutumées à n'en faire aucune différence. Elle, de son côté, n'a point de disposition qui contrarie les miennes, car il lui semble que nous sommes convenues ensemble de tout. Libre de me dire son opinion sur ce que je prescris à mes filles, l'opinion à laquelle elle ne peut rien objecter lui paroît être la sienne. Sur les choses qui peuvent être de son ressort, je la consulte, je lui cède même quelquefois; sur celles qui doivent me regarder uniquement, je ne crains pas de me montrer complaisante envers elle. Ainsi, elle pourra obtenir de moi l'adoucissement d'une pénitence, je lui permettrai de consoler celle que j'aurai grondée, et de demander pardon pour elle. Je lui laisserai une influence qui lui donnera les moyens de se faire aimer sans rien prendre sur moi, de qui viendront toujours les plaisirs qu'elle pourra procurer. Je ne lui permettrai pas de se faire craindre personnellement. Je serai trop souvent entre elle et mes filles pour que son humeur puisse les atteindre, et je ne lui laisserai pas l'occasion d'être plus ou moins sévère. Accoutumée à m'avoir pour témoin une partie du temps, elle n'a ni l'habitude ni la possibilité de me cacher ce qui se fait tandis que je n'y suis pas. Il est si bien convenu que je saurai tout ce qui s'est passé en mon absence, qu'elle n'a point à menacer de m'instruire d'une faute ni à faire acheter sa discrétion; elle s'attend toujours à mes questions; elles ne lui laisseroient pour me tromper que la ressource du mensonge, moyen impossible avec des enfans accoutumés à la sincérité; ainsi elle ne peut pas même se permettre la foiblesse.

Mes filles ne peuvent donc prendre en elle une confiance qui nuise à celle qu'elles me doivent. L'affection qu'elle leur inspire ne pourra jamais être en contradiction avec celle qu'elles sentiront pour moi : ces deux affections ne sont pas du même genre. Absolue sur tout ce qui les regarde, parce qu'elle parle en mon nom, elle leur paroît sur tout le reste une compagne de dépendance. Elles trouvent à exercer envers elle le sentiment de bonté qu'elles ne peuvent exercer envers moi. Louise même prend déjà plaisir à se priver pour elle. Sophie soigne ses intérêts auprès de moi, et en y entrant autant que je le puis avec elle, je l'empêche de croire que sa bonne puisse jamais en avoir qu'il ne faille pas me confier. J'ai su d'ailleurs assez isoler la bonne, et par ma surveillance et par ma confiance, pour ne lui guère laisser d'intérêts que ceux dont je veux bien que mes filles s'occupent.

C'est ce qui vous sera aisé, chère sœur, en donnant à la bonne de votre fille des intérêts qui surpassent tous ceux qu'elle pourroit trouver ailleurs. Qu'elle soit honnête, raisonnable, pas trop jeune, ce qui rend les mœurs moins sûres, pas trop vieille, ce qui rend l'humeur plus difficile ; en l'attachant à vous, vous la détacherez facilement de tout le reste ; en vous approchant d'elle, vous l'éleverez autant qu'il le faudra jusqu'à vous ; en la remplissant de vos idées, vous ne laisserez plus de place pour les siennes. Le défaut des personnes de cette classe est moins d'avoir pris de mauvaises habitudes que de n'en avoir pas su prendre de bonnes. L'ignorance, le défaut de réflexion, le vide et le désœuvrement de leur esprit ; voilà ce qui les expose à ces petites passions toujours fâcheuses pour l'éducation de nos enfans, soit qu'ils en souffrent, qu'ils les partagent, ou qu'ils en soient seulement les témoins. Tâchons donc de ne pas leur laisser de passions à elles. Il est aisé d'effacer ce qui est si peu de chose, de remplacer par une existence différente une existence si nulle et si peu déterminée. Etablissez entre vous et la bonne de votre fille une communication libre et habituelle sur tout ce qui concerne les soins dont elle est chargée; et le premier de tous ses intérêts sera celui qu'elle partagera avec vous. Ses rapports avec vous seront la partie honorable de sa situation, et celle par conséquent à laquelle elle s'attachera de préférence. Ne causez avec elle que sur ce qui a rapport à votre fille; mais que, sur ce point, elle puisse se regarder moins comme un domestique à qui l'on donne des ordres, que comme une personne de confiance à qui l'on explique et on veut faire partager ses volontés, et elle mettra à vos volontés l'importance qu'elle mettroit aux siennes. Enfin, elle agira pour son propre compte en agissant pour le vôtre, parce que vous l'aurez accoutumée à ne penser, à ne sentir que par vous. Elle vous aimera, et alors vous pourrez être tranquille. Ce moyen de tranquillité est simple, ma chère sœur; mais c'est, je crois, le seul. Le caractère, la crainte, le devoir, peuvent donner à ceux qui dépendent de nous des motifs pour nous obéir; mais l'affection, en leur donnant nos motifs et nos volontés, les rend seule capables de nous remplacer.

P. M.

IIIe LETTRE AU RÉDACTEUR,

DU SEVRAGE, DES DIFFÉRENS ALIMENS ET DE LEUR INFLUENCE RELATIVE SUR LES DIVERSES DISPOSITIONS ET SUR LE DÉVELOPPEMENT DES ENFANS.

J'AI tâché, dans ma dernière lettre, d'exposer les diverses dispositions physiques qu'on observe le plus généralement chez les enfans au moment de la dentition, et les difficultés que rencontre le développement de ces jeunes êtres, en qui tout semble encore si foible et si incomplet. Je dois parler aujourd'hui *de la manière dont on nourrit l'ensemble de leurs organes, et des modifications qu'exige le genre de nourriture que l'on emploie*, selon l'âge et la situation de l'individu. Le travail de la dentition est un changement si important, il arrive en quelque sorte si subitement, que nous sommes en droit de le regarder comme le commencement d'une époque nouvelle, comme un point de repos d'où l'on peut porter ses regards en arrière, pour comparer le passé avec le présent, et voir tout ce qui reste à faire encore. Ces êtres, qui jusque-là suçoient un liquide tout préparé, sont devenus capables de mâcher une nourriture un peu plus substantielle. Ils peuvent quitter le sein de leur mère, et apprendre peu à peu à tirer des objets qui les environnent d'autres matières propres à soutenir et à perfectionner leur corps.

Ici commence une lutte inévitable. La nature

donne et ôte tour-à-tour. Tantôt des substances nuisibles se mêlent aux alimens, tantôt les organes de l'individu sont trop foibles pour les digérer. Quelquefois la place qu'il occupe dans la société le contraint à user de telle ou telle nourriture, plus ou moins convenable. Si l'enfant destiné à labourer la terre ne peut digérer de bonne heure le pain grossier qu'on lui donne, il doit nécessairement succomber. C'est à ce défaut d'harmonie, à ce conflit existant entre les substances alimentaires mêmes, l'organisation particulière des individus et leur situation dans le monde, qu'il est question de remédier. La Providence semble avoir pris soin elle-même de lever les plus grands obstacles en donnant aux êtres la faculté de contracter des habitudes d'après lesquelles ils se forment, et en favorisant leur développement par la variété et le nombre des moyens de subsistance et de conservation qu'elle a créés pour toutes les circonstances et pour tous les climats.

La digestion, comme toute autre fonction, a besoin d'exercice; elle est donc un des objets d'étude de l'éducation physique. Un instinct inné peut bien apprendre à sucer, mais mâcher, distinguer et choisir ce qui est convenable, c'est là le fruit de l'expérience et de la pratique. Si la dureté des corps suffit pour provoquer la mastication, il n'y a que l'examen des différentes nourritures dont vit l'embryon qui fasse bien juger de ce qui peut et doit convenir à l'enfant, jusqu'à l'époque de la seconde dentition; c'est à dire jusqu'à l'âge de sept ans, époque où l'on commencera à s'occuper plus spécialement de la culture de ses facultés intellectuelles.

L'embryon caché dans le sein de la mère est probablement nourri du *sang* qui lui est communiqué par l'ombilic. Ce fluide contient presque toutes les substances qui concourent à notre organisation. Lorsqu'il n'est pas agité et tenu en circulation, il s'en sépare un fluide blanchâtre séreux, qui a les propriétés du *blanc d'œuf;* on y trouve une *partie fibreuse,* qui entre dans la composition des muscles ou de la chair, et qui est *rougie par un oxyde de fer;* enfin, des *terres* et des *sels,* qui forment la base de nos os, etc. Tous les élémens primitifs sont mêlés dans ce suc nourricier, où chaque partie du corps doit puiser sa subsistance. Lorsqu'on vient à examiner les corps qui nous environnent, on y découvre plus ou moins d'élémens semblables à ceux qui se trouvent en nous; et quelque variés que soient ces corps, qu'on les choisisse parmi les végétaux ou les animaux, il entre toujours dans leur composition de quoi réparer les pertes que nous faisons continuellement dans l'atmosphère au sein de laquelle nous vivons.

D'après cet exposé, trop simple sans doute, on pourroit s'imaginer qu'il n'y a qu'à se nourrir de sang ou à avaler les substances que la chimie nous fait découvrir dans notre corps pour suppléer à ce qui peut lui manquer dans son ensemble ou dans ses parties; mais la nature ne veut pas qu'il en soit ainsi. Elle exige qu'on mette du sien dans ce qu'on doit s'approprier, qu'on *élabore* et qu'on transforme, pour ainsi dire, en sa propre substance celle d'un corps étranger. Elle a pourvu chaque individu d'organes semblables et propres à ce travail. D'un autre côté, elle les a tellement modifiés dans chacun de nous, que ce qui convient à l'un nuit à l'autre, et que ce qui est bon à une certaine époque devient préjudiciable dans la suivante. C'est dans la connoissance de ces modifications individuelles que consistent l'hygiène ou l'art de conserver la santé, et l'éducation physique, dont le but est de développer, de perfectionner les forces générales ou particulières.

L'enfant sorti du sein de sa mère trouve dans ses mamelles une nourriture toute préparée ; il arrive sur une terre hospitalière où la tendresse a pourvu à tout. Les premières gouttes de *lait* appelées *colostrum* sont propres à nettoyer les intestins ; elles opèrent comme une petite médecine, et j'ai déjà parlé de la consistance que prend peu à peu le lait, à mesure que le nourrisson a besoin d'un aliment moins léger. De ce lait, quand il reste tranquille hors du corps, se sépare, ainsi que du sang, une *partie séreuse*, espèce de *sucre de lait*, composée peut-être d'une substance *gommeuse* particulière et de *sucre*. Tout le monde sait qu'il s'en sépare aussi une *crème* contenant le *beurre*, qui est une substance huileuse, et qu'on y trouve enfin une *partie caséeuse* ou du *fromage*, qui est la plus nourrissante, parce que c'est la plus semblable aux corps animalisés, tandis que les matières précédentes participent des propriétés de la nature végétale. Le lait de la mère contient beaucoup, et plus que tout autre lait, de la partie sucrée, ou petit lait ; il s'y trouve peu de crême, et très peu de matière caseuse. La nature a voulu nous indiquer ainsi quelles sont les substances les plus convenables à l'enfant qui vient de naître. Ce lait ne tourne presque jamais au point de devenir acide, et la matière que vomissent quelquefois les enfans n'est souvent qu'une substance butireuse. Comme on découvre en outre dans ce lait, du fer, des acides, et des terres qui entrent dans la composition de notre corps, il remplace très bien pour l'enfant la nourriture qu'il avoit dans le sein de la mère ; seulement, il a besoin de plus de travail, de plus d'activité dans les organes, pour changer ce nouvel aliment en sa propre substance.

Jusqu'ici tout paroît d'une simplicité, qui ne se rencontre qu'en théorie, tandis que, dans le fait, l'enfant est exercé, dès le premier pas, à des changemens continuels. Ce lait de la mère subit des altérations provenant de sa constitution particulière, ou de l'influence tant de la nourriture qu'elle prend, que de l'atmosphère qui l'environne. Nous avons déjà observé qu'elle peut délayer son lait par des boissons aqueuses, ou l'échauffer par les spiritueux et par une nourriture animale trop substantielle. Elle peut lui donner de l'odeur par l'usage des aromates, et le rendre amer par celui de l'absinthe. Son genre de vie influe ainsi immédiatement sur la digestion et la nutrition du nourrisson. Personne n'ignore qu'on administre quelquefois à l'enfant, par l'entremise de la mère, des médicamens utiles. Son expérience et un peu d'attention sur ce qui l'a agitée, ou sur ce qu'elle a pris lorsque l'enfant se porte moins bien, la guideront dans le choix des alimens. La chimie n'est pas encore assez perfectionnée, elle n'est pas encore entrée assez avant dans les détails pratiques de la vie commune pour qu'on puisse dire laquelle des substances qui entrent dans la composition du lait de la mère est plus abondante dans un cas que dans l'autre, afin de modifier d'après cela la nourriture dont elle se sert ; aussi, je ne parle de cette circonstance que pour indiquer la route qui peut conduire à des raisonnemens certains, et établir un jour les préceptes de l'éducation physique sur des bases plus solides.

En général, il est bon que la nourrice change peu son genre de vie ordinaire, pour ne pas troubler ses fonctions. On peut dire cependant qu'une nourriture trop végétale dispose à l'acidité, et que les matières animales pourroient augmenter la partie caseuse du lait, inclinant, comme toutes les substances animales, à l'alcalicité et à la putréfaction. Le trouble survenu dans les fonctions du nourrisson lui fera choisir des alimens appropriés à son état. La constipation, par exemple, peut disparoître par l'usage des compotes ; le dévoiement, par celui des mucilagineux opiales. Les amers aromatisés et le quinquina qu'elle prendra fortifieront l'estomac de l'enfant; les infusions de fleur de camomille peuvent diminuer les spasmes. La nourriture influe sur le lait d'une nourrice comme sur celui des animaux, et nous pourrions multiplier ici les préceptes, s'il ne falloit laisser quelque latitude lorsqu'il s'agit d'un jeune être qui doit apprendre à supporter même les vicissitudes auxquelles notre existence physique est assujettie. On voit facilement ce qu'il faut penser du préjugé général qui tend à charger la nourrice d'un excès de nourriture ou à favoriser les caprices de son goût. Qu'elle suive plutôt une méthode négative, la diète; *qu'elle apprenne à s'abstenir*, lorsqu'il le faut, son nourrisson s'en trouvera bien (1).

S'il est difficile d'apporter au lait de la mère les modifications qu'exigeroit le bien-être de l'enfant, il l'est encore plus d'y substituer une autre nourriture au moment du *sevrage*. On le fixe ordinairement à l'*époque* où l'enfant se trouve avoir dix à douze dents; la plus grande variation s'étend de

---

(1) Les *nourrices sédentaires* ont, à l'Hospice de la Maternité, à *déjeuner*, une soupe aux légumes; à *dîner*, une soupe grasse, huit onces de viande (vingt-quatre décagrammes), dont deux tiers de bouilli, un demi de ragoût ou rôti; un demi-litron (un décalitre) de légumes secs; un demi-setier de vin ou double quantité de bière. A *goûter*, deux onces de raisiné ou de pruneaux, ou des fruits en proportion semblable. A *souper*, demi-soupe grasse, douze décagrammes ou quatre onces de viande, moitié bouillie, moitié vinaigrette ou ragoût; un demi-setier de vin.

sept à huit mois jusqu'à quinze (excepté dans les pays très méridionaux). On prétend que dans le Canada et en Norwège on allaite les enfans jusqu'à trois ou quatre ans, et que cela les rend stupides. Il est possible que l'on prolonge outre mesure l'enfance. Certains médecins attribuent aussi la gourme à un allaitement de trop longue durée. Il est sûr, et les essais d'allaitement artificiel auxquels on est quelquefois obligé de recourir le prouvent assez, qu'il n'y a que des cas extraordinaires où le sevrage soit impraticable aux époques indiquées. On assure même que les Moscovites ne donnent jamais de lait de femme; et comme il n'est rien dans ce monde qu'on n'ait cru pouvoir dire, Arnold de Villeneuve prétendoit que c'étoit un moyen d'éviter l'influence des passions humaines.

Il y avoit autrefois en France des sevreuses qui s'occupoient des soins du sevrage pour éloigner l'enfant du sein de la nourrice; cet usage inutile, source de beaucoup d'abus, a heureusement cessé. On peut donner d'abord à l'enfant le *lait d'ânesse*, celui qui, après le lait de femme, contient le plus de petit lait. Vient ensuite le *lait de chèvre*, qui contient déjà plus de beurre et de fromage. Le *lait de vache* est celui qui en fournit le plus; il est par conséquent plus lourd à digérer. Nouvellement trait, il a un parfum particulier. Le meilleur est celui de la vache en herbage, trois mois après le vêlement. Dans les étables, le fourrage lui donne trop de solidité. On remarque aussi une différence entre le premier et le dernier trait; l'un contient plus de crême, et l'autre plus de fromage. Il vaut mieux ne pas le faire bouillir, et le chauffer légèrement au bain-marie. Lorsqu'il est trop lourd, on peut le couper avec du *petit lait*, avec moitié d'eau pure ou de *l'eau d'orge*, en diminuant peu à peu la quantité de ce mélange. On en donnera d'abord deux fois par semaine, ensuite une fois par jour; et, après quelques jours d'intervalle, plusieurs fois dans la journée, jusqu'à ce qu'on croie pouvoir entièrement renoncer au lait de la mère. On saura graduer de même le mélange des farines avec le lait. Celle d'orge est très légère, peu nourrissante. La renommée de l'eau d'orge date du temps d'Hippocrate. Après l'orge vient *l'avoine*; le *froment* est bien plus nourrissant. On a eu raison de blâmer ces sortes de *bouillies* que font les nourrices avec de la farine de froment cuite dans du lait, jusqu'à ce que ce mélange vienne à s'épaissir; c'est une vraie colle, propre à embarrasser l'estomac le plus exercé. On a proposé de faire griller l'orge et la farine de froment. J'ai déjà dit que la difficulté de nourrir les enfans trouvés avoit fait faire en ce genre, depuis près de deux cents ans, des essais multipliés. La Faculté de Médecine conseilla une *crême de pain* séché au four, et bouilli avec du sucre. La mie de pain rassis, qui s'émiette mieux que le pain frais, écrasée dans un linge blanc, dissoute ensuite dans de l'eau chaude, et puis délayée avec le lait, pour qu'il ne reste aucun grumeau, forme une nourriture légère et convenable, en attendant qu'on puisse en donner une plus substantielle. On la fait chauffer un peu au moment de s'en servir. On emploie aussi une *panade ordinaire* bien cuite, où entrent du pain, de l'eau, un peu de beurre et de sucre; et plus tard un œuf frais, qu'on ajoute pour six cuillerées à bouche. A une époque plus avancée, on use de crême de *riz*, de *semoule*, etc. La *fécule de pomme de terre* a l'avantage de contenir peu de matière glutineuse; on l'a employée avec succès. Elle n'offre pas le phosphate de chaux qu'on trouve dans les farines; ne seroit-ce point la cause du ramollissement des os, qu'on observe dans les pays où l'on en fait un usage excessif? Toute farine contient beaucoup d'*amidon*, de *mucilage*, de *gluten*, sans compter l'eau, l'albumine, la matière sucrée, les matières volatiles, les terres, les oxydes, etc. L'*amidon* paroît prédominer dans les substances farineuses; le *mucilage* et la gomme soutiennent les forces physiques au point qu'une assez petite quantité suffit pour alimenter les caravanes de l'Arabie lorsqu'elles manquent d'autres provisions. Le *gluten* est plus indigeste (1). Le *pain* contient également

---

(1) Un kilogramme d'orge mondé est plus que suffisant pour nourrir tout un jour deux adultes : le riz est la nourriture des deux tiers du monde, et six à huit onces de pommes de terre, avec une certaine quantité d'eau, feront plus que garantir du besoin pendant vingt-quatre heures un homme robuste. Du reste, ces alimens doivent être mêlés et modifiés en raison des travaux, des saisons et des dispositions.

de d'amidon, du gluten, du sucre, etc.; mais il a passé par la fermentation : le gaz acide carbonique a pénétré, à l'aide du levain, la masse des autres substances; le gluten, se développant sous la forme d'une membrane mince, a facilité l'introduction du principe de fermentation entre les particules de l'amidon; c'est ce qui donne au pain blanc surtout cette apparence d'un réseau. Il est plus facile à digérer, en raison de ce qu'il est bien levé; encore faut-il toujours, pour digérer, un certain degré d'exercice de la force digestive qui gagne parfois aux petites difficultés qu'on lui donne à vaincre. Le *pain de seigle* est lourd; l'acide qu'il conserve fait coaguler le lait, et cependant, dans le nord, les enfans des paysans le mangent, et supportent encore d'autres alimens moins convenables.

Excepté le peu de fromage qui entre dans la composition du lait, nous n'avons guère parlé jusqu'ici que de la *nourriture provenant du règne végétal*. Nous sommes portés à croire que c'est celle qui convient le mieux à l'enfant au commencement de cette seconde époque de la vie, parce qu'elle est en général moins excitante. Les peuples du nord, chez qui la nature est moins vive, ont cependant introduit l'habitude de faire usage de bonne heure soit du *bouillon*, soit de la *viande* même, et leur expérience nous a montré que, du moins dans beaucoup d'occasions, le préjugé qu'on avoit contre la nourriture animale pour les enfans, étoit mal fondé; mais on a peut-être trop préconisé de nos jours cette manière de nourrir. La plus grande partie des enfans est pauvre et languissante: la nourriture animale est celle des êtres carnassiers, c'est-à-dire celle des espèces les plus vives et les plus agiles de tous les êtres vivans : conviendroit-elle également à un enfant en qui, proportion gardée quant à la force physique, la mobilité vitale surpasse la grosseur du volume de sa substance, et à une époque où cette mobilité est déjà excessive, et la consommation quelquefois trop prompte pour être facilement réparée (1)? C'est vers la seconde année qu'on peut, en tout cas, essayer de donner un peu de bouillon coupé. Un

---

(1) Les Hôpitaux, qui exigent une économie extrême, ne peuvent pas servir d'exemple à la vie privée, et ce qui est inévitable dans un champ n'est pas applicable à un jardin ou à la plante qu'on peut arroser et soigner continuellement. Voici cependant le régime suivi ordinairement dans l'Hospice de la Maternité de Paris :

Pour chaque *enfant à la crèche*, un demi-setier de lait et une once et demie de sucre par jour. Pour un *enfant de six mois et au-dessus*, un demi-setier de lait, une portion de panade, une de crême et pain ; une demi-soupe grasse coupée et trempée à la cuisine. Pour un *enfant en santé au-dessus de six ans*, une soupe grasse de neuf décagrammes de viande cuite et désossée ; de douze centilitres et demi de légumes, secs ou frais. Les enfans au-dessous de six ans n'ont qu'un demi-décalitre de légumes. Le régime maigre est composé d'une soupe aux légumes, d'un décalitre de légumes secs ou frais ; de neuf décagrammes de pruneaux ou de raisiné, ou de trois décagrammes de fromage ; d'un demi-litre de riz cuit et assaisonné.

bouillon fait avec de la bonne viande sur laquelle on a versé de l'eau froide, et qu'on a laissé bouillir peu à peu, contient une solution d'*albumine*, mêlée à cet extrait de viande qui donne à la croûte brune du rôti cette odeur et cette saveur si agréables (*osmazôme*); de la *gélatine*, qui entre pour beaucoup dans les substances blanches de la chair, comme le tissu cellulaire et les tendons; de la *graisse* et d'autres substances auxquelles il importe peu de donner maintenant notre attention. En chauffant l'eau peu à peu, les substances s'y séparent, d'après la température nécessaire pour leur dissolution, au lieu qu'en jetant la viande dans une eau bouillante, le sang se fige, et l'on a une viande pleine de sucs et un bouillon moins nourrissant. Au reste, le plus léger convient d'abord mieux à l'enfant. Des trois substances que nous venons de distinguer particulièrement, la *gélatine* ou gelée est celle qui paroît être la plus nourrissante, mais aussi la plus difficile à digérer. La *graisse*, utile pourtant à faire glisser les substances, est ce qu'il y a de plus indigeste; elle donne à beaucoup de personnes le sentiment d'un fer chaud dans l'estomac. Faisons pour le moment abstraction des légumes et autres assaisonnemens qu'on met dans le bouillon, et observons seulement que les *farineux*, tels que haricots, pois, fèves, lentilles, et autres, ne sont point convenables au commencement de l'époque dont nous parlons. Ils donnent souvent des vents, et occasionnent des empâtemens; leur enveloppe est tout-à-fait indigeste. Quant à la partie de la viande qui reste après qu'on en a extrait le bon bouillon, elle consiste en *fibres* séparées et tendres, mais plus difficiles à digérer pour l'estomac de l'enfant qui n'y a pas été exercé par degrés; aussi peut-on dire qu'en général il n'est bon de l'y habituer que lorsqu'il a toutes ses dents, c'est-à-dire, *à deux ans*. C'est la race, la nourriture et l'âge des animaux qui détermine en grande partie leurs propriétés alimentaires, et c'est la mollesse de la fibre qui rend les chairs faciles à digérer. La *viande blanche*, comme le veau, le poulet, etc., contient beaucoup de gelée; et s'ils sont jeunes, sans être trop tendres et trop gras, ils sont d'une digestion plus facile. Les viandes colorées ont la fibre plus dure. Nous ne parlerons pas du *gibier*, remarquable par sa dureté, et trop échauffant. Le *poisson d'eau douce* se digère assez bien lorsqu'il est jeune, frais, et peu mucilagineux ou mou et gras; mais les arêtes sont un obstacle pour les enfans. Quelques poissons de ce genre, ainsi que le *poisson de mer*, sont souvent imprégnés d'une matière huileuse, et d'une digestion trop difficile. Les *mollusques*, comme les huîtres, et les *insectes*, comme le homard et les écrevisses, ont une chair particulière et souvent échauffante. Le foie et autres viscères semblables des animaux sont gras et lourds. Ce seroit passer inutilement les bornes que d'entrer dans tous les détails des repas. Il me reste cependant encore quelques points à indiquer, quelques résultats à faire pressentir, pour donner à vos lecteurs un cadre complet où chacun d'eux choisira ce qui convient le mieux aux circonstances particulières où il se trouve, et dont ils pourront facilement remplir eux-mêmes les lacunes.

FRIEDLANDER.

(La suite au prochain Numéro.)

LETTRES

SUR LES PRINCIPES ÉLÉMENTAIRES D'ÉDUCATION ;

Par *Elisabeth Hamilton*, traduites par M. *Chéron*, et publiées en 1804.

Deux vol. in-8°. Prix : 7 fr. 50 cent., et 10 fr. par la poste. — A Paris, chez Demonville, libraire, rue Christine ; et chez le Normant, imprimeur-libraire, rue de Seine, n°. 8, près le pont des Arts.

(IIe Article.)

« QUELQUES philosophes, dit miss Hamilton,
» ont proposé de différer toute espèce d'instruc-
» tion religieuse, jusqu'à ce que les facultés de
» l'entendement soient assez mûres pour com-
» prendre tous ses mystères. On enseigne alors la
» religion comme une science ou comme une
» affaire de pure spéculation ; on la présente
» au jugement comme un objet de curiosité
» presqu'aussi digne de recherches que les lois
» de l'électricité ou du magnétisme. Mais l'élève
» apportera-t-il à cet examen un esprit également

» bien préparé ? Le précepteur n'a-t-il pas, pen-
» dant tout le cours de son éducation, fait de
» pénibles efforts pour lui inspirer l'amour de la
» science ? Ne s'est-il pas servi du stimulant des
» récompenses et des punitions, de la louange et
» du blâme, pour exciter cet amour et pour l'asso-
» cier avec les idées d'honneur et d'estime ? Si
» cette attention constante, cette assiduité non
» interrompue sont nécessaires pour diriger les
» facultés intellectuelles vers la recherche de la
» science, doit-on supposer que le sentiment
» religieux, qui n'est lié à aucune première asso-
» ciation, qu'aucune disposition préalable n'a
» favorisé, puisse tout-à-coup trouver accès dans
» l'esprit ? »

C'est se méprendre étrangement sur le but et la nature de l'instruction religieuse que d'en faire un objet d'étude pour lequel on doive avoir égard principalement à la force ou à la foiblesse de l'entendement. Qu'on attende que l'entendement d'un jeune homme se développe pour lui apprendre la géométrie, rien de plus nécessaire sans doute; c'est à l'entendement seul que s'adresse une pareille étude, c'est de lui seul qu'elle tirera ses moyens, lui seul profitera de ses bienfaits; et le goût que pourra prendre l'élève pour la géométrie, dépendra uniquement des facilités que son intelligence trouvera à la saisir. De pareilles connoissances n'intéressent qu'une portion de l'individu; il est donc naturel d'attendre que cette portion y devienne propre et puisse en profiter. Mais il en est qui intéressent tout l'homme, qui doivent agir sur toutes les parties de son existence, et qu'il est impossible de subordonner au développement de la plus tardive de ses facultés, en laissant dans l'inaction toutes celles dont on pourroit profiter d'abord. Les grands principes de la morale, par exemple, ne sont certainement pas plus à la portée de l'esprit d'un enfant que les vérités de la religion; attendra-t-on cependant, pour lui en donner les premières notions, qu'on puisse la lui faire connoître toute entière? Faudra-t-il, pour lui inspirer l'horreur du vol, lui avoir fait comprendre d'abord les bases de la propriété; qu'il ne comprendra peut-être pas bien clairement de toute sa vie? et remettra-t-on à imprimer dans son ame et dans son esprit le mépris et l'aversion du mensonge, au temps où l'on pourra lui faire entendre d'après quel principe il doit la vérité aux hommes, aussi-bien que la probité? Les notions de morale ne sont point, comme les exercices de l'esprit, réservées à un certain âge, par une raison très simple : c'est que l'esprit, quand il s'exerce sur des objets extérieurs et étrangers à l'enfant, peut ne s'y pas trouver proportionné, et doit avoir acquis une certaine force pour se mesurer avec eux. La morale, s'exerçant sur nous-mêmes, prend notre mesure, si l'on peut le dire, et s'étend avec nos facultés et nos besoins; car nous n'avons pas besoin d'une morale pour les fautes que nous ne pouvons pas encore connoître : mais l'enfant peut apprendre à connoître ses passions dès qu'il commence à les sentir, et recevoir, de manière ou d'autre, l'idée du devoir qui l'oblige à les régler.

La religion n'est-elle donc pas au nombre de ces devoirs ? n'est-ce pas là son véritable objet ? et ne faut-il pas l'avoir entièrement oublié, pour méconnoître les secours que l'on peut tirer des sentimens religieux dans l'éducation de l'enfance ?

« Parmi ceux, dit miss Hamilton, qui ont
» étudié les Ecritures en qualité de critiques, et
» qui se sont appliqués à y découvrir une science
» cachée, en s'efforçant de trouver dans chaque
» passage obscur un appui à quelque système
» précédemment adopté, j'en ai trouvé plusieurs
» qui désapprouvent absolument que l'on donne
» aux pauvres une instruction tirée des Ecritures,
» et plusieurs qui pensent que la Bible ne doit
» pas être mise entre les mains de la jeunesse ;
» mais je n'en ai jamais trouvé un qui, instruit à
» appliquer *au cœur* ses préceptes et sa doctrine,
» ait craint de donner aux ignorans une connois-
» sance des Livres sacrés. »

Comme il ne s'agit pas de tourner l'instruction religieuse à discuter sur *la grâce, la prescience divine* ou *le libre arbitre*, mais d'en tirer des préceptes de conduite, il n'est question que de la proportionner à l'âge qui a besoin d'être conduit. Or, rien n'est moins difficile que de faire comprendre à un enfant, de quelque âge que ce soit, que Dieu hait le mensonge, l'injustice, la dureté. S'il vous demande ce que c'est que Dieu, vous ne serez pas plus embarrassé de répondre à cette question que vous ne le seriez si elle vous étoit faite par un homme. Vous le serez peut-être moins. Vous lui direz : Dieu est celui qui a fait le monde ; vous le lui montrerez par ses œuvres, au lieu que l'homme fait vous interrogera sur son essence. Supposez même que l'enfant aille plus loin, qu'il vous propose des questions dont la réponse soit au-dessus de sa portée, ou même de la vôtre ; quel inconvénient pourroit-il y avoir à lui répondre : — Je ne sais pas ; — ou bien : — Vous ne pouvez comprendre.

« Pour admettre les mystères, dit Rousseau, » il faut comprendre au moins qu'ils sont incom- » préhensibles ; et les enfans ne sont pas même » capables de cette conception-là. Pour l'âge où » tout est mystère, il n'y a point de mystères » proprement dits. » Ceux de la religion ne seront donc ni plus incompréhensibles, ni plus dangereux que les autres. Accoutumé à croire sans comprendre, parce qu'il croit tout et ne comprend rien, l'enfant ne sera pas plus étonné de l'action de Dieu sur l'univers, que du mouvement d'une aiguille de montre, mue par un ressort qu'il ne cherche seulement pas à connoître. Il sera même beaucoup plus aisé de le faire croire à la puissance de Dieu, que de lui expliquer la mécanique du ressort ; et ce que vous lui direz sur ces deux objets, il le recevra également de confiance. Mais dans le premier cas, ce sera un fait qu'il croira, parce que vous le lui assurez véritable, ce qui doit lui arriver sans cesse dans le cours de son éducation : dans le second cas, ce sera un raisonnement qu'il adoptera sans le comprendre, ce qu'il ne faut jamais lui permettre. Cette idée de la puissance de Dieu une fois établie dans l'esprit de l'enfant, le satisfera sur une foule de questions sur lesquelles il faudroit autrement le payer de mots. Ainsi, par exemple, quand il vous demandera pourquoi la lune tourne et se soutient dans l'air ; dites-lui que c'est parce que *Dieu le veut*, et vous lui donnerez une idée dont il n'a pas besoin de se résoudre les difficultés, parce qu'il n'est pas capable de se les former : expliquez-lui les lois du mouvement et de l'attraction, et vous ne lui donnerez que des mots.

Mais supposons cependant que vous croyiez pouvoir parvenir à éviter l'idée de Dieu dans l'explication des phénomènes de l'univers, comment échapperez-vous aux questions amenées sans cesse par les occasions les plus communes de la vie ? L'enfant élevé comme le veut Rousseau, sans que l'idée de Dieu se soit jamais présentée à son esprit, n'a-t-il donc jamais vu une église, rencontré un enterrement, une procession, ou simplement un prêtre, ou bien une croix dans les champs ? Le paysan avec lequel il cause en passant ne lui aura-t-il jamais dit que *le bon Dieu a donné une bonne récolte*, ou le petit garçon avec lequel il joue aura-t-il eu soin de lui cacher qu'il sort de l'église, ou qu'il a mis son habit des dimanches ? Comment pourra-t-on se tirer des explications qu'il demandera à cet égard, sans lui

parler de Dieu et même de la religion ? et alors, comment lui en parlera-t-on ? Rousseau nous cite l'exemple d'une pieuse mère de famille, en Suisse, qui ne voulut point instruire son fils de la religion dans le premier âge, de peur que, content de cette instruction grossière, il n'en négligeât une meilleure à l'âge de raison. « Cet enfant, dit-il,
» n'entendoit jamais parler de Dieu qu'avec re-
» cueillement et révérence ; et sitôt qu'il en vou-
» loit parler lui-même, on lui imposoit silence
» comme sur un sujet trop grave et trop sublime
» pour lui. Cette réserve excitoit sa curiosité ; et
» son amour-propre aspiroit au moment de con-
» noître ce mystère, qu'on lui cachoit avec tant
» de soin. Moins on lui parloit de Dieu, moins
» on souffroit qu'il en parlât lui-même, et plus
» il s'en occupoit. Cet enfant voyoit Dieu par-
» tout ; et ce que je craindrois de cet air de
» mystère indiscrètement affecté, seroit qu'en allu-
» mant trop l'imagination d'un jeune homme, on
» n'altérât sa tête, et qu'enfin l'on n'en fît un fana-
» tique au lieu d'en faire un croyant. »

Cette crainte est très fondée, mais n'en peut-on pas concevoir une d'un autre genre pour son Émile qui, « refusant constamment son attention à tout
» ce qui est au-dessus de sa portée, écoute avec
» la plus profonde indifférence les choses qu'il
» n'entend pas ? » C'est donc par l'indifférence qu'il aura été préparé à l'instruction religieuse ! D'après cela, c'est sans doute avec indifférence qu'il la recevra, et il s'en instruira, non pas ainsi

que le dit miss Hamilton, comme des *lois de l'électricité*, qu'on étudie parce qu'on veut les connoître, et que cette connoissance peut être bonne à quelque chose, mais comme d'un objet de curiosité dont on s'occupe pour ne pas ignorer ce que tout le monde sait.

Si tel n'a pas été le but du retard apporté à l'instruction religieuse, si vous n'avez voulu en effet que rendre les vérités de la religion plus frappantes en les produisant tout-à-coup aux yeux de l'élève, à l'âge où vous le voyez plus capable de les sentir, vous avez apparemment attendu que son imagination eût plus de force et de consistance pour l'ébranler par un coup plus violent ; vous avez voulu faire servir à votre objet les passions qui commencent à fermenter dans son sein, car autrement elles seroient contre vous. Vous voulez que le cours des nouvelles idées que vous allez lui donner, l'entraîne, brise et submerge toutes ses anciennes habitudes ; autrement, ses anciennes habitudes s'y opposeront. Vous n'avez plus de ressources pour lui donner de la religion que de faire de la religion l'unique affaire de sa vie. Ce n'est point un sentiment que vous ayez associé à tous ceux dont vous avez rempli son ame, c'est un sentiment nouveau qui ne peut trouver sa place qu'en détruisant tous les autres. Vous ne pouvez lui inspirer une crainte salutaire qu'en le pénétrant de terreur ; vous ne l'engagerez à veiller sur lui-même qu'en le livrant aux tourmens de l'inquiétude. S'il vous croit, s'il vous écoute, s'il

ne s'indigne pas contre les nouveaux liens dont on vient l'enchaîner au moment où il commençoit à pressentir les douceurs de la liberté, quel mouvement osera-t-il désormais se permettre, assujetti tout-à-coup et tout entier à une loi qu'il ne connoît que d'aujourd'hui? Quel autre sentiment que l'éloignement ou l'effroi pourra le saisir à l'aspect d'un maître que vous ne l'avez point accoutumé à aimer, et auquel vous le livrez subitement dans l'âge où l'on commence à savoir craindre ? L'opiniâtreté de la révolte ou la timidité de l'esclave, c'est là ce que vous devez attendre de l'ame que vous n'avez pas accoutumée à l'obéissance de l'affection. « Je recommande, dit miss Hamilton,
» qu'on imprime profondément dans l'esprit les
» principes fondamentaux de la religion et de la
» morale, avant que l'imagination commence à
» prendre trop d'empire. . . . . . . Si on laisse
» l'imagination prendre les devants, les principes
» religieux et les opinions de nos élèves en rece-
» vront une teinte qui peut avoir des conséquences
» très fatales. » Il n'est pas sans exemple de voir des enfans élevés jusqu'à l'âge du développement de leurs facultés dans une indifférence absolue sur toute espèce d'opinions religieuses, les saisir tout-à-coup avec une vivacité au moins voisine de l'exagération, et il suffiroit pour appuyer cette observation de l'exemple des convertis, généralement plus ardens et plus portés au fanatisme que les hommes religieux de la religion de leurs pères.

Il faut craindre pour des ames jeunes et vives

cet ébranlement de la conversion. Et que les parens, s'il en est qui se soient déterminés même à écarter de leurs enfans toute espèce d'idée religieuse, ne se flattent pas de rester maîtres de les y soustraire. Conforme à notre nature, le sentiment religieux est là toujours prêt à entrer dans notre ame. Il peut se servir de tout pour y pénétrer. Toutes les portes ouvertes aux passions sont des accès offerts au sentiment qui en adoucit les amertumes. Au premier déchirement, au premier dégoût, l'imagination, qui ne cherchera pas pour s'abrutir la ressource du désordre, ou n'aura pas le refuge de l'indolence, demandera à s'élancer hors d'un monde d'angoisses et de tristesse. Que de nouveaux charmes reviennent l'y attirer, que de nouveaux intérêts l'y fassent retomber, de nouvelles peines lui rendront bientôt le besoin d'en sortir. L'âge, qui détruit toutes les illusions, en ne fortifiant que celles de la crainte, viendra peut-être agiter sa vieillesse des terreurs d'une religion qu'elle n'aura pas eue pour consolation et pour appui de ses jeunes années, et la livrer à ces égaremens dont une éducation religieuse bien réglée est le moyen le plus sûr pour nous préserver.

J'exposerai, dans un article suivant, l'opinion de miss Hamilton sur la forme à donner à cette éducation.

P. M.

LES VOYAGES D'ADOLPHE.

« Par où commencerons-nous nos voyages, mon cher Adolphe? disoit un jour à son fils M. de Vauréal. Tu n'as que treize ans, tu es né dans Paris, tu ne t'en es jamais éloigné, et cependant tu ne connois guère Paris. Tu ne sais pas ce qu'il étoit il y a quinze cents ans, deux cents ans, trente ans. Veux-tu que nous voyagions dans Paris? Dans deux ou trois ans, nous en sortirons pour parcourir d'abord la France, et ensuite l'Europe. Mais il seroit honteux que lorsque tu iras visiter des étrangers et leur faire des questions sur leur pays, ses monumens, son histoire, tu ne pusses pas répondre à celles qu'ils t'adresseront sur le tien. Tu as souvent regardé le grand plan de Paris qui est dans mon cabinet; tu en connois les principaux quartiers et la position géographique, cela t'aidera à bien voir et à bien comprendre ce que tu ne sais pas. Donne-moi ma canne, mon chapeau, et sortons. »

Adolphe charmé ne se le fit pas dire deux fois; naturellement vif et curieux, il aimoit tout ce qui satisfaisoit sa curiosité et mettoit sa vivacité en mouvement : aussi, courir et s'instruire étoient-ils ses deux plus grands plaisirs. Son éducation avoit été fort soignée, c'est-à-dire, bien dirigée. On n'avoit ni pressé ni contrarié le développement de son esprit : il savoit, sinon tout ce que peut, du moins tout ce que doit savoir un enfant de son âge ; et comme toutes ses connoissances étoient nettes et bien ordonnées, celles qu'il acquéroit chaque jour n'entroient dans sa jeune tête qu'en prenant la même netteté, et en se rangeant suivant leur ordre naturel. En géographie, il ne croyoit connoître un pays que lorsqu'il pouvoit s'en figurer à lui-même la structure physique, et il avoit si bien contracté l'habitude de lier ensemble la géographie, la chronologie et l'histoire, que le souvenir d'un évènement lui rappeloit et lui faisoit presque voir le lieu qui en avoit été le théâtre, tandis qu'à l'image des lieux s'associoit toujours pour lui le souvenir des évènemens successifs qui s'y étoient passés. Comme son père n'avoit point négligé de développer et de fortifier en lui ces sentimens moraux dont il faut nourrir l'enfance, pour que la raison qui doit tout examiner un jour y trouve un point de ralliement et d'appui, il commençoit à sentir et à aimer la vertu, sinon à la manière des hommes qui l'apprécient tout ce qu'elle vaut parce qu'ils savent tout ce qu'elle coûte, du moins à la manière des enfans qui s'étonnent également de voir obéir aux préceptes qu'ils ont eux-mêmes de la peine à suivre, et de voir manquer à ceux qu'ils n'ont jamais été tentés de violer. D'ailleurs les idées d'Adolphe s'élevoient déjà un peu au-dessus de la sphère de l'enfance. Familier avec l'histoire de la Grèce et de Rome, il en avoit retenu ces nombreux traits d'héroïsme qui, en accoutumant de jeunes esprits au spectacle de la grandeur d'ame et du courage, sont très propres à leur faciliter l'intelligence de la vertu. Il étoit donc bien disposé pour profiter d'un nouveau genre d'études qui devoit, en étendant ses observations, faire naître en lui beaucoup de réflexions nouvelles; et M. de Vauréal pouvoit sans crainte rattacher dans leurs entretiens tout ce que savoit déjà et ce qu'apprenoit chaque jour son fils, aux principes qui doivent guider le jugement et la conduite de l'homme.

Ils sortirent de la rue du Bacq, suivirent les quais jusqu'au Pont-Neuf, et, arrivés au milieu du pont, s'arrêtèrent devant l'entrée de la Cité. — Nous allons mettre le pied dans l'ancien Paris, dit M. de Vauréal; tu sais que lors de la conquête des Gaules par les Romains, cette ville ne s'étendoit pas hors de l'île que tu vois et que nous appelons aujourd'hui *la Cité*. On n'y entroit que par le *Pont-au-Change*, dit alors *le Grand-Pont*, que tu découvres à ta gauche en remontant la rivière, et le *Petit-Pont*, placé à ta droite, au-delà du pont Saint-Michel.

Adolphe. Mais, papa, les deux ponts que nous voyons là aujourd'hui sont-ils les mêmes que ceux qui y étoient du temps des Romains?

M. de Vauréal. Non, sans doute; ils n'étoient alors, et n'ont été pendant long-temps qu'en bois. Le *Pont-au-Change*, détruit à diverses reprises, et reconstruit tantôt en bois, tantôt en pierres, n'a été fait tel qu'il est maintenant que vers le milieu du 17ᵉ siècle (1). C'étoit par là que passoient les rois et les reines quand ils se rendoient, lors de leur entrée solennelle, dans l'église de *Notre-Dame*, dont tu aperçois les deux tours vers l'extrémité de l'île. On dit que lorsqu'Isabeau de Bavière, femme de Charles VI, qui a causé, comme tu sais, tant de maux à la France, passa sur ce pont, à son arrivée à Paris, un sauteur génois fit tendre une corde du haut des tours de *Notre-Dame* au milieu du pont, et vint, en descendant le long de la corde, lui poser une couronne sur la tête.

Adolphe. Quelle est donc la hauteur des tours de *Notre-Dame?*

M. de Vauréal. Elle est de 204 pieds. Quand nous en serons plus près, tu pourras encore mieux juger de la hardiesse du sauteur. En attendant, porte tes regards sur cette place située à l'extrémité du *Pont-au-Change*, sur la rive opposée à l'île, et au milieu de laquelle s'élève une fontaine ornée d'une colonne. Elle étoit occupée autrefois par un édifice dit *le Grand-Châtelet*, que l'on a rasé dans la révolution, et qui étoit anciennement le siége de la juridiction du prévôt de Paris, magistrat chargé de surveiller la police, de régler les contestations, et de maintenir le bon ordre dans la ville. Saint Louis donna à cette magistrature un grand pouvoir qu'elle perdit peu à peu dans les siècles suivans, sans que *le Grand-Châ-*

---

(1) De 1639 à 1647.

telet cessât de servir pour les audiences de certains tribunaux, pour les prisons, etc. On a prétendu que cet édifice avoit été construit par les ordres de Jules César; c'est une erreur. Lorsque ce grand homme conquit les Gaules, il envoya son lieutenant Labiénus contre les Parisiens, dont Lutèce étoit la capitale. Ceux-ci le repoussèrent vaillamment, et firent même courir de grands dangers aux troupes romaines. Mais ils furent battus enfin entre Paris et Melun, et leur île tomba bientôt au pouvoir du vainqueur. Il est probable que les Romains firent élever alors à la tête et à la queue du pont deux fortes tours en bois pour en défendre l'entrée, et c'est la tour extérieure, brûlée et rétablie à diverses reprises, qui a subsisté sur cet emplacement jusqu'à la construction du *Grand-Châtelet*, dont on ne sauroit assigner la date avec précision, mais dont on ne trouve aucune mention certaine avant le 12ᵉ siècle.

Adolphe. Et de l'autre côté de la rivière, n'y avoit-il rien pour défendre aussi l'entrée de la ville?

M. de Vauréal. Il y avoit également aux deux extrémités du *Petit-Pont* deux tours en bois. Lorsque les Normands firent le siége de Paris en 885, sous le règne de Charles-le-Gros, ils mirent le feu à la tour extérieure du *Petit-Pont*, et la détruisirent; mais ils ne purent emporter la tour du *Grand-Pont*. En vain cherchèrent-ils à en combler les fossés avec des fascines, des bœufs et des vaches qu'ils tuèrent exprès, et même les corps d'une partie de leurs prisonniers qu'ils eurent la barbarie de massacrer dans ce dessein. La vigoureuse résistance d'Eudes, alors comte de Paris, depuis roi, et de l'évêque Gozelin, les contraignit à lever le siège. Tu pourras en lire un jour tous les détails dans un mauvais poëme latin qu'a composé sur ce sujet un moine contemporain, nommé Abbon, qui raconte ce qu'il a vu, car il se trouvoit alors dans Paris.

Adolphe. Est-ce qu'on rebâtit la tour que les Normands avoient brûlée ?

M. de Vauréal. Oui, et elle subsista jusqu'au règne de Charles V, qui fit commencer à la place un édifice dit *le Petit-Châtelet*, par opposition au *Grand-Châtelet*, et qui a été également détruit pendant la révolution. Mais entrons dans la Cité ; tu sais à présent par où l'on arrivoit dans Paris, et comment on en défendoit l'approche sous les Romains et dans les premiers siècles de notre monarchie : il n'y eut pendant long-temps que les deux ponts dont je t'ai parlé ; nous examinerons ceux dont la date est plus moderne, à mesure qu'ils se présenteront à nous. Voyons d'abord tout ce que nous offre de curieux l'intérieur de l'île.

Après avoir fait quelques pas devant eux, ils se trouvèrent sur la place de Thionville, autrefois place Dauphine. Adolphe courut d'abord lire les inscriptions gravées au-dessous du buste du général Desaix, sur la colonne qui le soutient et qui s'élève au-dessus de la fontaine. — C'est sur ce même terrain, lui dit son père, où tu vois aujourd'hui un monument consacré à la mémoire d'un brave général, qu'ont été brûlés les Templiers, il y a 500 ans. — Comment, s'écria Adolphe qui savoit bien son histoire de France, c'est ici qu'a péri Jacques de Molay? — Oui, mon ami: le Pont-Neuf et la place que tu vois n'existoient pas encore; il y avoit deux petites îles, nommées l'île *aux Bureaux* et l'île *à la Gourdaine*, et séparées de l'île de *la Cité* par un petit bras de la rivière. Lorsqu'on acheva, sous Henri IV, la construction du *Pont-Neuf*, commencé sous Henri III, le roi abandonna ce terrain à M. de Harlay, premier président du Parlement de Paris, à la charge d'y faire bâtir d'après un plan déterminé. Les deux petites îles furent réunies entre elles et à *la Cité*: la rue de Harlay, située transversalement devant nous s'éleva sur le bras de rivière qui les en séparoit, et la place triangulaire où nous sommes reçut le nom de *Place Dauphine*, en mémoire de la naissance de Louis XIII. Sept ans après(1), la statue équestre de Henri IV fut placée au milieu du *Pont-Neuf*, à cette pointe de l'île que tu vois s'avancer un peu au-delà: elle a été renversée et brisée pendant la révolution; sur le même emplacement va s'élever un obélisque. Nous verrons bientôt, en parcourant la Cité, une place nommée la *Place du Parvis Notre-Dame*, parce qu'elle est située devant cette église, et sur laquelle commença le triste spectacle du supplice des

---

(1) Le 23 août 1614.

Templiers. Jacques de Molay, Gui, commandeur d'Aquitaine, et deux autres chevaliers, avoient été ramenés à Paris. On vouloit leur faire avouer tous les crimes imputés à leur Ordre. Un échafaud fut dressé en face de Notre-Dame : ils y montèrent, et ce fut de là au contraire que Molay repoussa ces odieuses imputations. Le soir même, il fut brûlé à petit feu sur l'île *aux Bureaux*, avec Gui son compagnon.

Adolphe. Mais, papa, comment a-t-on pu les punir d'un supplice si cruel ?

M. de Vauréal. La justice n'étoit pas alors aussi scrupuleuse et aussi douce qu'aujourd'hui; on condamnoit à mort très légèrement, et l'on torturoit sans pitié. Les accusations de magie, de sortilége, de société avec le diable étoient très communes et très difficiles à repousser dans un temps où l'on croyoit au sortilége et à la magie. Aussi ne manquoit-on pas de joindre toujours ces prétendus crimes à ceux que l'on reprochoit à des gens que l'on vouloit perdre. Les Templiers, par exemple, furent accusés d'évoquer de nuit dans leurs assemblées le Diable, qui leur apparoissoit alors, disoit-on, sous la figure d'un chat, et qui, tandis qu'on l'adoroit, parloit avec bonté à tous les assistans. Des juges iniques avoient, dans cette dénonciation, de quoi envoyer au supplice des milliers d'hommes; et peut-être même que, dans ces temps d'ignorance et de barbarie, les juges les mieux intentionnés n'auroient pu sauver de la fureur populaire un innocent accusé de pareilles absurdités, comme le fit en

Angleterre, dans le dernier siècle, le célèbre lord Mansfield.

Adolphe. Que fit-il donc, papa ?

M. de Vauréal. Il rendoit la justice dans une petite ville. La populace ameutée traîna devant son tribunal une vieille femme qu'on avoit vue, disoit-on, marcher sur la tête et courir dans les airs. Lord Mansfield ne tarda pas à se convaincre qu'il ne pourroit désabuser les assistans de cette extravagance ; ils soutenoient tous qu'ils l'avoient vue. « Mes amis, » leur dit-il, je ne doute pas de ce que vous me » rapportez : puisque vous l'avez vu, cela est vrai, » certainement ; mais enfin, nous sommes tous An- » glais, cette vieille sorcière l'est comme nous : nous » avons des lois qui nous gouvernent tous et qui » doivent régler tous nos jugemens ; je n'en con- » nois aucune qui défende de marcher sur la » tête et de courir dans les airs, ainsi je ne puis » la condamner. » Le peuple fut frappé de cette raison, et chacun s'en alla, laissant la pauvre femme retourner tranquillement chez elle. Je te cite cet exemple pour te faire sentir combien nous sommes heureux de vivre dans un temps où de tels préjugés ne rendent plus la raison muette et les mœurs barbares. Poursuivons notre marche, et tu verras partout de nouvelles preuves des maux que l'ignorance et la superstition ont faits aux hommes.

En sortant de la place Dauphine, ils traversèrent la rue de Harlay, et entrèrent par les derrières dans le vaste édifice du Palais. — Nous avons, dit M. de Vauréal à son fils, tant de choses à voir ici, que nous serons obligés d'aller un peu vite ; toutes les galeries, toutes les cours, toutes les salles à travers lesquelles nous allons passer sont comprises dans l'enceinte du *Palais*.

Quel *Palais* est celui-là ? reprit Adolphe ; je croyois qu'il n'y avoit de Palais dans Paris que les Tuileries et le Louvre.

M. de Vauréal. Ceci est maintenant le Palais de Justice : tous les tribunaux et la Cour des comptes y ont leurs chambres et y donnent leurs audiences ; une foule de gens attachés à l'ordre judiciaire sont logés dans les bâtimens qui en dépendent ; mais nos rois de la troisième race y ont demeuré constamment depuis Hugues Capet jusqu'à Charles V. Il paroît même que sous les deux premières races, et peut-être sous les Romains, existoit sur cet emplacement un édifice que les souverains habitoient quelquefois. Quoi qu'il en soit, l'ancien Palais n'étoit encore, sous Charles V, qu'un assemblage de grosses tours unies par des galeries. La cour où nous sommes, dite *Cour de Harlay*, et la cour voisine, dite *Cour Lamoignon*, formoient alors le *Jardin du Roi*, et l'on y semoit du foin, l'on y plantoit des vignes, l'on y cultivoit des légumes pour sa maison et pour sa table. C'étoit dans ce jardin que saint Louis, accompagné de Joinville et d'autres conseillers, venoit s'asseoir sur des tapis pour rendre la justice à son peuple. Lorsque Philippe-le-Bel fixa le parlement à Paris, il partagea son palais avec cette Cour suprême, qui paroît du reste y avoir déjà tenu ses séances du temps de saint Louis. Charles V, n'étant encore que Dauphin et régent de France, prit cette habitation en horreur parce que les factieux de *la Jacquerie*, commandés par Etienne Marcel, prevôt de Paris, avoient pénétré jusque dans sa chambre, et y avoient massacré sous ses yeux les maréchaux de Normandie et de Champagne ; aussi l'abandonna-t-il, quoi qu'il y eût fait faire beaucoup de réparations et d'embellissemens. Il avoit, entr'autres, fait placer dans une tour que tu pourras voir en sortant, et qui tient à l'extrémité du Palais, sur le quai qui en a pris son nom, la première grosse horloge qu'on eût vue à Paris. Charles VI y revint peu avant sa démence ; Charles VII le quitta de nouveau, mais ce ne fut qu'après le règne de François Ier que nos rois cessèrent complétement d'y demeurer, et que le parlement en resta seul possesseur.

Adolphe. Mais, papa, vous dites qu'autrefois ce palais n'étoit qu'un assemblage de grosses tours unies par des galeries ; dans quel temps donc a-t-on construit toutes ces salles et tous ces bâtimens ?

M. de Vauréal. Le *Palais* a été réparé et étendu à diverses reprises ; mais la plus grande partie de ce que nous y voyons aujourd'hui a été construite après deux incendies survenus l'un au commencement du 17e siècle, l'autre il y a 35 ans. Cette immense salle dans laquelle nous sommes (*ils avoient continué de marcher en causant*) date du premier de ces incendies ; c'est la fameuse *grand'-*

salle à laquelle Boileau fait allusion dans ces vers du *Lutrin* :

> Entre ces vieux appuis dont l'affreuse *grand'salle*
> Soutient l'énorme poids de sa voûte infernale,
> Est un pilier fameux des plaideurs respecté, etc. etc.

Tu vois là au milieu ce pilier, dit *le Pilier des Consultations.* Cette salle, qu'on appelle aussi *Salle des Pas perdus*, parce qu'elle sert de vestibule et de lieu de passage, remplaça l'ancienne *grand'-salle* qui étoit consacrée aux solennités extraordinaires. Nos rois y recevoient les ambassadeurs, les souverains étrangers; on y célébroit les noces des enfans de France. L'empereur d'Allemagne Charles IV, l'empereur grec Manuel Paléologue, et l'empereur Sigismond, roi de Hongrie, y furent reçus et fêtés, le premier par Charles V, les deux derniers par Charles VI. On pouvoit aisément, comme tu vois, y donner de grands repas et y former des assemblées nombreuses.

En disant ces mots, M. de Vauréal arriva sur le perron du grand escalier du Palais; et, après qu'il eut fait remarquer à Adolphe la vaste grille en fer qui ferme l'entrée de la *Cour du Mai*, ils descendirent et prirent à leur droite, pour passer sous les arcades qui conduisent dans la *Cour de la Sainte-Chapelle.*

Est-ce que ce n'est pas par là que nous sortons? dit Adolphe, en montrant la grille.

Oui, reprit M. de Vauréal; mais je veux te faire voir auparavant l'extérieur d'une vieille église qui a été la chapelle de nos anciens rois.

Ils entrèrent dans la cour, et M. de Vauréal qui savoit que l'architecture gothique est celle dont les enfans sont le plus frappés, à cause de la multiplicité des ornemens et de la hardiesse de la construction, fit remarquer à Adolphe l'élégance et la légèreté de toutes les parties extérieures de l'église. — Sur cet emplacement, lui dit-il, existoit anciennement une chapelle moins belle et moins grande, élevée par le roi Robert, fils de Hugues Capet. Saint Louis, qui ne la trouva pas assez magnifique pour recevoir les saintes reliques que Baudouin, roi de Jérusalem, lui avoit abandonnées en échange d'une forte somme d'argent, chargea l'architecte Eudes de Montreuil d'en construire une nouvelle, et c'est celle que nous voyons aujourd'hui. Elle sert maintenant à un dépôt d'archives. Ce qui t'intéressera davantage, ce sera de savoir que c'est ici l'église dont les chanoines, les chantres et le pupitre ont été le sujet du *Lutrin*.

Comment, dit Adolphe, le hibou qui fit tant de peur à Boirude étoit dans cette église?

M. de Vauréal. Oui, mon ami; rappelle-toi ces vers du premier chant :

> Parmi les doux plaisirs d'une paix fraternelle,
> Paris voyoit fleurir son antique chapelle, etc.

C'est de la *Sainte-Chapelle* qu'il s'agit, et ce qu'il y a de plus singulier, c'est que Boileau fût enseveli dans les caveaux de cette église, et, dit-on, sous la place même du fameux lutrin.

Adolphe. Ne pourrions-nous pas entrer pour voir son tombeau ?

M. de Vauréal. Ses restes n'y sont plus; ils en ont été tirés pendant la révolution, et son tombeau a été placé dans le *Musée des Monumens Français*, que nous visiterons un jour. Quittons maintenant l'enceinte du Palais; nous avons vu ce qu'elle offre de plus remarquable, et il nous reste encore à parcourir une bonne partie de *la Cité*.

Nos deux voyageurs sortirent par la grille, et s'arrêtèrent à l'entrée de la rue de la Vieille-Draperie. Nous continuerons à les suivre dans leurs promenades, et à recueillir leurs entretiens.

F. G.

LANGAGE.

Des mots FEMME, DAME, etc.

« QUELQUES femmes de la ville ont la délica-
» tesse de ne pas savoir ou de n'oser dire le nom
» des rues, des places, et de quelques endroits
» publics qu'elles ne croient pas assez nobles pour
» être connus. Elles disent le *Louvre*, la *Place-*
» *Royale*, mais elles usent de tours et de phrases,
» plutôt que de prononcer certains noms; et s'ils
» leur échappent, c'est du moins avec une altéra-
» tion du mot, et après quelques façons qui les ras-
» surent: en cela moins naturelles que les *femmes*
» de la cour qui, ayant besoin, dans le discours,
» des *Halles*, du *Châtelet*, ou de choses sem-
» blables, disent les *Halles*, le *Châtelet*. »

(LA BRUYÈRE.)

L'aisance est généralement le caractère de la supériorité. Cette aisance se manifeste dans le langage de la bonne compagnie, par une certaine liberté à appeler les choses par leur nom, qui donne à la fois au langage plus de simplicité et d'exactitude; car la simplicité et cette exactitude qui tient à la finesse de tact, sont ce qui distingue le langage de la bonne compagnie. Ainsi, un homme qui n'a pas vécu dans le monde, un bourgeois, un homme de province, ne se croira pas suffisamment poli si, en parlant des femmes qu'il a conduites au spectacle ou à la promenade, il ne dit pas: « J'étois avec des *dames* de ma connoissance. » Il se plaindra de ce qu'il ne se trouve à table que trois *dames* pour quatre *messieurs*, et nous apprendra que les *dames* n'aiment et ne pardonnent pas telle ou telle chose. Cette affectation d'élégance l'empêche précisément de se montrer aussi élégant qu'il voudroit le paroître, et d'exprimer ce qu'il voudroit faire entendre; car, en parlant ainsi, il veut nous dire que les femmes avec lesquelles il se trouvoit étoient de la classe de celles qu'on appelle *dames*. N'en est-il donc pas toujours ainsi pour lui? L'homme de bonne compagnie est censé ne vivre en société qu'avec ce qu'on appelle *dames* et *messieurs*; il n'a pas besoin par conséquent de distinguer ainsi les gens de sa connoissance, pour qu'on ne s'y trompe pas; mais il les distingue simplement en hommes et femmes, et dit : « Je donnois le bras à une *femme*, j'ai déjeuné chez un *homme* de mes amis. » En même temps, lorsqu'il en voudra désigner positivement et collectivement plusieurs, sans prendre la peine de les nommer par leur nom, il emploiera le titre de *dame*; car il ne s'agit plus alors de faire connoître que ce sont des *dames*, mais de les appeler par le nom qui leur appartient. Ainsi, il dira : « Toutes ces *dames* sont allées dîner à la campagne ; ces *messieurs* sont restés jusqu'à trois heures du matin, etc. »

Cette même délicatesse qui fait paroître à beaucoup de gens le mot *femme* trop commun, parce qu'en effet il s'applique à beaucoup d'individus, a introduit pour eux le mot *épouse*, expression du langage relevé qui fait l'effet le plus ridicule dans la conversation. Une femme, pour avoir épousé M. un tel, n'en est pas moins une femme; seulement, elle est la femme qui lui appartient, ce qu'on exprime suffisamment en l'appelant *sa femme*, sans la désigner par sa qualité d'*épouse*, comme le bourgeois qui, pour vous faire une politesse, vous demandera des nouvelles *de madame votre épouse*, ou même lorsqu'il tiendra à soutenir sa réputation d'homme bien élevé, vous dira qu'il a reçu une lettre de *son épouse*. L'homme du monde demande à son ami, « comment se porte *votre femme ?* » et à celui avec qui il est moins lié, « comment se porte *madame une telle ?* » en la désignant par son nom, et non pas, « comment se porte *madame ?* » tout court ; ce qui est la manière des femmes de chambre et des domestiques, pour lesquels il n'y a qu'un *monsieur* et une *madame*, leur maître et leur maîtresse.

Le mot *homme*, dans le langage circonspect de ceux qui n'osent appeler les choses par leur nom, a paru tout aussi difficile à prononcer que celui de *femme*. On y a substitué dans les provinces le mot *cavalier* : il est aussi à Paris à l'usage des maîtres de danse, qui ne cessent de répéter à leur écolière qu'il faut regarder son *cavalier*. Ce mot de *cavalier* est, pour la signification, le *monsieur* des Italiens et des Espagnols; comme *monsieur* vient de *sire*, *sieur*, signe des droits seigneuriaux que possédoient la plupart des nobles, *cavalier* signifie *chevalier*, titre qu'ils obtenoient tous. Il fut apporté par les Italiens et les Espagnols de la suite des princesses qui s'unirent à nos rois dans les derniers siècles. Il suffisoit de le traduire pour le faire tomber, car nous avions le mot *chevalier*, que nous n'employons pas dans ce sens; mais employé par des gens qui tenoient à la cour, il devint à la mode, et fut par conséquent adopté sans raison. Ainsi on emprunta le mot *cavalier* d'une langue étrangère où il avoit la signification d'un mot français dont nous ne nous servions pas. Mais comme les choses de mode, il passa, et il est aujourd'hui tout-à-fait hors d'usage dans la bonne compagnie. Une mère dit à sa fille de regarder son *danseur*, et non pas son *cavalier*, ce qui ne lui représenteroit qu'un homme prêt à monter à cheval, en grosses bottes, peut-être en uniforme de la maréchaussée, et très peu propre à figurer dans une contre-danse. Un homme dira d'un homme bien fait, « c'est un *joli homme*; » une femme, dont les expressions doivent être en ce genre un peu moins exactes, dira qu'il a une *jolie figure* ou une *jolie tournure*, mais ni l'un ni l'autre ne le désignera comme un *joli cavalier*, ce qui pourroit tout au plus signifier qu'il monte bien à cheval. P. M.

NOUVELLES
CONCERNANT L'ÉDUCATION.
ALLEMAGNE.

Fragment d'une lettre écrite de Magdebourg, par M. E. Bernhardt, inspecteur à Halle.

..... On fait beaucoup ici pour les enfans des pauvres : le vertueux président du consistoire, M. de Vangerow, s'est donné et se donne encore beaucoup de peine pour les faire élever. On compte à Magdebourg trois établissemens d'instruction et d'éducation consacrés à ce but. Depuis 1791, on a beaucoup étendu le plan de l'école d'industrie (1) : on y reçoit un certain nombre d'enfans de parens aisés, qu'on y élève comme les autres, sans perdre de vue cependant leur destination ultérieure. Les enfans sont au nombre de 300, partagés en trois classes, sous la direction de deux maîtres. Les heures de travail et d'étude alternent entre ces classes. On enseigne aux jeunes filles à coudre, à tricoter et autres occupations de femmes. Les petits garçons

---

(1) Nous avons déjà parlé, dans le deuxième N°. de nos ANNALES (p. 128), des travaux de M. de Vangerow sur les *écoles d'industrie* où l'on pourroit donner à la fois aux enfans des pauvres de bons métiers et une éducation convenable. Un établissement de ce genre existe depuis long-temps à Magdebourg, et M. Bernhardt en parle ici. Nous donnerons un jour à nos lecteurs des détails plus étendus sur ce sujet.

apprennent à tricoter, à filer, et s'instruisent dans des métiers d'hommes. On a fondé aussi, en 1808, une nouvelle maison d'éducation pour les enfans pauvres; ils y sont entretenus et élevés *gratis*, et ne quittent pas l'établissement avant l'âge mûr. Je ne puis me rappeler sans émotion la visite que j'y ai faite. Un directeur zélé et habile, M. Fischer, autrefois employé dans la maison des Orphelins, y soigne l'enseignement, et a pour aides quelques jeunes gens du séminaire. Il surveille aussi l'éducation morale, et les autres maîtres ou maîtresses qui, après les heures de leçons, enseignent aux enfans à filer, à tricoter, à coudre, à faire des souliers, des habits, etc. Il y a dans la maison de 170 à 180 enfans, sans en compter 140 autres qui, à cause des bornes du local, sont logés à l'hôpital. L'école est aussi divisée en trois classes, et chaque enfant a trois heures de leçons, auxquelles succèdent des travaux mécaniques. Je voudrois me tromper, mais je crains qu'on ne surcharge les enfans d'occupations de ce genre, et que leur corps ne souffre de la longue immobilité dans laquelle on les retient. Un seul maître, en outre, ne suffit pas pour tant d'écoliers, et pour les plus âgés, les heures de leçons sont en trop petit nombre. Les fondateurs et les directeurs de ce bel établissement reconnoissent eux-mêmes ces lacunes. Ils souhaitent ardemment d'y remédier, et de parvenir à réaliser dans toute sa perfection comme dans toute son étendue, le plan d'une *maison d'entretien et d'éducation pour les enfans dénués de secours*. Ce qui, dans leurs généreux efforts, m'a paru surtout digne d'admiration et fait pour être imité, c'est qu'au lieu d'abandonner les enfans à la sortie de l'école, ils les surveillent, les protégent encore, et s'occupent avec zèle de leurs intérêts. Vous souhaiterez sans doute à cet utile établissement toutes sortes de prospérités, et vous vous réjouirez avec moi de ce qu'au milieu des malheurs et des vices du siècle, on trouve encore partout des amis de l'humanité qui donnent leur cœur et leur vie à l'orphelin et au pauvre.

FIN DU TOME PREMIER.

TABLE DES MATIÈRES

CONTENUES DANS LE TOME PREMIER.

De l'Éducation en général, et des difficultés qu'elle présente aujourd'hui. (F. G.) Pag. 5.

Journal adressé par une Femme à son Mari, sur l'Éducation de ses deux Filles. (P. M.) Numéros I, II, III, IV, V et VI. 21, 78, 144, 208, 276, 331.

Lettres au Rédacteur, sur l'Éducation physique, Ire, IIe et IIIe Lettres. (Friedlander.) 35, 158, 342.

Phrases graduées; par L. Gaultier. [Extrait.] (F. G.) 51.

Le Cabinet du Jeune Naturaliste, traduit de l'anglais de Th. Smith. [Extrait.] (P. M.) 60.

Des Modifications que doit apporter dans l'Éducation la variété des caractères. (F. G.) 65.

Des Moyens d'exercer et de perfectionner les Sens, traduit de l'allemand de Salzmann. 89, 301.

Les Enfans du Vieux Château, par Madame Journel. [Extrait.] (P. M.) 97.

Méthode pour apprendre à lire, d'après Campe. (F. G.) 105.

Le Défaut de Complaisance, conte. (P. M.) 115.

Cours analytique d'Orthographe et de Ponctuation; par M. Boinvilliers. [Extrait.] (F. G.) 175.

Contes à ma Fille; par M. Bouilly. [Extrait.] (P. M.) 183.

De l'Inégalité des Facultés, de ses inconvéniens, et des moyens de les prévenir. (F. G.) 129, 193, 257.

Vues générales sur l'Éducation. 218.

Le Livre des Mères et des Nourrices, par M. Salma. [Extrait.] (P. M.) 227.

Cours complet de Rhétorique, par M. Amar. [Extrait.] (F. G.) 252.

TABLE DES MATIÈRES.

La Robe de Toile, conte. (P. M.) 243.
Des mots *Education*, *Instruction*, considérés comme synonymes. (Butet de la Sarthe.) 285.
Lettres sur les Principes élémentaires d'Education; par miss Hamilton. [Extraits] (P. M.) 292, 356.
L'Imprévoyance, conte. (P. M.) 3o8.
Des Moyens d'Emulation. (F. G.) 321.
Les Voyages d'Adolphe. (F. G.) 366.
Langage.— Des mots *Femme*, *Dame*, etc. (P. M.) 379.
Nouvelles concernant l'Education. 127, 255, 385.

FIN DE LA TABLE DU TOME PREMIER.

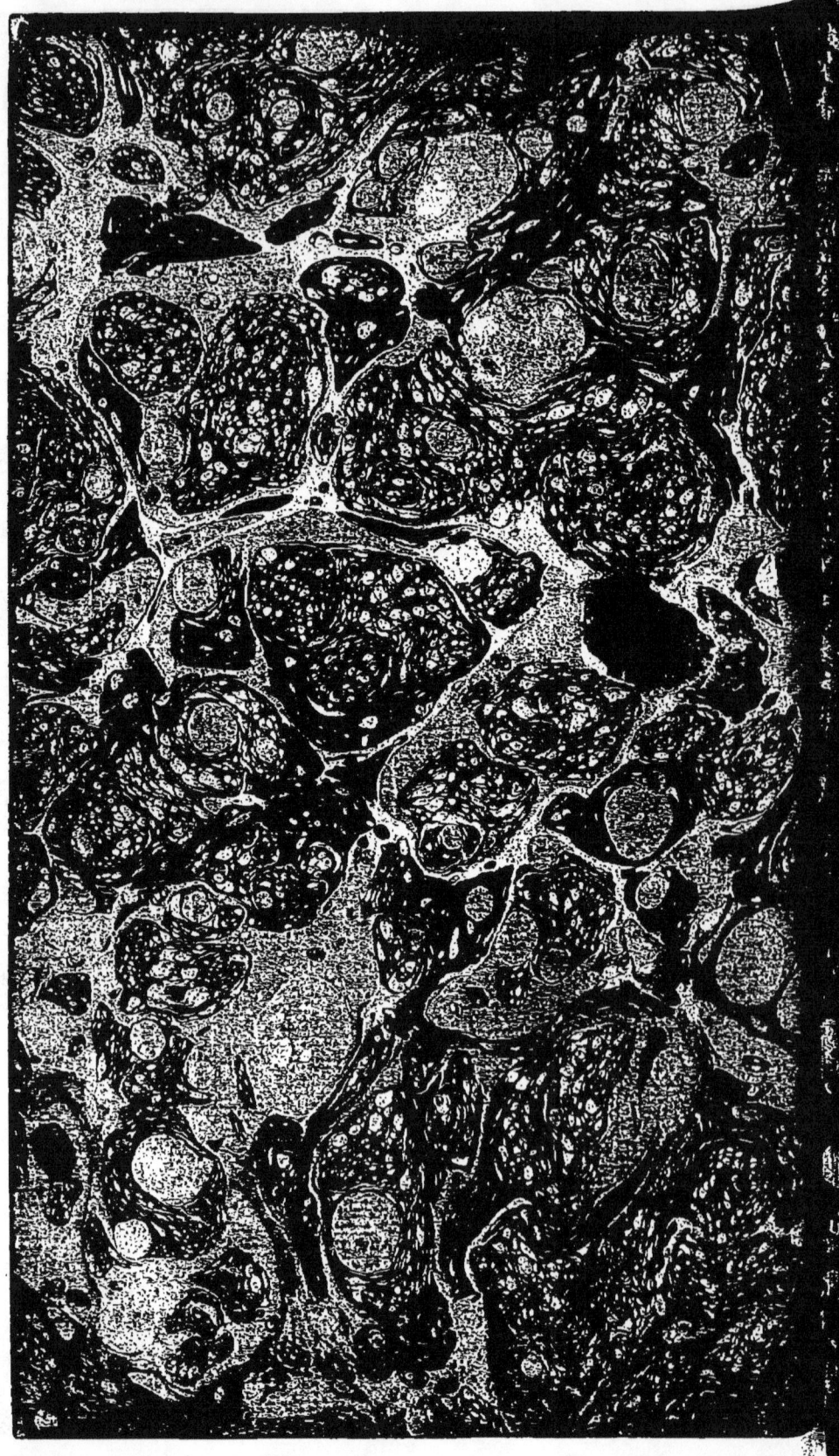

www.ingramcontent.com/pod-product-compliance
Lightning Source LLC
Chambersburg PA
CBHW050424170426
43201CB00008B/539